中希文明互鉴中心·努斯译丛

柏拉图的
自然哲学

《蒂迈欧—克里提阿》研究

T. K. Johansen

[挪威] T. K. 约翰森__著

陈　威__译　　裴浩然__校

CAMBRIDGE

中国出版集团
东方出版中心

目　录

致　谢

　　1992 年到 2003 年间,我在剑桥大学参加了迈尔斯·伯纳耶特 (Myles Burnyeat)和杰弗里·劳埃德(Geoffrey Lloyd)主持的两次研究生研讨会,随后又参加了五月周(May Week)的研讨会,都是关于《蒂迈欧》的。这个"《蒂迈欧》年"的目的,部分在于把这篇曾经是柏拉图经典核心的对话,从它已陷入的相对暗淡中拯救出来。十年过去了,正如参考书目证明的那样,拯救任务正顺利进行,而这本书就是我的贡献。

　　这一工作得到了许多人的帮助,我荣幸地在此致谢。我在希腊研究中心担任初级研究员的那一年里认真地开始了这项工作,并得到库尔特·拉夫劳布拉(Kurt Raaflaub)和黛博拉·博德克(Deborah Boedeker)的指导。随后,英国艺术与人文研究委员会颁发的研究假奖使我得以接近将该项目完成。2002 年我在普林斯顿高等研究院完成了书稿最后的润色,其间得到了海因里希·冯·斯塔登(Heinrich von Staden)的帮助和鼓励。

　　我曾讨教过的学者实在太多,在此不一一列举,我在文中相应的地方表达了感谢。那些对本书产生了整体影响的见解来自萨拉·布洛迪 (Sarah Broadie)、迈尔斯·伯纳耶特、约翰·库珀(John Cooper)、迈克尔·弗雷德(Michael Frede)、克里斯托弗·吉尔(Christopher Gill)、维蒂·哈特(Verity Harte)、杰弗里·劳埃德、亨德里克·洛伦茨(Hendrik Lorenz)、达纳·米勒(Dana Miller)、克里斯托弗·罗(Christopher

Rowe)和大卫·塞德利(David Sedley)。

本书中有三章的早期版本已出版过,具体如下:第二章以"柏拉图《蒂迈欧—克里提阿》中的真相、谎言和历史"为题刊载于 *Histos* 2 (1998);第五章以"德穆革在柏拉图目的论中的地位"为题刊载于《柏拉图物理》(*Plato Physicus*,阿姆斯特丹,C. Natali 和 S. Maso 主编)的 65 至 82 页;第七章以"身体、灵魂和《蒂迈欧》中的三分法"为题刊载于《牛津古代哲学研究》2000 年第十九期 87 至 111 页。感谢出版商允许我重印这些内容。

最后,要特别感谢德斯皮纳·弗拉古洛普卢(Despina Fragoulopoulou)的宇宙论研究。

柏拉图的目的论传说

　　旧的约定已经支离破碎,在宇宙无限的浩瀚中,人类终于知道 1

他是孤独的,他从宇宙中出现只是偶然,他的命运和责任无处探明。

上面的王国还是下面的黑暗,他必须在其中做出选择。[1]

　　宇宙是否支持我们的道德努力? 我们所知的这个世界是否让我们
有理由相信,如果我们追求道德上的正直,我们会比不去追求要过得更
好、更幸福、更繁荣? 作为道德主体,宇宙是否让我们感到属其中? 善
和美是否独立于我们而存在于这个世界上? 我们能从观察宇宙中学会
关于如何生活的知识吗? 今天,许多人会同意雅克·莫诺对所有这些问
题的回答:"不。"我们生活在一个"无情"的宇宙中,世界对我们的道德关
切无动于衷。价值只是人类的"建构",宇宙在最好的情况下也不过是对
其漠不关心,在最坏的情况下有可能会破坏它。

　　通过阅读柏拉图,我们回到了一个"旧约定"的世界,在这个世界里,
人类和宇宙之间的道德协议仍然存在。人类的道德关切在宇宙中并不
孤独,这是柏拉图思想的一个信条,善就体现于宇宙之中。因此,我们
可以通过研究宇宙来了解善,宇宙论会告诉我们如何生活。因此,如

---

[1]　雅克·莫诺(Jacques Monod)的遗言。

果我们想成为更好的人，宇宙论将是一个推荐的课程[1]。这是柏拉图在《蒂迈欧—克里提阿》中的主张。

这本书讨论宇宙中善的体现，就像柏拉图在《蒂迈欧》和《克里提阿》中所看到的那样。对柏拉图来说，宇宙论绝不会价值中立，而是以体现善和美为中心。他认为宇宙论的核心任务是阐明宇宙如何体现这些价值。这种宇宙观表现为另一个词："目的论"。因为柏拉图认为善和美并不只是恰巧存在于宇宙，它们的存在是设计好的。简单来说，目的论是指参照事物的结果或目的来对其进行解释。因此，目的论的解释通常采用"X 之所以发生是为了 Y"或者"X 发生以便有 Y"的形式。然而，在柏拉图的自然哲学中，目的论采取了更具体的形式，即通过引入被认为是善或美的结果来解释现象。[2] 我们试图展示宇宙之所以按目前的方式运作，是因为这样的运作方式使宇宙变得善且美。所以这本书讨论的也是作为一种解释方式的柏拉图式目的论，它展示了宇宙是如何为了善而运作的。

以善为中心的目的论概念在柏拉图的《斐多》中很常见。苏格拉底年轻时听到阿那克萨哥拉称"心灵指导一切"时很兴奋，因为他认为"如果是这样，指导的心灵将指导一切，并以最好的方式安排这一切"(97c)。所以他"已经准备好去发现关于太阳、月亮和其他天体，它们的相对速度、它们

---

[1] 《蒂迈欧》90c—d："现在，只有一种方法来照顾任何东西，那就是为它提供营养和适合它的运动。而与我们体内的神圣部分有亲和的运动是宇宙的意图和循环。当然，这些都是我们每个人应该遵循的。我们应该通过学习宇宙的和谐与循环，来重新引导我们头脑中在出生时被抛出的运动，并使我们的理解能力与它的目标相一致，就像它的原初时一样。当这种一致性完成后，我们就会达到我们的目标，即诸神提供给人类的最美好的生活；现在和将来都会是如此。"

[2] Cooper(1982)和 Furley(1996)也对亚里士多德的自然目的论持类似观点。参见 Woodfield (1976)中以善为中心的现代目的论。

的转向,以及发生在它们身上的任何其他事情,它们如何以最好方式运作或如何以最好方式受动"(98a2—7)。苏格拉底认为心灵不仅给事物安排了结果,而且这一结果是所有可能的安排中最好的。宇宙论应该展示物质是如何被安排以达到一个善的目的[1]。阿那克萨哥拉实际上辜负了苏格拉底的期望,然而正如学者们经常指出的[2],《斐多》为目的论式的宇宙论提供了可能,然后这种宇宙论将在《蒂迈欧》中得到实现。

在《蒂迈欧》中,有两处使这种宇宙论与伦理学相关。第一处是构成宇宙中善的属性同样体现在人类生活的秩序和均衡上。因此,《蒂迈欧》的伦理建议是,通过宇宙论,我们在自己的灵魂中模仿宇宙的秩序,从而变得更加善良和幸福。第二处是《蒂迈欧》的宇宙论在一定程度上以人类为中心,但只在有限程度上,因为宇宙论的主要任务是展示整个宇宙的善与美,而人类只是宇宙的一部分。虽然如此,我们仍看到一种人类中心论。例如,太阳照亮天空,这样那些"合适的动物"可以通过观察行星来学习数学规律以管理自身的运动,从而成为更好的人(《蒂迈欧》39b—c)[3]。宇宙背后的预见以一种特殊的方式考虑到我们这种生物的伦理要求。因此,在某种意义上,当我们用宇宙论来成为更好的人时,宇宙也实现了它的目的。

通常认为,所谓早期对话中的苏格拉底对自然哲学毫无兴趣。一个

---

[1] 《斐多》98a9—b3 进一步明确指出,苏格拉底希望目的论的宇宙观既能说明每个事物的好,又能说明普遍的好。然而,这段话并没有明确说明"每件东西"应该是指每一种事物还是每一个人。太阳、月亮、天体的例子与任何一种选择都相符合。在《蒂迈欧》中,目的论既在宇宙中每一种事物的层面上起作用,也在整个宇宙的层面上发挥作用(例如44e—45b:神圣的预见[pronoia]参与了人身体的创造)。

[2] 参见 Cornford(1937)174—5, Lennox(1985 和 Sedley(1989)359。

[3] 蒂迈欧的措辞可能让人觉得,人类而非其他动物从宇宙中受益是偶然的。然而,由于其他动物代表的也是人类的灵魂,这些灵魂没能在宇宙论中找到适当的位置,所以在某种意义上,蒂迈欧的观点特别适用于人类。我很感谢一位读者帮助我澄清了这一点。

著名例子是,《申辩》中他对陪审员说:"如果有人在这些事情上是明智的,我不会蔑视地谈论这种知识……但是,先生们,我没有参与其中。"(19c)柏拉图在《蒂迈欧》中选择了另一个角色来讲述宇宙论,当然可能是因为苏格拉底在其中是在"记录"而不是在从事自然哲学[1]。但哪怕是《申辩》中,苏格拉底对自然哲学缺乏兴趣,究竟是与那种自然哲学有关,还是对自然哲学普遍被使用的形式有关,也并不完全清晰。无论如何,在苏格拉底对宇宙的思考中,柏拉图还有另一种观点,这种观点源于对道德和神的秩序的关注,它将建立一种道德的宇宙论[2]。所以《高尔吉亚》508a的苏格拉底借聪明人[3]的话说"声称联结和友爱、秩序、自制和正义联系着天和地、人与神,这就是为什么他们称宇宙为世界秩序(kosmos)[4]"。在《理想国》第九卷,苏格拉底又说,在天上有一个正义之城的例子供聪明人模仿(592b)。[5]苏格拉底在《斐勒布》28d—30c中指出,努斯(nous)是天空有序运动的原因,正如它给人体带来秩序和健康一样。这些段落表明苏格拉底会赞同这种宇宙论,即认为宇宙是良好秩序的范例,可被我们学习和模仿[6]。《蒂迈欧—克里提阿》是柏拉

[1] 我在这里关注的不是历史上苏格拉底的观点是什么,以及柏拉图是否偏离了这些观点,而是柏拉图可能会希望在整个对话中,把他自己描述的苏格拉底的性格表现得与他自己对宇宙论的态度一致。

[2] 色诺芬对苏格拉底的描述中也有类似的双重性。尽管色诺芬在《回忆苏格拉底》第一卷(I. I. II—13)中说苏格拉底对宇宙论没有兴趣,但在同书的第四卷(IV. 3. 3—14)中又说苏格拉底在讨论神的善行时,展现了宇宙的目的论秩序。

[3] [译注]在本书中,wise man等类似表达均不译为智者,以便于与专有名词智者(Sophist)区分。

[4] [译注]考虑到作者在写作中在不同地方会用这个希腊单词对应不同的英文单词,译者将根据中文的表述方式采取不同的译法,并标出原词方便理解。此外,同样的情况也会出现在其他希腊单词上,将不再一一指出。

[5] 关于这里的"天上"指的是宇宙(而非属于理念世界)的观点,见 Burnyeat(2000a)781。

[6] 因此,我大体上同情 Graham(1991)的主张,即"柏拉图在自然哲学中对目的论解释的需要源于苏格拉底的伦理学"(8),尽管我不确定这种要求在多大程度上源于苏格拉底的伦理学方案的具体内容。

图对这种宇宙观的最全面发展。

当然，说柏拉图的宇宙论是目的论，或者说《蒂迈欧》在古代自然哲学中有奠基地位并不新鲜，就像大卫·塞德利将其称为"目的论者的圣经"。我希望这本书的新颖之处在于，它试图展示柏拉图对目的论的关注在多大程度上把《蒂迈欧—克里提阿》中看似不相干的讨论联系在一起。这一点适用于我处理到的一些主题，《蒂迈欧》和《克里提阿》的统一性问题（第一章），亚特兰蒂斯故事和其中宇宙论的性质（第二章和第三章），神圣技艺的概念（第四章），必然的概念（第五章），身体和灵魂之间的关系（第七章），关于感知对宇宙论的贡献的论述（第八章），我甚至认为，可以应用在这部作品独特的独白形式上（第九章）。这本书将目的论作为统一的主题，且这部作品通常是以插叙的方式来论述的。

让我也先说明这本书没有处理或只顺带提及的内容吧。正如泰勒（Taylar，1928）的评注所指出的，《蒂迈欧—克里提阿》是部引人深思的作品。这部对话尤其需要解读，因为它作为一部关于宇宙的作品，确实涵盖了如此多不同的主题。我对其中许多话题保持沉默，要么因为我这本书的局限性，要么因为这些话题在已发表的文献中经常被很好地谈到了，而我觉得我没有任何新的、相关的贡献。其中包括柏拉图在《蒂迈欧—克里提阿》《理想国》《治邦者》和《法义》中所持不同的政治立场的细节，关于这些，我建议读者参考吉尔（C. Gill）和更近的普拉多（Pradeau，1995）的著作。虽然我经常把《蒂迈欧—克里提阿》和其他柏拉图的对话联系起来，但我并没有试图进行系统比较。因此，我也无法讨论各对话的发生顺序。我自己的观点是，对话是"晚期"的，尽管这最终可能只是意味着，我发现自己对《蒂迈欧—克里提阿》的理解，会因为熟悉其他通常被认为是早期或中期的对话而变得更丰富。读者也不会找到关于对话中数学细节的讨论，这部分我参考的是康福德（Cornford，1937）、弗拉

5

斯托斯（Vlastos，1975）和伯纳耶特（Burnyeat，2000b）。此外，对话在天文学史上的后来遭遇，请参考塞姆伯斯基（Sambursky，1963）、莱特（Wright，1995）和格雷戈里（Gregory，2000）。更笼统地来说，对话对后来的古代和中世纪哲学的巨大影响，本书也没有讨论（请参考巴尔特斯[Baltes，1976—8]。）

最后，本书没有对柏拉图受惠于前苏格拉底的细节进行任何处理[1]，这种遗漏似乎特别需要解释。柏拉图显然在某种意义上是将《蒂迈欧》作为对自然哲学传统或"论自然"（Peri Phuseos）传统的回应[2]。《蒂迈欧》广泛地借鉴了恩培多克勒、德谟克利特、色诺芬尼、巴门尼德等人的著作，然而这些借鉴的范围和确切性质在许多情况下难以捉摸。[3]此外，考虑到苏格拉底在《斐多》中对前苏格拉底宇宙论的批评（与《蒂迈欧》46d1—e6 相呼应），我们可以预期柏拉图不会简单地照搬前人的观点。相反，它们必须进行调整，以适应对话的目的论议程。[4]因此，如果我们要反过来理解柏拉图对前苏格拉底材料的改编，那么用目的论解释宇宙的方式和程度问题就成为最基本的问题。

为了阐明柏拉图目的论的观点，我认为把《蒂迈欧—克里提阿》置于亚里士多德哲学的背景中是有启发意义的。正如大卫·福莱（David Furley）所言，"《蒂迈欧》在塑造（亚里士多德的）自然哲学方面，与亚里士

[1] 请参考 Taylor(1928)，Cornford(1937)，Calvo and Brisson(1997)。
[2] 参见 Naddaf(1997)以及 Wright(2000)的介绍部分。
[3] 参见 Hershbell(1974)，在其中他反对 Taylor(1928)，认为虽然恩培多克勒和《蒂迈欧》存在相似之处，但《蒂迈欧》中没有直接地引用或提到过恩培多克勒及其作品。他表示，最多只能认为恩培多克勒对《蒂迈欧》造成了影响，而不能确认更多。
[4] 阿波罗尼亚的第欧根尼（Diogenes of Apollonia），被认为是第一位目的论者，他可能是一个可敬乃至有些神秘的例外。尽管 Laks(1983)250—7 警告也可能并非如此。关于第欧根尼对苏格拉底的影响，见 Burnet(1911)。

多德的前辈们的任何单一作品至少一样重要"。[1]这并不是说亚里士多德总是同意柏拉图的观点,也不是说我们可以轻松假设亚里士多德正确地代表了柏拉图的立场。然而,驱使着两位哲学家的目的论观点常常使他们面对着同样的问题和反对。我希望在此能传达出一种感觉,即柏拉图预见了亚里士多德自然哲学所关注的问题,即使他们的具体答案有所不同。将柏拉图和亚里士多德进行这种比较的另一个危险是,柏拉图的观点会显得不如亚里士多德的成熟和清晰。虽然《蒂迈欧—克里提阿》和亚里士多德的《物理学》一样,都是关于目的论的,但《蒂迈欧》中没有任何内容与《物理学》(第二卷)中对目的因的详细分析相对应。这种差异很大程度上与两位哲学家现存作品中普遍存在着的风格差异有关,但这也反映了柏拉图在《蒂迈欧—克里提阿》中采用的不同说服策略。这部作品既没有论证,也没有概念分析,但通过文字同样描绘出一幅我们这个主要是善好和美丽的世界的画面。因此,它试图转变我们看待世界的方式,使我们对道德上善好生活和成功的相关性充满信心,如果我们选择这样做的话。作为一幅图画,这部作品通过其描述的"从宇宙的创造到人类的本性"(27a6)的细节和完整吸引我们。因此,《蒂迈欧—克里提阿》可以部分地视为一种对宇宙的哲学描述(ekphrasis),或者说文字描述:在这个世界秩序中找到自己的适当位置,就是在了解过上善好生活的实际必要性。

6

---

[1] Furley(1996)63.

第一章

《蒂迈欧—克里提阿》是关于什么的

7   《蒂迈欧—克里提阿》的一个基本困惑是对话主题的统一性[1]。为什么当它显然只是为了讲述亚特兰蒂斯和古雅典之间的战争时,对话的大部分内容却都是关于自然哲学的讨论? 自然哲学和战争到底有什么关系?

《蒂迈欧—克里提阿》被认为是《理想国》的延续。苏格拉底首先谈到了他昨天参与的一次对话,在对话中他描述了一种政制(politeia),其轮廓与《理想国》中的吻合。[2] 然后他希望昨天的听众能回报他,他想要的是:

> 接下来,请听我对我们所描述的这座城邦的感受。我可以将我的感受(pathos)比喻成这样的:假如一个人看到了美丽的生物,无论是绘画(graphē)作品,还是实际活着但处于静止状态的生物,他会渴望看到它们运动起来,并积极从事一些似乎适合它们身体的运

---

[1] 我认为这两部作品形成了创作上的统一体,这相对没有问题,也是今天普遍不争的事实。因此克里提阿的故事在 27a2—b6 被宣布为与蒂迈欧的叙述是同一计划(27a2)的两个部分,在《克里提阿》的开头,蒂迈欧让克里提阿开始下一段叙述。关于整个对话的构成,参见 Clay(1997),Welliver(1977)58ff。

[2] 关于吻合程度的讨论,见 Gill(1977)。

动,这就是我对我们所描述的这座城邦的感受。如果有人用语言描述我们的城邦与其他城邦斗争的情形,描述它如何以适当的方式参与战争,描述它如何在战争中表现出与它的教育和训练相称的素质,描述它如何与每一个城邦打交道,无论是军事行动还是口头谈判,我都会欣然接受。(19b3—c9,Bury 英译,有改动)

亚特兰蒂斯的故事是克里提阿在回应这一请求时讲述的。在这个故事中,古雅典的公民扮演了苏格拉底笔下卓越公民的角色。故事展示了雅典人如何以"适当的方式"进入战争,保卫自己和地中海世界的其他地区,抵御亚特兰蒂斯的侵略。雅典打败了敌人,并以此展现了她在德性和力量上的优越。克里提阿从未完整讲述亚特兰蒂斯的故事。所以我们缺乏战争的细节,比如用苏格拉底的话来说,雅典人是"如何与每一个城邦打交道的,无论在军事行动还是在口头谈判上"。然而,很明显,从一开始,亚特兰蒂斯的故事就是为了说明苏格拉底的理想公民的德性。就如克里提阿所说,他非常惊讶于他的故事"幸运"地与苏格拉底所描述的理想公民不谋而合(25e2—5)。

克里提阿确实是"幸运"的,亚特兰蒂斯的故事不仅恰好符合苏格拉底在《蒂迈欧》中提出的要求,也符合苏格拉底在《理想国》中允许讲的故事的标准。苏格拉底在《理想国》第三卷中已经明确指出,我们讲述的故事应该展示好人如何从他们的德性中获益,坏人如何因他们的恶行而受苦(392b)。然而,他意识到他不能假设这一点,而需要证明正义是如何"在本质上给予其拥有者回报,无论他是否给人以正义之印象"(392c1—4)。苏格拉底在《理想国》第十卷中阐述了正义的本质,并如他所相信的那样,展示了正义如何使人快乐,而不公正如何使人痛苦。尽管他对模仿性的诗歌有严格的限制,但他重申了那种赞美诸神和好人的诗歌是可以接受的(607a3—5)："你应该知道，我们唯一能接纳进入我们城邦的诗歌是对诸神的颂词和对好人的赞美。"

和我在第二章中将更详细论述的一样，亚特兰蒂斯的故事读起来就是这种赞颂诗的一个例子。它展示了雅典人如何凭借德性战胜了邪恶的对手。但如果是这样的话问题就来了，为什么克里提阿不直接告诉我们亚特兰蒂斯的故事，而是把它推迟到蒂迈欧给出他对宇宙起源的描述之后。因为，似乎克里提阿可以简单地叙述战争的行为，依据苏格拉底在《理想国》中的论点，雅典人的正义导致了他们的繁荣，而亚特兰蒂斯人的不公正导致了他们的悲痛。相反，在克里提阿回到亚特兰蒂斯的故事之前，我们得到的是大约 65 页[1]的自然哲学。下面是克里提阿对演讲计划的描述：

9
　　蒂迈欧应第一个开始演说，他对天文学的了解比我们其他人都多，并且他把宇宙的本性作为主要研究对象；他将从宇宙的产生开始，以人的本性结束。然后我接替他，从他所描述的人类起源那里继续讲述人类，也是从你(指苏格拉底)那里继续，他们中的一些人在你那里受过极好的训练。(27a3—b1)

克里提阿在这里给出了关于亚特兰蒂斯故事和蒂迈欧对宇宙和人类本性的描述之间联系的解释。在讲述他的故事时，克里提阿既基于我们对雅典人受教育方式的理解，也基于蒂迈欧对他们本性的描述。这个关于人类本性的描述与亚特兰蒂斯的故事有什么关联？以及为什么苏格拉底在《理想国》中关于幸福如何从德性中产生的论证，显然不足以解释他

---

[1] ［译注］这里指的是斯特方(Stephanus)页码。

的公民在战争中如何会成功?

我的想法是,《理想国》对待正义及其益处的方式,可能被认为仅凭其本身不足以使我们相信,善良的公民将在战争中取得成功。因为在《理想国》里,我们也许已经看到正义是如何在个人和单个城邦的内部表现出来的,但还没有看到在与其他城邦或其他类型的公民的外部关系中是如何表现的。考虑到苏格拉底在《理想国》中设定的任务,即展示正义本身将使正义的拥有者比非正义者更幸福,无论其在世界上导致的后果如何(367d—e),对话中对正义及其回报的"内部主义"态度是相当恰当的。然而,这种方法留下了一些问题,比如在面对外部挑战或威胁时,被理解为灵魂或城邦的正确秩序的正义,是如何坚持自己的。

在《理想国》中,护卫者在城邦中扮演着最重要的角色(374d—e),他们保护城邦免受内部和外部敌人的侵害。像看门狗一样,护卫者的性格必须既温和又凶猛,对朋友温和,对敌人凶猛。最初,哲学的作用被认为也是以看门狗的方式去辨认朋友和敌人。然而,随着对话继续到哲学家的教育、他知识的特点,以及他确保城邦内部的公正和凝聚力时,哲学家抵御城邦外部敌人的护卫功能,就很容易被忽略了。苏格拉底偶尔会提醒这部分不应该被忘记,例如在第七卷中,当苏格拉底继续谈到护卫者教育时,他用战争经验来补充护卫者的数学和辩证法教育,他继续说着看门狗的形象:"就像我们对幼年猎犬那样,让他们尝尝血的味道。"(537a)

如果说《理想国》中多少让护卫者在战争中的角色淡出视线,《蒂迈欧》则将其重新聚焦,苏格拉底在《蒂迈欧》19b之后的演说中大体谈到了城邦在战争中的行为,他没有说明具体是哪个公民群体,但他在心里必然指的是护卫者(phulakes)(当然也有人将其译为"警卫"),因为他们将代表所有人战斗(17d3)。苏格拉底在简要重述理想城邦时,他主要指

10

出了护卫者的军事角色。他给出的介绍如下："当我们赋予每个（公民）适合其本性的单一工作和特定技艺时，我们说到了那些将成为我们的战士的人，并说他们是城邦的护卫者，除防止来自内部和外部的攻击外并没有其他工作。"（17c—18a）他继续将护卫者同雇佣兵比较（18b）。在17d3—18a2中，苏格拉底区分了两种态度：护卫者对同胞是温和的，即使他们做错了，也是其天然的朋友；相反，护卫者对他们在战斗中遇到的敌人则凶猛对待。这也是《理想国》第二卷中令人熟悉的主题，看门狗对朋友温和，对敌人凶猛。因此外部战争尤其利用了护卫者凶猛、精力充沛的本性，这是他们通过体育锻炼（gumnastikē）中的身体活动发展了的本性。哲学的作用可能是通过护卫者其"非常哲学化"这一特征来暗示的，虽然这可能仍然只是指广泛意义上护卫者是"哲学化的"；除此之外则是非常模糊的文艺训练（mousikē）（18a9）。然而，在《蒂迈欧》中没有证据显示哲学家和辅助者（auxiliaries）之间的区别，即他们各自的角色并不对应着他们在努斯和血气（thumos）方面的等级不同。相反，护卫者代表的是一个同时具有非凡精力[1]和哲学性的人物[2]。虽然《蒂迈欧》保留了《理想国》第四卷中灵魂的三分，但它也用护卫者来代表非凡精力和理性（logistikon）的德性。从这个意义上说，《蒂迈欧》回到了《理想国》第二卷中哲学家式战士的原型。

《蒂迈欧》的重点是护卫者在与其他城邦的战争中的功能，而不是他们在自己城邦内部的教育和立法功能。德性和知识使得护卫者能够很好地管理城邦，"在城邦中建立友爱"，但是，又有什么确保德性和知识也能使护卫者在与其他城邦的联系中履行他战士的职责呢？既然人们普

---

[1] ［译注］此处非凡精力的原词是 spirited，指的是被精神充满了、唤起了的那种精力。
[2] 《蒂迈欧》18a4—5。

遍认为战争对人的要求与和平不同，我们怎么能确定护卫者的道德教育能转化为战争中的成功行动呢？在这个世界，城邦和个人之间是否普遍存在正义？《理想国》可能表明，正义在个人的灵魂中是最好的策略，在各个城邦内建立和谐与和平的秩序上也同样如此，但这是否也意味着，在与其他不一定正义的城邦和个体打交道时，正义也是最好的或至少可行的策略？

　　为了加深我们对这个问题的认识，我们不妨考虑一下修昔底德对伯罗奔尼撒战争的描述。有几个原因使我认为柏拉图在撰写《蒂迈欧—克里提阿》时就已经考虑到了修昔底德。一是因为这场重大战争的主题。亚特兰蒂斯的故事据称是有史以来最重大的战争，这一说法立即让人们将其与修昔底德和希罗多德比较。另一个是对亚特兰蒂斯的描述。正如皮埃尔·维达尔-纳凯（Pierre Vidal-Naquet）所说，[1]我们在亚特兰蒂斯发现了一个伯里克利时期雅典的形象，一个海上帝国。同时，雅典以希波战争前的形象出现。赫默克拉底的形象让人想起伯罗奔尼撒战争和帝国主义者野心的破灭。雅典对西西里、亚特兰蒂斯对古雅典、波斯对更晚近的雅典，似乎都是同一类型的冲突。赫默克拉底的存在提醒我们，当时的普遍现象是正当自卫与不公正侵略之间的对抗。

　　修昔底德对《蒂迈欧》也有影响，因为他笔下的人物对战争和人性的主题提出了一套独特的观点，并对正义是用于反思战争中人类行为的最佳方式这一观点提出了挑战。[2]修昔底德至少四次提到了人性（anthrōpeia phusis 或 phusis anthrōpōn），这表明人性才是理解战争的核心因素。首先是 I.22.4，修昔底德说他的历史将被那些希望了解发生了

<hr />

[1]　出自 Vidal-Naquet(1981)，参见 Pradeau(1995)对此的展开论述。

[2]　参见 Cornford(1937)，他认为《蒂迈欧》是对修昔底德关于人类在战争中的预见力和机遇之间关系的回应。

什么和将发生什么的人视为有用，而他们希望了解的或多或少是"属于人类的事务"（kata to anthrōpeion）。人性使伯罗奔尼撒战争的叙述具有普遍性。在科西拉[1]内战的章节，修昔底德用"人性"概括战时人类的破坏性行为："因为内战，许多可怕的事情在许多城邦发生过、发生着并将继续发生，只要人性仍是一样。"（3.82.2）另一段落（尽管其文本存在争议）详细说明了人性在战争中所做行为的负面道德含义：

> 然后，随着文明生活的日常陷入混乱，人类的本性，即使在法律存在的地方也总是蠢蠢欲动，以其真正的面目自豪地出现，它无法控制激情，不服从正义的思想，是任何高于人类本性的东西的敌人……（3.84，Warner 英译）

在最后两段中，战争被视为人性中破坏秩序、社会和道德规范一面的释放。战争是人类本性（phusis）中非道德一面的催化剂。在 3.45 的密提林（Mytilenean）辩论中，狄奥多罗斯（Diodotus）简述了军事入侵的心理：

> 只要贫困迫使人们变得胆大妄为，只要富有带来的傲慢和骄傲助长了他们的野心，只要在生活中的其他意外事件中，他们不断地被某种无法治愈的主宰的激情支配，只要他们的冲动继续把他们推向危险。希望（hē elpis）和欲望（ho erōs）将持续并造成最大的灾难：欲望引领而希望追随，前者营造一种建功立业之心，而后者让他相信冒险会成功。这些隐形的因素比我们可见的那些恐怖更强大。

---

[1]［译注］普遍认为伯罗奔尼撒战争的导火索就是科西拉（Corcyra）占领埃皮达姆斯（Epidamnus）。科西拉也常被译为克基拉。

此外,"幸运将帮助他"的想法也在创造过度自信的情绪上起着重要作用;因为有时幸运确实会出乎意料地帮助一个人,所以她引诱人们去冒他们没有充分准备的风险。在诸城邦中尤其如此,因为他们玩弄着最高的筹码:他们自己的自由或控制他人的权力。而每个个体,当作为群体的一部分时,会产生一种非理性的想法,认为他的力量会比真实中的更大。只有头脑最简单的人才会否认:对于人性(tēs anthrōpeias phuseōs)而言,想通过法律的力量或任何其他的威胁来防止其靠向某个特定路线,是不可能的。(Warner 英译,有改动)

雅典人在米洛斯(Melian)对话中的发言再次显示了社会规范,特别是正义,对战争必然性的无能为力。雅典人告诉我们,"只在双方必要的压力相等时,正义才会进入人类事务的判断,强者尽其所能地勒索,而弱者则给出他们必须给出的"(V.89)。[1]

修昔底德接着向我们展示了一系列关于人性的观察,这些观察由不同的人物在不同的情境下,以不同的重点表达出来,它们威胁着战争中道德关怀的意义。这可能是也可能不是修昔底德自己的观点,但按照这种观点,德性仅仅在和平时期是可能的,战争则释放了人性中不关注对错的一面。权力、利益、安全是人们关心的问题,唯一不关心的,或许只有正义。如果战争是伟大的老师,它的课程之一似乎是人性阻止德性在战争中发挥出任何重要的作用。

一些学者试图将米洛斯对话中的雅典正义观等同于柏拉图《理想国》中的色拉叙马霍斯和《高尔吉亚》中的卡利克勒斯提出的正义观。[2]

---

[1] 参见 Grene(1965)59,77—8 对此的评述。
[2] 譬如 O. Murray(1986)以及 Hornblower(1987)189, n.105. 对其的批评。

他们的想法正是"正义就是使强者获利"，或者像那句口号一样："强权即公理"。然而，西蒙·霍恩布洛(Simon Hornblower)指出，[1]这种等同是错误的。修昔底德的雅典人并没有把正义定义为强者的利益。相反，他们把正义排除在强者使用其强力的情况之外。他们说，正义只在对双方的必要性相等的情况下才生效。因此，恰当地说，雅典人并没有重新定义传统的正义；相反，他们将其边缘化，认为它在政治上无关紧要。与其说人性为我们提供了与传统观念相反的另一种真正正义的概念，不如说人性不允许传统正义发挥作用，因为人类本性所要求的必要性践踏了传统正义。[2]正如霍恩布洛所说，这个观点是"强权排除了公理"，而非"强权就是公理"。[3]由此看来，雅典人在米洛斯对话中的立场与其说代表了一种伦理立场，不如说表明了在什么地方采取伦理立场是有意义的，在什么地方采取伦理立场是没有意义的。

相反，色拉叙马霍斯(作为格劳孔的代表)和卡利克勒斯则从某些关于强者和弱者之间自然平衡的观点中推断出什么是正确的。在《高尔吉亚》中，卡利克勒斯认为：

> 自然本身表明，好人和更有能力的人比坏人和更没有能力的人拥有更多的份额是公正之事。自然表明，很多地方都是如此；无论是在其他动物中，还是在所有城邦和在整个人类种族中，它都表明，正义已被决定为：优等统治次等，并比他们拥有更多。当薛西斯(Xerxes)与希腊人争战时，以及他父亲与西西亚人争战时，正义做了什么？还有无数类似的例子。我相信这些人做这些事情是根据

---

[1] 参见 Hornblower(1987)185—90。
[2] 参见《法义》889e中否认正义存在自然标准。
[3] 参见 Hornblower(1987)189, n.105。

正义的本性——是的,根据宙斯,根据自然法则,而大概不是我们所建立的法则。(《高尔吉亚》483d—e,Zeyl 英译)

卡利克勒斯在这里所做的可被视为从"实然"派生出"应然"。这是人的自然的行为方式,所以这就是正义的人应有的行为方式:不是按照惯例(nomos),而是按照本性。现代哲学家倾向于把这类论证斥为谬误:事物存在的方式并没有告诉我们它们应该如何存在。相反,苏格拉底的回应并不是要挑战自然秩序也构成道德秩序的说法,他的回答更像是纠正卡利克勒斯对自然秩序的概念。所以他在 508a 转向了宇宙:

是的,卡利克勒斯,聪明的人声称团结(koinōnia)和友爱(philia)、秩序(kosmiotēs)、节制(sōphrosunē)和正义(dikaiotēs)将天空与大地、神与人联系在一起,我的朋友,这也是为什么他们称宇宙为世界秩序,而不是无序(akosmia)或失控(akolasia)。我相信虽然你在这些事情上是一个聪明人,却不会注意到这些事实。你没有注意到按比例的平衡(hē isotēs hē geōmetrikē)在神和人处都有很大的力量,你认为你需要得到更多的份额(pleonexia)。原因就在于你忽略了几何学。

我们称宇宙为"有序整体""世界秩序",而不是"无序",这一事实被聪明人用来表明正义和适当的平衡比不义和失衡[1](pleonexia)更有力量。这句话的意思是一个人应该伸张正义,而不是不义。因此,卡利克

---

[1] [译注]Pleonexia 一词可以指过度的贪欲或一方相对于另一方具有的优势,此处考虑到与平衡对比,故译为失衡。

勒斯被纠正不是因为从"是"派生出了"应该",而是没有注意到自然的实际运作方式。如果他有适当的关注,他就会看到,自然支持苏格拉底所提倡的道德生活。

这一论点被呈现为"聪明人所言",因此或许不是苏格拉底本人提出的[1]。至于声称卡利克勒斯若学过几何就会理解,是因为等比例(isotēs)和不平衡(pleonexia)与几何学的关联。然而,鉴于数学知识在《理想国》的哲学家教育里所占的中心地位,仅仅把这当作一个玩笑而不予理会是危险的。数学似乎在培养哲学家对和谐(harmonia)和均衡比例的鉴赏能力方面发挥着核心作用,而我们对正义的理解就有赖于此。[2] 我们将在《蒂迈欧》中看到数学天文学如何在我们的道德发展中扮演类似角色。

在《理想国》中,格劳孔通过重新讲述吉格斯(Gyges)指环的故事,捍卫了色拉叙马霍斯认为"不义比正义更有利"的观点。他认为在这个故事中,不论是正义还是不义的人,只要能逃脱惩罚,就会同样行事(强奸、掠夺、谋杀等)。他的说法如下:

> 但是第二点,那些实行(正义)的人并不心甘情愿,而是出于渴求有权做不义之事才实行的。要考虑这一点,我们可以这样假设:我们给予每个人许可和权力去做他想做的任何事,不论正义还是不义的,然后我们想象,他的欲望会将他引向哪里。那么我们就会发现正义的人和不义的人在做同样的事以谋取私人的利益(pleonexia),因为每个造物都在追求"好",而法律的惯例强行让这

---

[1] 各种形式的平等在自然界中起着调节作用的观点在前苏格拉底哲学中广泛存在。譬如阿基塔斯《残篇 3》、巴门尼德《残篇 8》49、恩培多克勒《残篇 17》27—29。

[2] 参见 Burnyeat(2000b)。

15

种追求转向了"公正"（to ison）。（《理想国》359c1—6，Shorey 英译）

"自然界的一切都在把自利（pleonexia）当作善好那样来追求"这一说法，与苏格拉底在《高尔吉亚》中引用的聪明人所说的"比例的平衡（isotēs）在神和人处都有巨大力量"相矛盾。这两方都认为自然对我们如何生活有参考价值，但他们对自然是否支持自私自利却有不同看法。是失衡还是平衡更符合自然事物的状态？当我们按照正义去生活时，我们到底遵循还是违反了自然的规律？卡利克勒斯和色拉叙马霍斯对人性的看法与我们看到的修昔底德作品中的一些人物表达的看法惊人地相似。即使我们也看到，他们从这相同看法中得出了不同的结论。战争尤其表明，人性更倾向于自私自利和夺取，而不是正义和公平。

《理想国》的灵魂论中提出了这样的观点：正义的灵魂是功能良好的灵魂。在这个意义上，正义可以说是灵魂的自然秩序。但想要在这个世界上，尤其是在战争中实现和维持秩序，则似乎只是一种虔诚的希望。除非正义也能被证明是一种力量，可以战胜世界和人性中对抗正义的力量（这被修昔底德称为"必要"）。这似乎是要求将灵魂论三分法建基于世界上，换句话说，需要理解灵魂论三分法如何与自然的目的、机制和动力相联系。只有这样的证明才可以让我们相信，正义能够战胜不义。也就是说，《理想国》所遗留的问题是，苏格拉底关于正义生活的建议是否能不被战争的考验推翻。

蒂迈欧证明了这一点，他向我们展示了宇宙如何以善的观点组织起来，因此自然倾向于促进善。让我简单介绍一下蒂迈欧宇宙论的基本原理。这些基本原理中的许多将在后面章节得到更全面的解释。世界是由一个神圣工匠"德穆革"创作的。他想让他的创作物尽可能好（参见第四章），为了做到这一点，他在塑造世界时看向了一个永恒和完美的范

16

例。世界之所以美好，是因为它与这一范例相似。像所有工匠一样，他使用的材料是他在创作之前发现的。在他施加合理的秩序之前，这些材料混乱而无序。合理的秩序是数学的，首先是几何的，因为这四个简单物体由不同三角形的组合来解释（参见第六章）。虽然德穆革很强大，但他必须在材料所导致的限制内进行加工。因此，世界的某些特征不能用创作者的理性设计来解释，而是这材料的必然结果（参见第五章）。这些结果在之后的对话中都被称为"必然原则"。以下段落阐明了理性设计和必然之间的力量平衡：

> 宇宙的产生是必然与理性相结合的产物。理性统治着必然，说服她引导生成着的最多数部分走向最好；通过这种方式和这种原则，这个宇宙在一开始就是由理性战胜必然成形的。因此，如果我们真要说明它如何根据这一原则生成，我们必须包括进来的就还有游荡的因素[1]，即必须讨论为何它的本性会导向运动。（47e5—48a7，Cornford 英译，有改动）

在大多数情况下，理性已经说服了必然为达到最好而努力。然而，必然仍然是一种独立于理性的解释原则（参见第五章）。在必然仍然拒绝与理性合作的情况下，我们能将这点看得最清楚。例如，如果我们的头骨既薄又结实就更好了，因为这将延长我们的寿命，提高我们对影像的敏锐度（75a—c）。然而，骨的组成不允许这些属性的组合（参见第五章）。因此，必然"拒绝"了这种理性上可取的状态。必然就这样给创作

---

[1] ［译注］在常见的英译本中，"游荡的因素"原词一般是 Errant Cause，中文多译作"不定因"。原书采取的英译则作 Wandering Cause，为了体现区别，将其译作游荡的因素或游荡因。

施加了限制。

引用的那段话引出了"kosmos"一词中秩序与善好的联系。由于理性说服了必然,使之朝着达到最好的方向发展,我们可以说,宇宙已经形成了。宇宙不仅仅是一个实存的秩序;而且是一种规范的秩序。通过这样描述宇宙是什么,你就描述了事物应当是什么。就像在《高尔吉亚》中提到的宇宙一样,"应当"似乎可以从宇宙所"是"中派生出来。

如果宇宙作为一个整体通过理性而非必然的规则组织以达到最好,那么至少人类行为发生的环境是支持由理性决定的善的目的,而不是"随机的"必然。然而,这对人类活动和社会生活的确切影响似乎仍不清楚。因为在人类生活中发生的事情可能被认为与宇宙整体层面发生的事情完全不同,因此很难说宇宙秩序对人类生活有任何意义。当然,有人可能会说,在恒星和行星上,我们看到了理性秩序的美好例子,但这种秩序并没有延伸到人类事务的世界,人类事务的管理方式完全不同。所以,除非理性和必然能像对宇宙一样对人类的生活产生影响,否则对宇宙的研究不会带给我们任何有关人类生活的智慧。

为了回应这种担忧,我们需要注意到,蒂迈欧展示了同样的原则在人类事务和宇宙中都起作用,从而始终如一地把他的描述运用到人类上。通过这种方式,我们真正看到了蒂迈欧在天文学方面的训练与他对人性理解之间的关联。首先要注意,宇宙本身和在宇宙中的动物在这都是所谓的"活物"(zoia),这暗示了两者的成分基本相似。事实上,那些稍小的神被赋予了创作人类的任务,他们通过模仿德穆革创作宇宙来做到这一点。像他一样,他们把一个不朽的灵魂放在一个适当形状的身体里。蒂迈欧认为理性的运动是圆的,不那么理性的运动是直的,因为宇宙灵魂所经历的唯一运动是圆周运动,所以它的身体是球形的。相反,人类的身体由一个适当的球形头部和一个伸展的身体组成,前者容纳了合理的圆周运动，后者在我们移动时充当头部的载具（44d—45b）。正如我们将在第七章中看到的，人类身体和宇宙躯体的基本区别在于，人体的构造使我们受制于六种直线运动。不像宇宙，我们的理性灵魂必然受制于来自身体的非理性运动。其结果是灵魂的运动变得不那么圆了。蒂迈欧将不朽灵魂具身化的结果比作置身于湍急的河流中。我们被告知，非理性情感就是这样产生的：

> 他们给了灵魂一整个身体作为其载体，在那里他们放置了另一种形式的灵魂，凡人的灵魂，有着可怕而必然的情感；首先是愉悦，它是邪恶最强的诱惑；其次是痛苦，它让人远离善；鲁莽加上恐惧，则是两位不明智的顾问；难以抑制的激情，还有轻松使人走入歧途的希望。他们把这些非理性的感官知觉和不会畏缩的冒险欲望结合在一起，再由着必然，就组合成凡人。（69c9—d6，Cornford 英译）

换句话说，非理性情感是拥有身体的必然结果。作为人类，我们从根本上讲是理性的，因为我们有不朽的灵魂，但我们也受制于身体的非理性力量。我们的目标是克服身体的影响，使我们的灵魂"成形"，也就是说，变成它们原来的圆形。宇宙作为整体为我们提供了范例，因为它不受会扭曲我们灵魂运动中合理性的线性运动的影响。这就是为什么观察行星的圆周运动可以帮助我们把灵魂调整到正确的形状。作为人类，我们所面临的挑战是重申我们的理性，而不要受到来自身体的必然的影响。在某种意义上，正如德穆革通过说服必然为理性的善去工作而创作了宇宙，我们在自己的领域内也必须说服身体产生的必然情感与理性合作。

　　但是，有理由认为我们可以做到这一点吗？或者我们又回到了修昔底德关于人性受制于必然的观点[1]? 答案在对话的第三部分,在这个部分蒂迈欧介绍了灵魂三分法。灵魂三分法是较小的诸神确保人类灵魂拥有最大理性而较少(来自身体的)必然情感的方式。我将在第7章中讨论,蒂迈欧与灵魂论的三分法一起发展出一种生理学,它展示了身体如何与我们的理性合作,从而确保灵魂内的理性对身体的最大控制。因此,认为"宇宙是为了最好而组织的"观点也可适用于人类的灵魂和生理层面。鉴于有观点认为非理性情感通过身体产生,生理学至关重要。通过展示身体如何组织使理性秩序最大化,我们也看到,身体可以与理性合作,不需要成为理性生活的障碍。灵魂的理性秩序和身体的正确顺序之间的平行关系表明,人体本身可以被看作良好秩序(kosmos)的一个实例,而不单单完全是灵魂的干扰来源。根据这一目的论,灵魂中非理性情感的规则,以及身体中破坏性运动的规则都不自然,因为它们违背了自然中占支配地位的秩序。根据这一目的论,灵魂和身体的自然倾向趋向于理性秩序。不道德,就像身体上的疾病一样,可以被看作对灵魂正常和原初运作的背离。

19

然而,有人可能会反对,我们仅仅看到理性秩序在非常普遍的层次上是占支配地位的自然秩序,但我们并没看到理性秩序可以直接影响正义和道德秩序。作为回应,我们需要牢记对人的叙述和轮回受罚的故事相互联系。在造人的故事开始,将被置入身体的灵魂被告知了人类生活的基本规则。那些成功掌控了非理性情感的灵魂将生活在正义(dikē)中(42b2),而那些失败者则将生活在不义(adikia)中。正义者最终将被允许离开身体,过上幸福的生活(eudaimōn bios),不义者将重生为女性,

---

[1] 顺便注意一下,蒂迈欧描述的一些情感与米洛斯辩论中提到的情感有相似之处,譬如鲁莽、欲望和希望都很突出。这两者以及类似的情感都是倾向于破坏正义的必然情感。

如果持续变坏(kakia)，则将成为更低级的动物。灵魂中理性失败将直接转变成不义和恶(kakia)，成功则将转变为正义和节制。

在对身体的描述中，理性秩序和非理性的无序有着同样鲜明的道德涵义。蒂迈欧对身体疾病(nosoi)的描述如下：

> 我想大家都知道疾病是如何产生的。人的身体由四种物质构成：土、火、水和气，其中的一些可能会违反自然(para phusin)，牺牲其他的而增加自己(pleonexia)；或者，它们会交换位置，离开自己的区域去到其他地方(chōra)。再或者，像火和其他物质都有不止一个种类，可能身体的某个部位容纳了一个不适合它的种类。当这些事情发生时，就会带来冲突(staseis)和疾病。因为这些不自然的现象(para phusin)和变化发生时，过去寒冷的部位会变得炎热，或者干燥的部位会变得湿润，还有轻盈和沉重等也是如此；它们经历了所有种类、所有方式的变化。事实上，我们认为只有当来去的东西和原先在部位方面、方式上都一模一样，并且保持适当的比例(ana logon)时，身体才能保持健康。另一方面，如果任何东西在来去时突破了这些界限而导致错误(plēmmelēsēi)，就会带来很多种状态的变化，以及无穷无尽(pampoikilas)的疾病和退化。(81e6—82b7，Zeyl 英译)

疾病在这里是用道德和政治术语来描述的。[1] 身体疾病由四种元素及其衍生物在体内的相互干扰而引起。每个元素都有一个适当的区域，其中相同元素被安排在一起。当这些元素超出适当区域时，它们就会引起疾病。疾病被视为不自然的贪欲(pleonexia)的结果，并被视为政

---

[1] 正如杰弗里·劳埃德在 1993 年剑桥五月周研讨会上发表的一篇论文中所认为的那样。

治式的动荡(stasis),健康被视为内在的友爱,类似于苏格拉底的理想政治(politeia)中统治者与被统治者之间的友爱[1]。坏的政治体制会反映为个人体质上变坏(staseis/polemous)。蒂迈欧继续解释了我们如何通过身体的适当(metriōs)运动,来恢复内在元素的秩序(eis taxin),以防止体内的战争(pelemous)和疾病(88e)。当身体里的每个元素都被放在一个友好的元素(philon para philon)旁边,身体的健康就会恢复(88e,同时参考 83a)。

在身体内部,疾病以一种动荡的状态出现,让人想起修昔底德对内战(stasis)的描述。但是蒂迈欧对这一动荡的解释与对科西拉事件的诊断相矛盾。贪婪、违反自然,而非与之和谐(kata phusin)。通过破坏身体各部分之间产生相似和友爱的自然过程,贪婪在它们之间激起了动荡(stasis)。因此,内在的冲突不是顺应自然趋势的结果,而是逆转自然趋势的结果。

身体对灵魂造成疾病的解释对应于身体对自身造成疾病的解释。这并不奇怪,因为灵魂的疾病是不良的身体构造更进一步的结果。当体液在体内游荡,离开了它们的适当位置,并将它们的游荡运动转移到灵魂的运动(本应是圆周运动)时,灵魂就会生病。政治化语言也是明显的:就像我们在 82a—b 中读到的那样,元素因为脱离其适当领域进入外域(allotria chōra,82a3—4)而导致冒犯(82b5),从而带来种种(pampoikilas)疾病和退化。所以现在我们读到,体液通过在身体中游荡而攻击(prospiptei)灵魂的运动,并带来各种形式(poikillei)的灵魂混乱。疾病的语言是军事侵略的语言。重复使用 poikillei 让我们想起《理想国》对民主的"美"的描述,"身上装饰(pepoikilmenon)着人类的每一种特

---

[1] 参见《蒂迈欧》17d4—18a1.

质,就像斗篷上可能装饰着每一种花"(557c5—7)。所谓民主的"美",可能会吸引"妇女和儿童",就像吸引不理性的男人。民主制和民主的特征是,充满愉悦(hēdeia)、无序和多变(poikilē)的组合,而理想的城邦和哲学的特征是理性、有序和简单。

雅典和亚特兰蒂斯的地理让人回想起蒂迈欧对身体健康和疾病的描述。身体健康需要保持每个元素在其适当的范围内。作为以海洋和陆地为基础的国家,亚特兰蒂斯和雅典分别代表着水和土的元素。亚特兰蒂斯将水带到土而扩张到其适当的边界之外,扩张是公民对奢侈品的欲望的结果(115c—d)。同样,身体疾病中一个元素对另一个元素领域的越界被描述为贪欲,它是苏格拉底在《理想国》372e—373e中对战争的解释。因此,无论在个人身上还是在政治上,想要得到超出自己应有的东西都是战争的根源。亚特兰蒂斯的扩张及其对雅典领土的入侵是身体疾病中贪欲的一个大规模版本。亚特兰蒂斯的政治安排允许贪欲占主导(参见《克里提阿》121b6),这与雅典人在制度上确保公正(dikaiosunē)和适度(sōphrosunē)形成鲜明对比。亚特兰蒂斯人与雅典人的居住环境不同:他们有两处泉水、贵重金属装饰,以及各种各样的奢侈品和装饰品。正如我们所看到的,"poikilos"这个词以负面意味地连接着身体的疾病和民主人的不同一性,它在对亚特兰蒂斯物质文化的描述中反复出现(参见111d6,111b6,118b7)。一个因其地形和政治制度而注定要堕落为贪婪和渴望进行军事侵略的城邦,恰恰源于波塞冬的欲望(epithumia,113d),这与雅典娜因热爱智慧而建立雅典形成了鲜明对比(109c)。

关于亚特兰蒂斯的地理,我们已经说了很多,也还有很多可说。[1]

---

[1] 参见 Vidal-Naquet(1981)和 Otto(1997)65—82。

但我希望简要地说明,克里提阿对雅典和亚特兰蒂斯地形的描述,表达了与蒂迈欧对健康和疾病身体的描述相同的秩序和无序原则。城邦的组织遵循着与个人和宇宙相同的自然原则。亚特兰蒂斯的贪欲和对其邻国的攻击,构成了与精神或身体疾病一样的对理性和友爱的自然法则的背离。相反,雅典的德性是建立在自然秩序的基础上的,根据宇宙的目的论,自然秩序总是倾向于战胜不义的侵略。蒂迈欧的叙述显示了正义战胜邪恶,雅典战胜亚特兰蒂斯符合自然(kata phusin)。

总结而言,我认为《蒂迈欧—克里提阿》可以被视为《高尔吉亚》和《理想国》所关注问题的延伸,驳斥了自然支持罪恶和破坏美德的观点。《蒂迈欧》将此解读为对"贪欲符合自然"的驳斥。根据目的论对自然的理解(即自然朝着最好),这一观点违反了自然秩序(kosmos)。这表现在宇宙的层面、个人的层面(包括灵魂和身体),以及政治地理的层面。正如聪明人所说(《高尔吉亚》508a),如果你注意并且理解你的几何学,宇宙将会告诉你,友爱和平等,而不是贪欲,在神与人之间具有巨大力量。自然以其目的论的秩序支持对正义的追求和对欲望的节制,必然需要服从于理性和善。从这个角度来看待对话,并不是要把通常复杂而创新的宇宙论,简化为苏格拉底伦理学说的投射:如果是这样,它将会失去该学说的一些证据性地位[1]。柏拉图对宇宙论有兴趣,部分是因为他认为宇宙论给了他支持理性生活的独立依据,然而宇宙论研究的动机最终是对如何生活的关注。而且,正是从这个角度,我们才能最好地理解对话的统一性。对宇宙的研究与亚特兰蒂斯的故事特别相关,因为亚特兰蒂

---

[1] 对比 Vlastos(1975)29:"当柏拉图将价值的先入之见公然转化为事实时,他给宇宙论研究带来倒退。"参见 Gregory(2000)5—6。另一方面,说物理科学是伦理学的"婢女"可能言过其实:"柏拉图对科学本身并不感兴趣,尤其是物理科学。他勾勒了一幅物理科学的图景,以便它可以作为伦理学和唯理论形而上学的婢女。"见 Graham(1991)22。

斯的故事认为，人类的本性将在战争中展现它真实面目。在关于自然中运行的力量原则的更大理论体系中，蒂迈欧重新塑造《理想国》的灵魂三分法，并展示了理性和正义天然倾向于克服不公正和贪婪背后的非理性力量。当宙斯要宣布他对亚特兰蒂斯的惩罚时，《克里提阿》在一句话的中间停下了：宙斯把所有的神聚集在他们最尊贵的居所。在那里，他表达了要使亚特兰蒂斯人更加节制的意图。我们再没听见之后的。但就像聚集在一起的众神一样，我们只需看看宇宙就能知道亚特兰蒂斯的命运。

第二章

亚特兰蒂斯传说的性质

第一章探讨了这篇对话作为整体的目的，以及亚特兰蒂斯传说和蒂迈欧对宇宙的看法的联系。本章中，我将尝试回答亚特兰蒂斯故事作为"历史"或者"虚构"方面的问题，而在下一章我将接着研究蒂迈欧论述的性质。性质。

从古代起，克里提阿讲辞的性质就一直是热烈讨论的主题。[1] 作为读者，我们应当将亚特兰蒂斯传说当作"真实的历史"吗？[2] 这篇对话诱使我们提出这个问题，同时也促使我们思考它成立的条件。本章中，我主张这个故事仅在一种柏拉图式的特殊意义上可被视作"历史"：这个伪造的关于过去的故事，是为了说明理想公民们会怎样参与到战争中这一普遍真理。这个故事因此也提供了一个实际例子，说明在《理想国》的理解路径下，德性哪怕在一个最不利的条件下，也会在这个世界中占据优势。

如我们所见，《蒂迈欧—克里提阿》讲述了两个故事。一个故事描述

[1] 参见普罗克洛《论蒂迈欧》75.30—76.21。

[2] 我认为这个问题与 Broadie(2001) 提出的问题不同，即对于"对话中的世界"，这个故事是否被接受为真实。这并不是说读者不可能或不应该从对话中的人物那里得到提示。例如，读者可能会被以下内容引导：苏格拉底在《蒂迈欧》26e2—5 中对克里提阿的真理主张的回应。

第二章 亚特兰蒂斯传说的性质 — 029

了古代雅典和亚特兰蒂斯之间的战争;另一个描述了宇宙及其中万物的生成。克里提阿和蒂迈欧讲述故事是出于苏格拉底的要求,他希望以此作为他昨天讲述一个近似于《理想国》当中理想城邦故事的回报。这里再一次提供苏格拉底的描述:

> 接下来,请听我对我们所描述的这座城邦的感受。我可以将我的感受(pathos)比喻成这样的:假如一个人看到了美丽的生物,无论是绘画(graphē)作品,还是实际活着但处于静止状态的生物,他会渴望看到它们运动起来,并积极从事一些似乎适合它们身体的运动,这就是我对我们所描述的这座城邦的感受。如果有人用语言描述我们的城邦与其他城邦斗争的情形,描述它如何以适当的方式参与战争,描述它如何在战争中表现出与它的教育和训练相称的素质,描述它如何与每一个城邦打交道,无论是军事行动还是口头谈判,我都会欣然接受。(19b3—c9,Bury 英译,有改动)

这段话对理解《蒂迈欧—克里提阿》的目标带来了一些困难。苏格拉底希望看见运动中而不是静止的理想公民,这意味着什么?普罗克洛(Proclus)和波菲利(Porphyry)将动物与静物的差别理解为亚里士多德的现实与潜能的差别。[1] 现实是完善的或者实现了(teleioō)的潜能。亚里士多德把德性特征(aretē)看作一种后天的倾向(hēxis),即去做有德性的事(praxeis)。实现了的德性特征的现实就是去做的行为(praxis)。所以通过要求观察静止(hēsuchian de agonta)的动物运动(kinoumena)起来,苏格拉底是想说要看见他的教育给予公民的德性特征在行动中得

---

[1] 参见 Sodano(1964)对《残篇 7》的讨论。

到完善。

尽管可能不应该强调和亚里士多德的相似点,但这个阐释能让我们更好地理解苏格拉底言谈中所提到的两点。第一,苏格拉底用"praxeis en tois ergois kai en tois logois"(在行为中和话语中的实践)这句话来表达运动中的存在概念。这些行动应该可以给受教育和训练的公民(tēi paideiai kai trophēi)带来正义(ta prosēkonta apodidousan)。因此在某些意义上说将公民的行动当作他们的教育和训练的实现是很自然的。言行的结合("kata te tas en tois ergois praxeis kai kata tas en tois logois diermēneuseis"[在行为中的实践和在话语中的解释])意味着荷马史诗中英雄的例子,他不仅是通过武器的对抗(agōn)或争斗,也通过言辞来展现德性。

第二点是苏格拉底在同一演讲中接着说,他在寻找一篇对城邦的颂词(tēn polin egkōmiasai, 19d2)。根据《给亚历山大的修辞学》(*Rhetorica ad Alexandrum*),对伟大事迹(praxeislerga)的展示和赞扬是颂词的重要部分[1]。在这个意义上,赞扬公民的德性也将完成苏格拉底在《理想国》开篇中所谈到的对正义城邦的颂词[2]。

根据亚里士多德在《尼各马可伦理学》第一卷第九章1099a4—8中的评论,这两点是互相补充的。亚里士多德说:"就如同在奥林匹克比赛

---

[1] 参见伪亚里士多德的《给亚历山大的修辞学》35 和 Dover(1980)12,这其中列出了颂词的四个部分:1.那些由不为其德行所动(超乎其德行之上)的主体所赋予的祝福;2.他的德行;3.他的先祖;4.他伟大的事迹。

[2] 苏格拉底在回应格劳孔的要求时,给出了他对正义城邦及其公民的描述,见358d1—2。格劳孔在此提议赞美不正义,这样他就可以反过来听到苏格拉底对不正义的谴责以及对正义的赞美。苏格拉底接受了他的计划(358e1—2),当然这并不意味着苏格拉底给出颂词的意义会与非哲人给出的意义相同。参见苏格拉底在《会饮》198b—199b中对颂词的严格要求,以及本书第六章部分的180页。

中,胜利的花环不是授予最帅气或者最强壮的人,而是授予那些参加比赛的人(因为在他们当中将产生优胜者),所以在生活中也一样,那些在美与善(kaloi kagathoi)方面表现正确(hoi prattontes orthōs)的人将获得奖励。"如同一名运动员需要在比赛中展现他的高超技艺一样,我们的护卫者若想得到赞扬,也必须在行动中展现他们的德行。

苏格拉底在动物的画作和静止但真正有生命的动物间作了对比(eite hupo graphēs eirgasmena eite kai zōnta alēthinōs hēsuchian de agonta)。我认为这与《理想国》提出的理想城邦的可实现问题有相似点。在《理想国》472d4—e5中,苏格拉底解释说,理想城邦不应该简单地被其存在未得到证明而驳斥,为此他将对理想城邦的描绘类比于对理想人体的描绘:

> "如果有人画了一个最优秀、最美丽的人的模型,并且充分地呈现了他画面上的每一个细节,但他却不能证明这样的人真的存在,你会认为他是一个糟糕的画家吗?""不,以神的名义,我不认为。""那么我们自己的情形如何呢?我们不是说我们正创造一个好城邦的理论模型?""当然""所以你是否认为我们的讨论是不合理的,如果我们不能证明有可能找到一个同我们的理论一样的城市?""一点也不。"(Grabe英译,Reeve改动)

苏格拉底比喻的重点是,应暂时从理想城邦的可实现性这一问题中抽离出来。接下来在《理想国》498d—502c中,苏格拉底论证了理想城邦确实能够在这个世界中实现。但是在目前阶段,他还不想涉及这个问题的可实现性。在《蒂迈欧》中,苏格拉底似乎在对他描绘的公民的口头摹写和"通过绘画"(zōia kala ... hupo graphēs eirgasmena, 19b5—6)得来的美丽动物之间进行对比。既然苏格拉底在《理想国》中使用人体画像的概念来回避对其现实性的宣称,那么《蒂迈欧》中美丽的动物是绘画的产物这一观点的自然理解就是,这些动物可能不存在或不可能存在。但相反,它们可能"也是真正的生命"(kai zōnta alēthinōs)的想法暗示有动物确实存在的情况。

如果《理想国》中这些静止的公民既可以被当作苏格拉底想象的产物,也可能是真实存在,那么运动中的理想公民同样有两种理解的方式。要么他们仅仅是虚构的,就像虚构的电影中的人物那样活动;要么他们可能真正存在,像真人那样活动,就像纪录片中的人一样。纳博科夫的小说《黑暗中的笑声》(*Laughter in the Dark*)说明了苏格拉底的要求如何被虚构作品满足。主人公欧比纳斯(Albinus)是一位艺术史学家,迫切地想要看到古老的画作(譬如勃鲁盖尔[Breugel])中的人物运动起来:

> 这和那时刚刚兴起的彩色动物画有关。他想,如果能用这种方法将一些著名的画作,最好是荷兰画派的画作,用鲜艳的色彩完美地再现于屏幕上,然后将其活灵活现地呈现出来,使得图形上的运动和姿态变得与它们的静止状态完全和谐,那将是多么令人着迷啊。[1]

因为他对过去的大师们的敬佩,欧比纳斯渴望看见他们的画作转变成电影[2]。类似于苏格拉底渴望看见他的理想公民像一幅动态的绘画,欧比纳斯也希望他的角色被赋予生命,使他们的"运动和姿态……与静止

---

[1] 引自 1991 年纽约出版的《黑暗中的笑声》新方向版(New Directions edition)第 8 页。

[2] 顺便一提,这个项目在黑泽明 1990 年的电影《梦》中以梵·高的《乌鸦》作为代表实现了。

状态完美和谐"。相似的,苏格拉底想要他的理想公民的活动"使他们所受的教育和抚养(trophēi)相称"。欧比纳斯没有暗示这些古老画作中的人物会因为运动起来而显得更具历史性。运动而不是静止可能给它们带来更大程度上的现实感,但一部基于虚构的静止画作的动画,仍只是艺术家的创作。

与之相反,以真实的古代雅典人(tous alēthinous progonous hēmōn, 26d2—3)之名义,克里提阿提供了一个关于苏格拉底的理想公民所谓的历史描述(即"文献")。苏格拉底本人说,理想的公民可能只是一幅画,但也可能真的活过,他允许这样的描述,但从没有坚持事实就是这样。因为苏格拉底的首要愿望是听到他的理想公民活动起来的描述,其是虚构的或是历史的则是次要问题。苏格拉底要求看到他的理想公民的活动,而并不要求这一形象比他在《理想国》中提出的静态理想公民更符合历史。所以即便克里提阿的描述是虚构而不是历史,这也不会破坏苏格拉底叙述的目标,只要这个描述充分展示了他理想公民的活动,即在某种程度上表现得与他们在《理想国》中受到的教育相称。

在《理想国》中,历史和虚构的关系是复杂的。在《理想国》382d1—d3中,苏格拉底建议,我们讲述的关于古代的故事应被视作一种有用的发明:

> 另外,在我们刚才谈到的神话中(en muthologiais),由于我们对古代的真相一无所知,我们尽可能地(aphomoiountes)将假的(pseudos)比作真的,从而使其有用。(Shorey 英译)

这段话发生在苏格拉底区分好与坏的"谎言"或故事(pseudē)的背景下。我们讲述的关于过去的故事应该尽可能地接近真相,但由于我们正是在缺乏历史知识的情况下构建了这样的故事,这些被我们视作真相的故事本身不可能符合历史。它必须是另外一种真实。就涉及神的历史故事而言,真实就是善的神将如何行动(见 379b)。这段话的第一行回顾了 380a("我们刚才谈论了古代事件的构建"),其中提到,如果我们把尼俄伯的受罚或者特洛伊战争的发生归因于神,那必须表明这一惩罚有益于受罚者。换句话说,这些故事必须根据关于神的真实来表现神的行为,即神是善的并且只做善的事情。鉴于他们是善的,那么那些描述神作恶、撒谎或以任何方式改变(其善)的故事都必然错误。我们能断定这样的一个故事一定错误,不是因为我们恰好有任何关于神的行为的历史知识,而是因为我们知道神如果是完全的善,则必不可能做出这些事。例如,我们可以确定乌拉诺斯被阉割不曾发生过,不是因为我们知道过去就是如此,而是因为知道原则上关于神圣者的真相。讲述神在过去做了什么的故事正是为了说明这一真相,而不是为了报告任何关于神的历史知识,因为我们对其毫无所知。

克里斯托弗·吉尔反对将苏格拉底对故事的分析当作如今我们所说的虚构。[1] 吉尔认为,现代的虚构概念的一个重要方面是虚构没有直接的真理价值。相反,苏格拉底对传统故事叙述评判的一个重要方面就是故事中表达的信念错了。但正如吉尔承认的,我们也可以接受苏格拉底的说法,即神话(muthoi)确有某些真理价值,同时也继续认为,苏格拉底所说的故事也在某些方面和我们今天的虚构概念相同[2]。对于柏

[1] 参见 Gill(1993)。

[2] 参见克里斯托弗·罗的评论:"虽然我接受吉尔(Gill, 1993)的许多批评,反对过于轻易地将现代的'虚构'概念归于柏拉图,但在我看来,这种对比(即'虚构的'和'逻各斯,或任何可能用来表示非虚构的对立类别的术语')是柏拉图对'神话'概念复杂运用的基础。"见 Rowe(1999)263, n.1。

拉图来说，故事在一个重要的意义上是虚构的：它们是被创造或编造的。当然，对于不被我们称为神话的叙述（logoi），也可以说它们是被创造或编造的。然而，神话的特点是，它是在不考虑特定历史事实的情况下创造的，尼俄伯的故事就不来自任何历史资料。因此苏格拉底对故事分析的一个重要方面符合我们现代对虚构的看法，即这些故事和我们所知的事实描述不符。柏拉图式的神话当然仍然可能被当作"事实"，因为它们表现了关于善神和善人本性的一般真理。毫无疑问，苏格拉底会认为这些真理比任何历史事实更具意义，而神话的细节是依照普遍真理的想象编造出来的，这反映了苏格拉底对历史事实的重视远不及哲学真理。

对于苏格拉底而言，找到那些应该讲述的关于过去人类行为的故事，比决定讲述哪些关于神和英雄的故事还要复杂。一开始为什么是这样并不明确，因为人们可能认为，一个好人只做神会做之事，而不做神不为之事。然而，苏格拉底对阿德曼图斯（Adeimantus）解释了为什么"目前我们不能评判这种写作（也就是关于人类的写作）"：

30

　　　　"因为我认为我们会说，诗人和散文家在最重要的问题上对人的评价都是错误的，他们说有许多人不正义但幸福，而正义的人却悲惨；不正义中蕴藏利益，只要不被发现，正义就是让别人受益却让自己受损；我也认为我们应该禁止他们说这样的事情，并且命令他们去歌颂相反的东西。你们难道不这么认为吗？""是，我知道。"他说道。"那么，如果你承认我是对的，我认为你也就承认了我们寻求的最初目的？""正确。"他说。"那么，我们也会同意，关于人的言论必须是这样，只要我们知道了正义的本质，并证明无论一个人是否显得像正义，拥有正义对于拥有者始终是件好事。""非常正确。"他回答道。（392a13—c5，Shorey 英译）

"我们研究的最初目的"是为了表明,对人来说正义比不正义更有利。这就是我们想要建立的结论,不过在这之前需要先明白什么是正义,只有这样才能明白正义如何使它有益于拥有正义者。但是,为什么我们需要对正义进行单独的描述,以便描绘人类从他们的善中获益,而在描绘神和英雄的情况下却不需要这样呢?简短的回答似乎是,因为神被定义为善和幸福(eudaimonia),那么说明幸福如何来自他们的正义这一问题(苏格拉底也正是在此受到挑战)就不存在了。

在《理想国》第十卷中,苏格拉底考察了正义的性质并论证了正义能使人幸福。但还没有说应该讲述什么样的关于人类的故事,而只是说我们根本不应该创作模仿性的诗歌。这似乎令人惊讶,毕竟第三卷说到,如果诗歌模仿的是善人的行为并展示出他们如何因德性而得到回报,那么它就可以接受。[1] 问题不在于是否应该创作模仿性的诗歌,而是如何创作出正确的。另一方面,一些学者认为模仿性诗歌在第十卷中似乎被拒绝了[2]:模仿性的诗歌必然涉及与真理相去甚远的东西,因此必然培养了灵魂的错误部分。这里有不同的策略来缓解这两卷明显的紧张关系。其一是指出第十卷至少允许赞美神和善人的诗歌进入城邦(607a3—5):"你们应该知道,我们唯一允许进入城邦的诗歌是对神和对

[1] 这里有一个关于"模仿"概念的问题。在第三卷中,这个词似乎仅被用于特定的诗歌,这些诗歌的作者假定了其主题的声音(譬如当荷马使用克律塞斯的声音说话时),但在第十卷中,它相当普遍地用于形容文字和影像中对特定事物和人物的模仿,这种模仿在没有任何关于该事物的知识的情况下进行,也只有在听众没有任何知识的情况下才能达到其效果。我认为,对荷马和悲剧作家来说,第三卷中的诗歌在第十卷中被认为是模仿的,不论它是否使用了"模仿"这个词,只要它以一种不显示关于主题的知识的方式表现其对象。我所说的模仿式的诗歌,是指第十卷中所提到的诗歌,但在第三卷中受到批评的那些荷马和赫西俄德的诗歌,它们没有显示出有关于诸神和英雄的知识,所以可以理解为这种模仿式的诗歌。关于第三卷和第十卷中"模仿"概念的关系,见 Burnyeat(1997b)289—300。

[2] 对于这一观点的批评见 Burnyeat(1997b)289—305。

善人的赞美。"所以模仿性的诗歌不必然表现出坏的特征,尽管其更倾向于这样。[1] 苏格拉底说,对诗人来说,模仿一个情绪激动的人物比较容易(但并不一定?),因为这样的人物允许"多方面"的模仿(mimēsin poikilēn, 604e1, 参见 poikilon ēthos, 605a5)。相比之下,一个理性和安静的人物,对诗人来说更难模仿(但非不可能?),对戏剧观众来说也更难理解,因为"这种经验(pathou)对他们来说很陌生(allotriou)"(604e5—6)。也许我们可以说,诗歌的技巧自然适合于表现一个多面的人物,就像艺术家的全部调色板适合于画一幅多彩的肖像。然而,这并不意味着诗人必须表现一个多面性的人物,就像艺术家并不必须使用所有的颜料一样。

在《蒂迈欧》(19d—e)中,苏格拉底请求的刚好就是《理想国》第十卷中所允许的颂词:一篇对行动中的有德性之人的赞美。他的要求与两种言辞(logoi)相合,这两者某种意义上都属于模仿。克里提阿将他和蒂迈欧的叙述都形容为"模仿"(107b5),也许是为了呼应蒂迈欧的希望,即他的叙述仅仅被看作一种理性图景的似像(eikōn)的"近似叙述"(eikōs logos)或"近似神话"(eikōs muthos)(29d)。那么,两种言辞都被当作某种模仿呈现给我们[2]。《蒂迈欧—克里提阿》邀请我们去和《理想国》做一个比较,所以我们必须要问:如果蒂迈欧和克里提阿的描述是模仿性

---

[1] 注意 605a2—6 的措辞:"很明显,模仿的诗人在本质上并不与灵魂的这样一个部分(理性)有关,他的艺术也不能取悦它,如果他想取悦许多人的话,他自然会与兴奋的和多变的性格有关,因为这些更容易模仿。"

[2] 它们也符合某种"诗歌"的要求,因此苏格拉底在《克里提阿》108b4—5 中把蒂迈欧和克里提阿比作剧院里的诗人。而在《智者》265a—267b 的分类中,模仿的艺术是生产性或"诗歌性"艺术的一种。参见 Burnyeat(1997b)299,他认为《智者》这段话是对《理想国》中"模仿"概念的分析。作为模仿,蒂迈欧和克里提阿的言辞也可以算作广义上的"诗歌"艺术。

的,那他们如何避免《理想国》第十卷中对模仿艺术的指责?

克里提阿与蒂迈欧关于描述与绘画的比较(《克里提阿》107b5—d6)再次让人想起《理想国》第十卷中的说法。就像我们所见的那样,苏格拉底已经提出,对理想城邦的描述如同一幅画,他现在希望让它变得鲜活。在《理想国》第十卷中,绘画被当作城邦不允许的模仿(mimēsis)的典型例子[1]。在不知情的人看来,画家(不一定是故意的)对他的主题进行了知识性的模仿[2]。他在画一张床时,会让无知的人以为画家有木匠的知识,画家会传达诱人的误导性信息和图像。相比之下,《蒂迈欧—克里提阿》不遗余力地强调,将由具有专家般知识和经验的演讲者来叙述或模仿,并由类似的听众或观众来评判。

所以苏格拉底认为有三种(genē)言辞的创作者是潜在的赞美诗人:诗人那种、智者那种和“你们这种”,即蒂迈欧、赫莫克拉特(Hermocrates)和克里提阿所属的这种哲学家—政治家。他对过去和现在的实际诗人的否定,并不因为他们是模仿者,而是因为他们不具备所需的背景知识(trophē):

> 我对过去和现在的诗人持同样的看法(即他们不可能充分地赞美苏格拉底所说的公民),不是因为我对诗人这一部族不尊敬(outi to poiētikon atimazōn genos, 19d5),只是很明显,所有的模仿者民族(to mimētikon ethnos)模仿得最容易并且最好的是那些他们成长中发生过的事物,而那些发生在每个人经验之外的事物,在行为上模仿起来就很困难,更别提用语言去模仿。(《蒂迈欧》19d3—e2)

---

[1] 尽管 603b9—c2 表明,我们不能确定模仿式绘画的所有特征都适用于模仿式诗歌。
[2] 关于画家的欺骗行为,见 Burnyeat(1997b)302—5。

柏拉图在这里对 ethnos 和 genos 的使用值得注意。尽管他可能将这两个词用于风格的差异，但这两个术语也广泛用于标识民族和部族之间的不同[1]。如果柏拉图在头脑中有这个区分，诗人部族（poiētikon genos，包括了过去和现在的诗人）就成了模仿者民族（mimētikon ethnos）的一个亚种，而模仿者民族则可能包含了更广泛的模仿者。有一种看法也说明了这一点：模仿者民族比诗人部族有更广的外延，即除了语言上的模仿外还有行为上的模仿，而诗人则不以行为上的模仿知名。要在行为和语言上模仿得好，一个必要条件是对主题有经验（trophē）。因此这段话表明，虽然所有已知的诗人都不可能成为苏格拉底式的公民的模仿者，因为他们没有对这种人物的经验，但在更普遍的模仿者民族这一种类中，可能有另一种模仿者确实具有相关的经验因而能够模仿这些公民。苏格拉底也不考虑智者这一类人，尽管他们在很多优秀的演讲中有经验（empeiron），但智者缺乏对城邦（polis）的归属感，这使得他们无法掌握（astokhon）那些既通政治又晓哲学的人的特征，以及他们在战争中会说什么做什么。相比之下，"你们这种"，即蒂迈欧、克里提阿和赫莫克拉特的类型是唯一同时具有政治家和哲学家经验的人。蒂迈欧不仅成长于众所周知治理良好的洛克里斯（Locris），在那里他担任过所有重要的公职，并成为最优秀的哲学家[2]（20a1—5）。许多证人能够证明赫莫克拉特的天性和受到的教育（trophē）足够应对这项工作（20a8—b1）。同时，雅典人"都知道克里提阿在所有我们讨论的事物中都不会是外行的（idiōtēs）"（20a6—7），这暗示克里提阿本人曾担任过公职也具有哲学

---

[1] 参见 Liddell-Scott-Jones (*LSJ*) 希英词典。
[2] 我认为 20a4—5 的完美是强调蒂迈欧过去的成就给他带来的（相关）经验。

经验[1]。因此,这些对话者被选来执行颂扬性的言说,因为他们在哲学和政治方面都有经验。不像诗人,这三位对话者似乎恰恰具有成为苏格拉底公民的优秀模仿者所需的经验。

梭伦的案例阐明了模仿与经验的重要关系。克里提阿通过他的祖父(也叫克里提阿)得到了来自梭伦的亚特兰蒂斯故事。当小克里提阿还是一个男孩时,他和他的同伴们选择在阿帕图里亚节(Apatouria)上表演梭伦的诗歌,因为它很新颖。在这样的场合,老克里提阿对曾称赞梭伦为"所有诗人中最自由(eleutheriōtaton)"的阿米南德罗斯(Ameinandros)说(21c2),梭伦如果完成了他从埃及带回来的亚特兰蒂斯故事,就会像诗人赫西俄德和荷马一样出名。但后来,他为了参加雅典的政治活动而放弃了这个项目,将创作诗歌作为副业。《理想国》第十卷599b—e中关于梭伦与荷马的对比很有意思,苏格拉底认为,如果荷马对他所阐述的主题有任何了解,不论是战争、战术、政治还是人类教育,那么至少会有一个城邦将政治上的改善归功于他[2],就像雅典人引用梭伦的方式。这一点基于如下的主张:任何一个同时知道如何生产真品和仿品的人都会投入更多精力在制造真品上(599a)。换句话说,有能力的人做事,没能力的人写诗。如果我们将这些评论运用到《蒂迈欧》上,似乎梭伦未能发展成诗人反映了雅典人认为(不一定正确)他拥有着有用的知识。正是对这种知识的需求使他无法成为一名全职诗人。也许自相矛盾的地方在于,梭伦未能发展为一个诗人,似乎可以说明他被认为拥有知识,但

---

[1] 学者的报告中关于《蒂迈欧》有一个好玩的说法,即僭主克里提阿(Critias)是哲学家中的外行人,是外行人中的哲学家。如果把对话中的克里提阿与僭主联系在一起,我们就会发现苏格拉底的赞美中有一点讽刺。关于克里提阿身份的不同观点,参见 Cornford(1937)1—2,Welliver(1977)50—57。

[2] 参见《伊翁》541d。

拥有知识也正是写好诗所需要的,于是这样的人太贵重了,不能让他把时间花在写作诗歌上。

在《理想国》第十卷中,画作的欺骗性不仅在于画家缺乏知识,还在于观赏者也缺乏。与此相反,《蒂迈欧—克里提阿》的演讲由专家进行。如果这些演讲是模仿,那也显然是有知识的模仿。然而,对经验的强调也延伸到了听众上,当然这与发言者有部分重叠。蒂迈欧因此提到教育(53c2),即让他的听众遵循他的几何演示。克里提阿在用绘画类比时的继续强调,他们的演讲是根据经验来评判的:

> 当然,我们所有人的描述必须是模仿和描绘(apeikasian)的性质;如果我们观看画家所画的诸神和人体的肖像,就旁观者来看他们成功模仿主题的难易程度而言,我们首先会注意到关于大地、山脉、树林和整个天空,其中有存在和活动的东西,如果一个人能够将它们表现得哪怕有一点点相似,我们就会感到满足;而且,由于我们对这些物体没有确切的知识,我们不会仔细检查或批评这些画作,而是会在这种情况下忍受不精确和欺骗性的草图。另一方面,每当画家试图画出我们自己身体的样子时,我们很快就能觉察到其中的缺陷,因为我们对它们一直很熟悉(sunoikon katanoēsin),并对那些未能充分展现所有相似点的画家进行严厉的批评。我们应该注意到,在进行论述(logous)时情形也正是如此。(107b5—d6)

根据克里提阿的说法,所有演讲都将依赖观众的经验来评判。而对于克里提阿尤其困难的地方在于,他自称评判者对他的主题比对蒂迈欧的有更多经验;因此他担心他们会以比对待蒂迈欧时更严厉的方式评判注意他的"绘画"[1]。克里提阿因此狡猾地请求对他的模仿给予特别的宽容,因为他在演讲中坚持了更为普遍的经验和知识。在这里,我们与"儿童和愚蠢的人"(《理想国》第十卷 598c2)相去甚远,他们从远处看到一个没有木工知识的画家所画的木匠,就不加批判地认为这正是真正木匠的样子。

在《蒂迈欧—克里提阿》中,演讲代表了政治和哲学方面的专业知识,而不再是传统诗人的无知,而且他们是在同为哲学家—政治家的听众的批评监督下进行的。回过头来看看,似乎正是为了给这种另类的模仿式演说打开大门,苏格拉底显然允许了比过去和现在的诗人部族更广泛的模仿者民族。这意味着,如果模仿基于知识,它就不一定是坏事。

到目前为止,我认为《蒂迈欧—克里提阿》的目的是讲述一个知识性的故事,这种知识与《理想国》所认可的那种好人的行为有关。这个故事是虚构的历史,在这个意义上,所叙述的特定事件都基于人类的善及其所受奖赏的真实而编织,就像我们讲述诸神的故事要根据我们对善的概念来编织一样。这个故事可以被看作一种模仿,但与《理想国》第十卷中拒斥的那种模仿不同,它由有知者讲给有知者。

但是,克里提阿自己对亚特兰蒂斯故事的描述如何与这种讲述哲学故事的观念相吻合?他否认这个故事是神话,可能表明我们应该把它当作"真实的历史",而不是苏格拉底在《理想国》第三卷中设想的那种虚构但基于真实的"历史"。因此我们需要更仔细地考察克里提阿如何说他的故事不是神话(muthos),以评估亚特兰蒂斯故事在多大程度上可以被视为虚构历史的例子。克里提阿声称他的描述不受过去希腊人普遍无

36

---

[1] 蒂迈欧被包括在与绘画的类比中,这一点从 107b6 可以看出。

知的影响,因为它来自埃及。他的叙述具有的那种精确度(akribeia),我们通常只能在(修昔底德史学观念上的)近代史而非古代史中去期望。尼俄伯的故事(也见于《理想国》380a)由埃及祭司提供,用于说明希腊人如何在没有历史知识的情况下讲故事(muthologein,22a—b)。另一个例子是法厄同的故事,他借用他的父亲——太阳神的战车烧焦了大地,然后被宙斯的霹雳摧毁。埃及人说,这个故事由希腊人以神话的形式讲述,而真实发生的事实是,地球轨道距离太阳周期性的变化所引起的某一次大火(22c—d)。埃及人对神话背后真相的解释似乎得到了克里提阿声明的回应,即他将把苏格拉底所说的"就像在神话中"的一切都转移到真实的领域。克里提阿的历史学,就像埃及人的自然哲学一样,显然是用更准确的字面意义上的真实取代了神话。

然而,在这两种情况下,似乎埃及人和克里提阿都必须给予"神话"某种真实性。克里提阿的叙述毕竟是基于苏格拉底的神话,在这个意义上,克里提阿接过了苏格拉底的理想公民,鉴于他们已受过他的教育。除了"幸运巧合"之外,克里提阿不只是在转述一个恰好与苏格拉底故事相吻合的故事,他是在讲行动中的苏格拉底式公民的历史,尽管这些人现在被认定为雅典人。在埃及人对法厄同故事的回应中,人们可能会说,它背后的科学真理并没有对法厄同神话构成反驳,只是将其翻译成了另一种形式(schēma),在这种形式中,它被解释为一种更普遍的科学现象的实例。同样地,克里提阿不能简单地拒绝苏格拉底的神话,因为正是在这个神话中他谈到的历史人物接受了教育(27a9—b1,para sou de pepaideumenous diapherontōs autōn tinas)。更确切地说,就像埃及人对法厄同故事的重述一样,克里提阿现在正重述关于苏格拉底公民的故事,把它变成一个关于历史上真实的古代雅典人的故事。

因此,在克里提阿声称提出的是一个历史叙述时,将苏格拉底的理想公民与古代雅典人相提并论是关键。值得密切关注的是以下段落中的表述方式：

> 你[苏格拉底]昨天向我们讲述了公民和城邦，讲得就像（hōs）在神话中一样，将这公民和城邦转移到现实世界（epi talēhes）后，我们假定（thēsomen）其为（hōs）这里这个城邦，而你说的公民，我们将断言（phēsomen）他们正是祭司所说的我们真正（alēthinous）的祖先。他们在各方面都符合，这样当我们说他们是当时存在的人时，一切都合情合理。（26c7—d5）

克里提阿在27b1—6补充了这一点：

> [在我们看来]我应该将他们带到你面前，就像（hōs）带到陪审团面前一样，并根据梭伦的说法和法律的规定，让他们[理想公民]成为这个城邦[雅典]的公民，因为（hōs）他们是当时的雅典人，在古书告诉（phēmē）我们这点（emēnusen）之前，他们一直没被注意到。但从此以后，我们关于公民的演说（logous）都将以（hōs）他们是真正的雅典人为前提。

这两个段落都严重依赖于对 hōs 的解释。每次我都试图不偏不倚地翻译这个词，但在这两个段落中它每次都可以被译成"仿佛"（as if）[1]。这两段话都将苏格拉底的公民转移到现实世界的过程构建为

---

[1] 托马斯·泰勒就是这样翻译的，见 Taylor（1944）106 以及参考 P. Murray（1999）260 和 Rowe（1999）271。

依赖于言语行为("我们假定","我们将说")。在第二段中,这一言语行为是专门从法庭上取得的。像陪审员一样,我们决定根据古书所说的(口头)报告(phēmē)和梭伦的说法和法律,将公民身份授予理想公民。我们对梭伦公民身份法的一点了解是:(a)给予所谓的贫民(thētes)政治权利;(b)给予流亡者公民身份[1]。如果提到这些中的任何一个,意思可能都是,就像梭伦将公民权利扩展到以前不被视为雅典人的人一样,我们现在也应将那些以前(例如《理想国》)不被认为是雅典公民的人纳入其中。这种措辞表明,将雅典公民身份赋予苏格拉底的理想公民,可以说是一种表意行为的结果:像主持案件的陪审员一样,我们通过说他们是公民而使他们成为公民。语言在两种观点之间摇摆不定,一种观点认为这些言语行为只是将他们恢复到真正雅典人的合法地位,他们一直是雅典人;另一种观点认为,这是通过准司法行为将公民身份赋予他们,从而使理想公民成为雅典人。对梭伦法律的提及表明公民权利的扩张,即新公民的产生而不是对旧公民的认可[2]。换句话说,这段话是精心编写的,以便允许将克里提阿的历史解读为,它是在讲述的过程中构建的。

另一个可能使人怀疑克里提阿的历史是否为这个场合专门构思的问题是,既然柏拉图让克里提阿将理想公民认定为所谓的历史人物,为什么这些人会被认定为雅典人而不是诸如斯巴达人或克里特人? 雅典人的公民认同与《墨涅克塞努斯》建立了一个有趣的联系点[3]。根据妮可·诺劳(Nicole Loraux)的解读,《蒂迈欧—克里提阿》同《墨涅克塞努

---

[1] 参见 Stanton(1990)65—66。

[2] 这一点在《蒂迈欧》21b2 中也有特别提到,这一天阿帕图里亚的年轻男孩被正式接纳为氏族的成员。

[3] 参见 Rowe(1999)和 Otto(1997)。

斯》一样,是对雅典颂词(典型代表如修昔底德、吕西亚斯等人的葬礼演说)的模仿[1]。颂词展示了通过雅典意识形态所看到的理想化的历史版本。《墨涅克塞努斯》模仿了葬礼演说对价值和事实的混淆。如果诺劳是对的,那么将古代雅典人认同于理想公民就可能是《蒂迈欧》中的一种疏远手段。如果对雅典人将他们的过去理想化的倾向持怀疑态度,我们就应该对理想公民是古代雅典人的假设感到警惕。然而,苏格拉底在《理想国》中并没有反对发明关于过去的故事,仅仅是反对目前这类故事所代表的价值观。因此,柏拉图关于理想公民是雅典人的故事,可能并不是为了拒绝发明理想化历史的倾向。相反,通过用通常的政治榜样代替《理想国》的理想公民,他是在批评那个雅典人用编造历史来反映的特定理想。在将亚特兰蒂斯的故事呈现为苏格拉底理想公民的故事时,柏拉图重新利用了雅典的历史,从而为雅典人提供了一种新的理想[2]。在这种情况下,我们可以回顾苏格拉底表示接受克里提阿的叙述来满足其需要的第一个原因,即这叙述将在泛雅典娜节(Panathenaea)当天成为对雅典娜的适当赞美(参见26e3 与21a2)[3]。然而,克里提阿的故事所颂扬的雅典娜是一位哲学家—战士女神(即一个护卫者角色)而不是雅典的民主女神[4]。正如柏拉图为了一套新的哲学理想而重新利用了雅典人的祖先,他也重新利用了他们的守护女神。

39

我们可能会问,为什么通过埃及人以及他们与梭伦的会面,我们可以得到亚特兰蒂斯的故事。根据希罗多德(2.15)的说法,埃及人在某种

---

[1] 参见 Loraux(1986)296—304 和 Morgan(1998)。

[2] 正如 Rowe 所说,"神话不是用来加强目前的目标和价值,而是一种重新思考和取代它们的手段",Rowe(1999)。关于柏拉图重新利用雅典历史的效果的不同说法,见 Morgan(1999)。

[3] 有关该节日的说明可见 Cornford(1937)5。

[4] 见 24c7—d1。

意义上是所谓的古代历史的完美来源,他们通常被认为是地球上最古老的民族,或者至少是最古老的民族之一。根据克里提阿的说法,埃及人不是最古老的民族(这一荣誉属于雅典人),但他们是唯一把文化自始至终完好无损保存下来的已知民族。希罗多德说,埃及人是第一个发展出写作艺术的民族,他们用文字把古代的事情记录了下来[1]。根据克里提阿的说法,埃及人是最古老的识字民族,但又再次将其限定在以下意义上:不同于雅典人,他们拥有不间断的文字传统[2]。换句话说,虽然雅典人是一个文明成就更高的民族,但埃及人是一个拥有更多不间断文明的民族。因此,克里提阿重新诠释了希罗多德关于埃及古代文化的说法(topoi),从而给予雅典人最高的文化地位和优越感。

在《法义》中,来自雅典的异乡人对埃及某些制度表示钦佩,例如他们反对改变编舞的规则以及他们对数学教育的重视(656d—657a)。然而,他立刻也表示在埃及同样存在许多不好的事情(657a5)。事实上,雅典的异乡人在747b8—c8中说:

> 所有这些教育科目(经济、政治和工艺[technas],特别是算术)将可以被证明为公正和合适的,只要你能通过其他法律和制度从那些受到教育的人的灵魂中消除不自由(aneleutheria)和贪财(philochrēmatia);否则你会发现你不知不觉中培养了所谓的"奸猾"(panourgia)而不是智慧(sophia)。从今天埃及人和腓尼基人以

---

[1] 参见 Lloyd(1976)330 中对希罗多德 2.77.1 的评论:"这里的 μνήμη 就是历史意义上的回忆的意思。"

[2] 参见《蒂迈欧》22e—23b。雅典人在亚特兰蒂斯战争时是识字的,这一点可以从以下说法中推断出来:"你们的人和其他的人每次都只是新配备了文字和文明国家所需的一切艺术;当经过一定的间隔年限后,天上的洪水像瘟疫一样重新席卷你们的人,除了不识字和没有文化的人,你们没有一个人留下。"(《蒂迈欧》23a5—b1)

及许多其他民族,在财产和其他事情上的不自由的特征所产生的影响,我们可以看到这方面的例子。(Bury 英译)

异乡人接着指出,埃及人的教育对他们产生的不幸影响的部分原因40 在右侧可能是他们的自然环境对他们性格的影响(747d—e)[1]。在《理想国》里也是这样,埃及人和腓尼基人被当作"爱财富"(philochrēmatia)的例子,在这方面与灵魂的欲望部分对应,正如希腊人的爱智慧对应于理性部分,而斯基泰人的战斗力对应于激情(to thumoeides)部分(435e—436a)。在这种情况下,我们注意到,埃及人就像腓尼基人一样,都是著名的商人,这一行业通常以贪婪和欺骗著称[2]。柏拉图正在建立一种对埃及人的刻板印象,而埃及人是骗子这一刻板印象早已在埃斯库罗斯(Aeschylus)[3]、阿里斯托芬[4]和克拉提努斯(Cratinus)[5]那里出现了。虽然埃及的教育本身值得称赞,但它对埃及人性格的影响使他们变得狡猾而不是有德行的智慧[6]。

在这些段落中,狡猾而非智慧似乎是埃及人的标志。他们的聪明没有智慧的美德;相反却服从于他们的欲望部分,试图通过获取金钱来满

---

[1] 在《蒂迈欧》中则恰恰相反,同样的环境被用来证明为什么我们应当相信埃及人关于过去的说法(22d)。

[2] 参见荷马《奥德赛》14. 288—9 及 15. 15—17,此外 F. Meijer 和 O. van Nijf(1992)3—14 中也有提到。

[3] 参见《残篇》373。

[4] 参见《地母节妇女》921—2。

[5] 参见《残篇》378。

[6] 亚里士多德说:"有一种能力叫聪明,它让我们能做到想做的事。如果我们的目标是高尚的,这一能力就值得称道,否则这一能力就是'奸猾'。这也正是为什么我们说智慧的人和奸猾的人都是聪明人。"(《尼各马可伦理学》1144a24—8)

第二章 亚特兰蒂斯传说的性质 — 0 4 9

足身体所欲。这样的特性与热爱真理的哲学家特性截然相反[1]。所以我们应该想到埃及人讲的故事是有欺骗性的。因此,让埃及人成为亚特兰蒂斯故事的来源,或许是柏拉图建议我们不要将这一描述按字面意义来理解的又一方式。

然而,正如我们从《理想国》第二卷所知道的,有好的和坏的谎言(pseudē)。赫西俄德关于乌拉诺斯被阉割的故事是一个坏谎言,《理想国》第三卷中关于三种金属的著名神话则是一个好谎言,因为它代表着人类灵魂结构以及城邦应该如何组织的真理。这个神话的引入与我们的目的有关:

> "那么,"我(苏格拉底)说,"我们怎样才能设想出我们刚才所说的那种适当的谎言(pseudōn),以便用一个高贵(gennaion)的谎言去说服统治者本人,即使失败也可以说服城邦的其他人?""你是指什么样的谎言?"他(格劳孔)说。"不是什么前所未有的,"我说,"有的只是一种腓尼基人的故事,这故事在世界许多地方也发生过,它正如诗人所言并希望人们相信的那样,但这个故事没有、也不可能在我们这里发生。而这不是那么容易让人相信的。"(414b8—c7)[2]

联想到389b,在那里我们被告知,当外部或内部威胁使其成为必要时,统治者可以为了城邦的利益而撒谎,但其他人都不允许撒谎。统治者撒谎是可以接受的,因为他们知道真理,因此即使他们的言论可能是欺骗性的,他们也不会在重要的方面,即灵魂中受骗。三种金属的神话就是

---

[1] 参见《理想国》485c—486a。其中诚实、热爱真理以及拒绝食欲和激情是哲学家的标志,如上所述,后两者分别是埃及人和腓尼基人在《法义》中的特征。

[2] 最重要的是,414c3中提到的"谎言"是为了"虚构"。

统治者讲述的故事之一，这些故事字面上是假的，但在某种意义上它们代表着对城邦有益的东西。与《理想国》382c1—d3（如上所述）一致，这个神话被描述为一个关于过去的故事，并被推荐给众人，因为它对城邦有益（kēdesthai，415d4；另参见 chrēsimon，382d3）。

鉴于苏格拉底对腓尼基人性格的其他评论，我们预计腓尼基人的故事不会太高贵。但在这种情况下，吸引苏格拉底将他的神话与腓尼基人的故事进行比较（就像他在这段话中与诗人的比较一样）的原因，并不是它的道德品质，而是它为了适应手头的目的来编造时所做的准备。像埃及人一样，腓尼基人在提出有用的故事方面很聪明，但苏格拉底会在一个善的事业中使用这种聪明，而不是为了欲望（panourgia）。在《斐德若》中，苏格拉底提出了另一个"古老"传统（akōen ton proterōn，274c1），也就是著名的特伊斯（Theuth）和阿蒙（Ammon）的故事。作为回应，斐德若评论说"你很容易从埃及或任何你喜欢的地方编造故事"（275b4—5）。看来，埃及故事也是胡编乱造的。然而，苏格拉底坚持其信息的真实性，即写作不能教会你什么，只能作为你已经知道的东西的提醒。

克里提阿一开始否认他的故事是随便说的（就像诗人的故事那样），但他后来明显地自相矛盾[1]。所以有理由把克里提阿故事当作是专门为这个场合编造的，尽管他最初不承认。克里提阿对其资料来源及其权威性的详细论证，无疑表明他使用了一种批判性的历史方法来重述一系列历史事件。在其他的对话（例如《会饮》和《墨涅克塞努斯》）中，我们已经很熟悉历史参考资料的使用显然是一种时代错置[2]。在这些场合，

42

---

[1] 参加《蒂迈欧》25e5—26a1 和《克里提阿》107d9—e1。
[2] 参见 Dover(1980)10，里面讨论了科林斯战争与《墨涅克塞努斯》244b3—246a4 中的王之和平（the King's Peace）。

所谓的历史参考只会达到相反的效果,即强调了对话不是历史记录[1]。尽管其他对话都没有像《蒂迈欧》那样公开采用史学方法,但柏拉图使用这种方法很可能是为了强调,使用历史性只是将其作为虚构性的一个幌子,而不是为了克服这种虚构性[2]。

我们应该注意克里提阿对历史真实性的强烈主张。梭伦要求祭司们"精确地"(di' akribeias)去听任何事情(23d)[3]。祭司们首先告诉他事件的概要,同时承诺稍后再告知他细节(to akribes, 23e6)。4、5世纪的史学家经常否认古代历史(ta palaia)精确的可能性[4]。古代历史不太在乎证据(elenchos)和"精确性",因此正如修昔底德所说,它成为一种作为神话的虚假权威(1.20—1)[5]。在这一严格标准下,古代历史并非史学的适当主题。我们可以将其留给诗人,让他们去编造有关古代历史的故事。对古代历史中精确性概念的一个更为尖锐的批评者是埃福罗斯(Ephorus)[6]:"在当代事件中,我们认为那些给出最富有细节的描述(akribestata)的人是最可信的。然而,对于遥远过去(tōn palaiōn)的事件,我们认为这样的描述完全不可信,理由是在这么长的时间里,所有的行动和大部分的讲话都不可能被记住。"[7]克里提阿声称对9000年前发生的事件进行了精确的描述,将使埃福罗斯这类历史

43

---

[1] 参见 Rowe(1998)。

[2] 《蒂迈欧—克里提阿》中对历史学的使用,引起了关于柏拉图对话作为虚构的重要而更广泛的问题,我不尝试在本章的范围内解决这个问题。关于这个问题的一些看法,参见 Rowe(1999)。

[3] "精确"的意义类似于"符合外部现实",参见 Marincola(1997)68 和 Hornblower(1991)60。

[4] 参见 Marincola(1997)70,其中谈到 Thucydides 1.20.1 的 ta palaia 指的是伯罗奔尼撒战争之前发生的事情,包括波斯战争。

[5] 参见 Moles(即将出版)。

[6] [译注]埃福罗斯(约公元前400—330年),小亚细亚埃奥利斯库梅(Cyme)人,古希腊历史学家,是伊索克拉底的学生。

[7] 参见 Jacoby(1923)翻译的《残篇》9 以及 Marincola(1997)70。

学家感到"完全不可信"。我们当然可以坚持认为,克里提阿的故事是特殊的,因为它是基于埃及的证据,古代历史对埃及人来说就像最近的历史对我们一般,因为埃及人是不变的,而且记忆力很好。然而即使抛开对埃及人诚实的疑虑不谈,这些小字[1]也泄露了谎言。我们现存的最早资料(假设埃及人在建国时就开始写下他们的资料)有八千年历史(23e)[2]。据称,由于这些资料是被写下来的,因此可以避免口述记忆(akoē)导致的变化无常,这就保证了资料的精确性[3]。然而,有人指出,即使这些事件的确在 8000 年前被记录,仍然只能代表埃及人从道听途说(akoēi ismen,23a2)中收集到的关于更早一千年前发生的事件的信息。

同样,提到仍然可观察到的证据时,可以建议仔细使用"解剖"来检验口头证据[4]。然而,这种方法运用到古代历史上却是成问题的。正如修昔底德在《考古学》(*Archaeology*)(1.10.1—3)中所说:"比如说,假设斯巴达城被遗弃,只剩下神庙和建筑的地基,我想随着时间的推移,后人将很难相信这个地方真的像传说中那样强大。另一方面,如果

---

[1] [译注]在合同或其他约定用文件中,往往通过使用小字的方式来避免陷阱条款被仔细审查,原作者在这里大概是想表示,克里提阿预设了大量前提条件来使其故事被认定为准确,但这些未必可靠。

[2] 然而,在《法义》第二卷 656e—657a 中,雅典的异乡人坚持认为神庙里写下或刻下的不是虚数,而是字面意义上的万年历史。时间上的过度精确(以及它与《蒂迈欧》的不一致)表明,柏拉图只是在随意使用埃及人的古老特征。

[3] 参见《蒂迈欧》23e6—24a2。

[4] 梭伦被要求观察埃及的法律,以了解古代雅典的典范。他察觉到埃及的战士阶层与其他阶层的分离,他看到法律如何促使埃及人研究宇宙论。有证据表明,即使是现在,这个地区的卓越性也体现在这个国家在经历了大灾难的摧残后仍然像其他国家一样肥沃。克里提阿指出了山区茂密森林的"明显证据"("仍然可以找到从被砍伐的树木上砍下的完整的椽子,以用于伟大的建筑工程",111c5—7),而仍然残存的古泉遗迹是当时雨水充足的标志。

同样的事情发生在雅典,人们会从眼前的景象(apo tēs phaneras opseōs)推测出,这个城邦的实力比实际情况要强一倍。"[1]对历史遗迹进行检验可能会对政治现实产生误解,而且时间越久,离这些现实就越远。就梭伦的情况来说,他在很大程度上依靠埃及人的权威和诚实来解释他所看到的东西,但并不能保证他所看到的东西比他所听到的东西更正确。

在这种背景下,克里提阿对神的使用是一个更重要的细节。虽然修昔底德拒绝讨论诸神问题,这也是因为他自视为理性的历史学家[2],相比之下,克里提阿的说法在很大程度上依赖于所谓雅典娜和波塞冬在雅典和亚特兰蒂斯的建立和组织中的行动。这个故事本身在宙斯发表演说召集众神时就已经中断了,那个演讲让我们想起了《奥德赛》第一卷中诸神的集会。

因此,克里提阿的古代历史之所以被怀疑不是历史,并不是因为它没有达到修昔底德和埃福罗斯眼中当代历史的严格标准,这其实是可以得到原谅的。也就是说,问题不在于他的历史可能会以人们可能会联想到希罗多德的方式陷入神话,而在于他将古代历史看作是根据严谨的标准建造的,而修昔底德等人认为这些标准仅可以适用于当代历史(仍存在一定难度)。因此,当克里提阿将他的描述称为精确的(akribēs)和真实的(alēthēs)话语(logos)时,人们不仅可以推断出亚特兰蒂斯的故事在严格意义上不能作为历史,而且是为了这个场合而编造的彻头彻尾的假故事(因为如果对使用原始材料和严格历史学方法有任何诚实的兴趣,为什么不简单地将其作为部分可信的古代历史来

---

[1] 参见 Marincola(1997)68。

[2] 参见 Finley(1942)310—11 以及 Hornblower(1991)206—7 中霍恩布洛对认为修昔底德在某种意义上包容了宗教的看法的批评;同样可参见 Moles(即将出版)。

介绍呢?)。

　　然而,对历史性进行如此精心的伪装又有什么意义呢? 刚才引用的《理想国》414b8—c7 表明,编造故事并将其作为历史呈现的意义在于,它使人们相信有可能发生他们认为在当前不可能发生的事件。如果是这样的话,苏格拉底把关于他的理想公民的故事作为历史来讲有明显优势,就像他在三种金属的神话中所做的那样。在后一个神话的末尾,苏格拉底问格劳孔:"你能想到任何方法让他们相信这个故事吗?"格劳孔则回答道:"不,不能让他们相信,但可以让他们的子孙和之后的诸世代相信。"三种金属的神话被描述为关于过去的故事,因为如果把不可能的事情归于过去而不是现在,我们就更容易相信。即使如此,格劳孔仍认为这个故事只对理想状态下的第二代公民可信。原因可能是,即使我们在谈到过去时比现在更容易相信,但如果我们要相信它,我们所听到的关于过去的事情仍然必须与我们今天的经验有某种程度的相似性。因此即使把它作为一个关于过去的故事来讲述,也只有当理想的城邦被建立起来之后(即随着第二代的到来),公民们自己的经验和教养才有可能使这个神话看起来可信。我认为,就像三种金属的神话一样,亚特兰蒂斯的故事是作为一个关于过去的故事来编造的,这样我们就会相信事件的可能性,如果它是关于现在的故事,我们或许会断然认为它不可能。那么,关于亚特兰蒂斯故事的重要一点并不是它把背景设定在过去,而是它处于一个我们不知道的环境。如果它有助于我们从我们今天的经验中抽象出什么是可能和不可能的标准的话,那么这个故事也可能设定于未来或现在的某个遥远之地[1]。

---

[1]　参见《理想国》第六卷 499c—d:"那么,如果最好的哲学天性在过去无限的时间里曾经被迫掌管国家,或者现在正在我们远远不能理解的某个野蛮地区,或者以后会是这样,(转下页)

我已经论证了我们应该将《蒂迈欧》中的亚特兰蒂斯故事视为一个"埃及故事",就像苏格拉底在《理想国》里诗意地运用古代历史而构建的那样。然而,这种解释似乎有一个明显问题,因为苏格拉底在接受克里提阿的故事从而为其目的服务时说(26e4—5):"我猜想(pou),这不是一个捏造的故事,而是真实的叙述,这是至关重要的事(pammega)。"然而仔细观察可以发现,苏格拉底的用语暗示了对这种区分的批评。pammega一词在柏拉图对话中只出现过三次,现存的希腊文献中也没有其他地方出现过[1]。根据豪特瑞,Pan -复合词[2]一般(尽管不总是)在柏拉图那里表示不赞成,有时与智者有关(例如"完全智慧的"[passophos]),有时与感官世界有关(例如"各式各样的"[pantodapos]和"所有类型的"[pantoios])。豪特瑞将《斐德若》273a5中pammega的使用与斐德若"对修辞的狂热"联系起来(60),并指出"可以合理假设柏拉图在进行隐晦的批评"(61)。豪特瑞认为pammega其他两次出现时(《斐多》109a9和《蒂迈欧》26e5)都是"中立的,出现在一些严肃的段落中"(61)。然而,鉴于豪特瑞的一般论点,将他对《斐德若》中的pammega一词的观察也应用于《蒂迈欧》26e5似乎是合理的,并且在这里也可以看到其通过修辞的夸张引入了隐晦的批评元素。然后,"猜想"可以认为

(接上页)我们就准备坚持我们的论点,即我们所描述的法已经、正在或将要在这个哲学的缪斯(Muse)掌管国家的时候实现了。这不是一件不可能发生的事情,尽管我们承认它很困难"。同样可参见 Burnyeat(2000a)184。Burnyeat 在其中指出《理想国》里的妇女与奴隶的关系与希罗多德 4.104 中的阿加瑟西人(Agathyrsoi)有共同之处。只要走得够远,你就能发现其他地方的习俗对希腊人来说是怪异的。从某种意义上说,柏拉图利用了我们对古代的无知和对外国土地的相对无知,例如埃及,以便将他的虚构呈现为可信的。因此,古代雅典和当代埃及都被认为拥有理想城邦的制度。

[1] 参见 Hawtrey(1983)56—65。

[2] [译注]Pammega 是 Pan-mega 因为顺行同化变成了 Pammega,所以 Pammege 属于 Pan - 前缀的复合词。

是增加了不信任的意味[1]。丹尼斯顿(Denniston)因此提到《蒂迈欧》26e5 是一个例子，"猜想"在句子中最后出现，所以"怀疑是作为事后的想法而被扔进去的"。

类似地，苏格拉底的声明说，亚特兰蒂斯故事的出现是好运的(agathēi tuchēi)，因为如果我们否认这些故事(即古代雅典人被视为理想城邦的历史性代表)就不可能"找到其他的"(26e5—6)。这听起来很可疑，似乎他认为自己太好运了，所以这可能确实是编造的故事(plastheis muthos)。

然而，苏格拉底对克里提阿的真实主张的怀疑，可能不仅意味着苏格拉底怀疑克里提阿的故事是一个编造的神话而不是"真实的话语"(alēthinos logos)。相反，苏格拉底可能在暗暗地批评"编造的神话"和"真实的话语"之间的区别，毕竟它正适用于眼前的主题。换句话说，他可能建议我们应该将他公民的高尚行为，在某种意义上既视作"编造的神话"，也视作"真实的话语"。因为即使亚特兰蒂斯的故事在字面上的历史意义上不真实，它仍然可能成功地成为一个普遍真理的说明。如果柏拉图是根据《理想国》第三卷的指导方针编造的亚特兰蒂斯故事，那么故事就不是简单的谎言。相反，它必须是一个能说明某种真理的故事。我认为，这个真理关于好公民在行动中会如何表现。我的理由是：(a)这是《理想国》第十卷允许的、《理想国》第三卷似乎鼓励(通过类比神的故事)的那种关于人的主题；(b)这是苏格拉底明确说(19e6—8)他希望在

---

[1] 参见 Denniston(1959)493。更广泛地说，他认为 pou 的意思是从"某些"发展为"我认为"，"我认为"这个词表达了说话人的不确定感。因此，进一步说，pou 可以被讽刺地使用，带有假想的漫不经心，由一个对自己立场非常确定的说话人使用。而不确定的语气，无论是真实的还是假设的，都不适合历史的精确性，也不适合演说的坚定性……pou(kou)非常适合希罗多德轻松的口语风格，更适合柏拉图的讽刺倾向，在他那里非常常见。

《蒂迈欧》中描绘的那种主题。

　　总结一下，我认为柏拉图通过克里提阿编造了一个关于苏格拉底理想公民行为的故事。这个故事模仿了他们在战争中的行为方式，是对他们在战争中的行为真相的文字模仿。它被说成是一个关于古代的故事，是因为我们对古代历史的无知使我们可以对这种事件发生的可能性持怀疑态度。克里提阿将故事描述为"逻各斯"而不是"神话"，采用历史方法来支持他的主张。然而仔细观察后，读者会发现，这些方法并不是为了让故事更有历史感，而是为了让它更像一个历史故事，更具有欺骗性。因此，在《蒂迈欧》中，历史学被用来使亚特兰蒂斯的故事看起来更像事实，也就是说，这是一个更强大、更可信的虚构（pseudos）。[1]

　　　［1］　这一章最初发表于 Johansen（1998b）。我很感谢以下学者对这一章或早或晚的形态的批
　　　　　　评：加博尔·拜特格（Gábor Betegh）、迈尔斯·伯纳耶特、克里斯托弗·吉尔、罗伯特·富
　　　　　　勒（Robert Fowler）、埃里克·甘德森（Erik Gunderson）、约翰·摩尔斯（John Moles）和整个
　　　　　　古代历史学在线杂志（the online journal of ancient historiography, HISTOS）团队、希塔·
　　　　　　冯·雷登（Sitta von Reden）、克里斯托弗·罗、弗里斯庇·谢菲尔德（Frisbee Sheffield）以及
　　　　　　在 1997 年伦敦大学皇家霍洛威学院古典学协会会议上我的所有听众。

47

第三章

蒂迈欧叙述的性质

　　第一章认为,亚特兰蒂斯的故事和蒂迈欧的宇宙论之间的联系在于目的论。宇宙万物,特别是人类本性向善。如果选择了不正义的生活,我们的行为就违背了自然,并会因此而受苦,而正义的生活则会在今生和来世得到幸福的回报。在第二章中,我考察了亚特兰蒂斯的故事,并认为它是一个关于好人行动的故事,是《理想国》所设想的那种。我们被警告不要把这个故事视为历史的再现,而是一个真实的故事,因为它正确地表现了好人如何在战争中获胜。

　　在本章中,我将讨论蒂迈欧叙述的性质。蒂迈欧把他的叙述称为"近似的神话"和"近似的描述"。这一说法在蒂迈欧演讲开始处的方法论段落下结论时出现。接着蒂迈欧又在之后的叙述中不断提醒我们这个说法[1]。因此,他显然是希望我们密切关注这一点。本章评估蒂迈欧叙述的性质面临的两个重点问题:(a)当蒂迈欧说他的叙述是"近似的"时,他意指什么? (b)为什么蒂迈欧说他的叙述既是一个近似的"神话"也是一个近似的"描述(logos)"? 正如我们所见,克里提阿在神话和描述之间做了标准的对比,尽管要使用这一对比在各层面都很复杂。那么,蒂迈欧用神话和描述来形容他的宇宙论是什么意思? 我们的答案会

――――――――――

[1]　参见 30b、34c、44d、48c、48d、49b、53d、55d、56a、56d、57d、59c、68d、72d、90e。

告诉我们在蒂迈欧看来自然哲学的性质是什么吗？

我们对宇宙的描述最多也不过是一种近似的神话，这种说法出现在27d6开始的一段话的结论处，苏格拉底将此处称为蒂迈欧的前奏（prooimion, 29d5）。因此，我们首先需要在这段话的背景下解释这一说法。在对诸神祈祷之后，蒂迈欧开始其前奏，做出了一系列的区分。首先，是永远存在之物（ousia）和永远生成之物（genesis）。这一区分与第二个区分相平行，即思想通过理性能把握之物与意见通过非理性的感觉能把握之物（28a1—4）。还有第三个区分，即模仿永恒模型而生成之物与模仿生成的模型而生成之物。

然后，蒂迈欧将宇宙与这三个区分联系起来进行描述。就第一个区分而言，宇宙属于生成之物。我们知晓这一点是因为世界是可感觉到的（第二个区分），而一切可感之物都已经生成了。然后，他就第三个区分论证，这个世界是模仿永恒模型而生成的。其论证有两个，首先这个世界是美的，而通过模仿生成的模型而生成之物都不美。第二，世界的制造者据说是所有原因（29a6）中最好的，这也就意味着这一制造者只会使用最好的模型供模仿。对这三个区分的应用就提供了如下的世界图景：它是可感的、也（因此）是已生成的、是参照永恒的模型创作出来的。

在以这种方式介绍了他叙述的对象后，蒂迈欧转而开始解决关于这对象的论述的性质问题，见《蒂迈欧》29b1—d3：

> 既然如此，我们的世界也必定是某种事物的相似之物[1]。现

---

[1]［译注］相似之物（likenesses）指依照模型制作的东西，通常被译为摹本、仿本、被造物等。鉴于本书中时常讨论近似（likely）等与其密切相关的概念，这里译为"相似之物"以暗示这些概念间存在的密切联系。

在,在合乎自然的开端来开始每件事情最重要。那么,关于相似之物和其模型,我们必须做出这样的区分:一个描述与它所描述的事物是同类的,即对于稳定持久、可以被理性把握的事物的描述,本身也持久而不可改变。只要这一点可能,并且描述的本性是没有争议、不可辩驳的,就必须让它们是这样。类似的,当一种描述是有关依照他物的形象所造之物,有关仅仅是相似之物时,这一描述本身也处在仿佛之间,其仿佛程度与该物的相似程度成比例:就像实在之于生成,真理也如此之于信念(pistis)。因此,苏格拉底啊,如果在许多方面和许多事物上,譬如诸神和宇宙的生成过程(genesis)上,我们发现不可能提供与他们完全一致的精准描述时,你可千万不要惊讶。如果我们能够提供不比其他人更不相似的描述[1],我们就必须满足了,你可要记住,我这个说话的人和你们这些下评判的人,都只拥有人性,因此在这些问题上,我们应该满足于近似的故事(eikota muthon),而不再寻求更进一步。(Cornford 英译,有改动)

确定描述之性质的关键原则在于,描述与它的主题内容是同类的(suggenēs),是它的主题内容的解释(exēgētēs)。因此,描述会从它的主题处继承其性质。蒂迈欧使用相同的、同义的或近义的术语来摹写描述,从而强调了这一点。因此,对稳定(monimos)和确定(bebaios)之物的描述本身也稳定而经久不衰(ametaptōtos),而对于那些作为相似之物(apeikasthentos)而制作的事物的描述,本身也仿佛(eikōs)是一种相似之

---

[1] 这是根据卡尔西迪乌斯(Chalcidius)和泰勒的译法,康福德的译法是"与其他任何描述相比并没有更不像"。

物（eikōn）。

到这里我们已经有了四个术语：(a)稳定之物，(b)对稳定之物的描述，(c)作为相似之物生成的，(d)对相似之物的描述。如前所述，一个描述与它的主题有确定的关系，因为它是其主题的解释。因此我们可以将这些术语的关系表达为这样：a之于b正如c之于d。这个类比还可以变形为：a之于c正如b之于d。或者依照蒂迈欧的说法：存在之于生成正如同真理（alētheia）之于信念。

令人不解的是，蒂迈欧为何会从真理和信念的角度来比较这两种描述。因为这种对比正暗示着没有哪种关于"生成"的说法会是真的。然而，《蒂迈欧》中的几段话却表明，确实有关于"生成"的真理可说。首先在53e3，蒂迈欧问道："可以构造的最完美的形体是什么？其数为四，彼此不同，却可以通过变化从一种生成另一种。如果能理解到这一点，我们就了解了土和火生成的真理。"其次在51d6，蒂迈欧将理念区分于可感和可变之物，他说一种是由理性（nous）[1]把握的，一种是由真信念（doxa alēthēs）把握的。再次，在描述世界灵魂对可感之物（to aisthēton）的思考时，他说世界灵魂有"坚定而真实的信心和信念"（doxai kai pisteis bebaioi kai alētheis, 37b9）。所以很明显，信心和信念都可以是真实和确定的，哪怕它们涉及的是可感之物，而可感之物中恰恰包括了生成之物（参见28b9—c1）。如果蒂迈欧想要保持前后一致，他在29c3中就必须有一个与普通的"真理"不同的真理概念。在这一语境里，他的真理概念不仅与确定性有关，还与稳定性、精准性以及和其他描述间的一致性有关（28c6）。对此或许有人会反对道：若关于生成之物的

---

[1] [译注]Nous这一希腊词汇含义丰富，国内通常以努斯或理智翻译，但本书中，有时作者已经表明用某个特定英文单词如"reason"来翻译，则译文中也采取对应译法，并标出原词提醒。

描述能够像 37b9 所暗示的那样具有确定性(bebaios),那么这些描述当然也可以是稳定的、精确的,并且与其他关于生成之物的描述一致。然而我们必须考虑这些特质在何种程度上符合。因此在 51d5—7,蒂迈欧就争论道,如果有人认为真信念与知识(nous)没有区别,那么我们就该把可感之物视为最确定的(bebaiotata)。蒂迈欧在这里可能是暗示,存在一个确定性的程度,依其程度不同,他将知识和真信念区分开来,哪怕其他人没有这样做。类似的声明可以对照《理想国》中线的形象,根据线喻,通过灵魂的清晰(saphēneia)程度以及其物的真实程度,可以将线(用于比喻宇宙和人类的活动)分为四段。类似的,在 51d5—7,蒂迈欧可能也在暗示物不同所允许的确定程度也不同,也因此由不同的灵魂状态把握。这种看法可能使他会更广泛地指出,关于可感之物的信心和信念在一定程度上是真实和确定的,然而与之相比,最佳的、无条件的真实和确定只有在思考"存在"时才能拥有。因此,蒂迈欧在 29c3 之所以把真理和信念进行简单化的对比,不是因为他认为信念不可能为真,而是因为他认为信念仅在某种限定的情况下为真。[1]

现在,如果我们问哪些生成之物的描述有资格是真的,蒂迈欧的回答好像是它们只能是近似的。蒂迈欧说,既然它是关于相似之物的描述,它最多也就只能是近似的。对蒂迈欧的说法有两种错误的解释必须提防。第一种说法是,关于相似之物不可能有字面意义上的真理。有时候人们会想到,对于蒂迈欧来说,说描述是"近似的"就是在排除字面意义上的真理。所以康福德似乎就认为,在宇宙的生成过程层面,就没有字面意义上的真理,而只有近似的故事。[2] 依照这种观点,近似

---

[1] 29b7—c1 表明,可反驳性是有程度的(kath' hoson 等),对范式的论述应具有尽可能高的程度。

[2] 参见 Cornford(1937)31—2。

（eikōs）就意味着是"文学意义上的比喻（eikōn）"，所以创世故事最多也只能是似真[1]的，只在比喻意义上真实。然而，也有一处表明蒂迈欧使用"近似"来形容关于宇宙的描述，并不是为了区分隐喻的与字面上的意思。蒂迈欧通常很小心地在他的描述中选定喻体，所以他在48b5—c2中批评那些把火和其他简单形体当作组成宇宙的元素或字母（stoicheia）时，他会说聪明人甚至不会把这些事物可信地（eikotōs）比作（apeikasthēnai）音节。而在50d2中区分范型、相似之物和载体（receptacle）[2]时，他说若把载体比作母亲，把范型比作父亲，就可以合理地把相似之物比作它们的后代。康福德认为，我们找不到蒂迈欧明确使用eikōn的案例和蒂迈欧其他描述之间的区别，因此排除字面意义上的真理不可能是eikōs的要点。

蒂迈欧使用eikōs的一个更好的比喻是法庭。蒂迈欧将他的听众比喻为"法官"（kritai, 29d1），也许正是在邀请我们思考这个比喻。法庭程序显然只是个假设的东西：谁杀了琼斯夫人[3]这一问题显然有真实性，但若没有确凿证据，审判员们无法确定谁杀了她。他们所作出的任何裁决都将只是基于单纯的信念而非确知。审判员的信念显然可能碰巧对了，但在没有确凿证据的情况下，这一信念也只能是近似的。蒂迈欧的术语eikōs确实是希腊法庭辩论中的标准术语，指那些只能用"可能性"来确定结果的论断，与直接目击证人提供的证据截

---

[1]　[译注]在本书中，中文"似真"与"近似"所对应的原文相同，多是在提到与真实对比时使用这个译法。此外，涉及两方之间对比时，则大多使用"相似"的译法。
[2]　[译注]希腊文ὑποδοχὴ常见的中文译法有容器和载体两种。容器强调其可以"容纳"种种性质，载体强调其可以"承载"种种性质。但容器暗示的空间感、载体暗示的质料性，都处于学界的争议中。
[3]　[译注]可能是指阿加莎·克里斯蒂（Agatha Christie）的短篇小说《星期二夜总会》，其中部分情节是英国警察机构苏格兰场一度无法确定琼斯夫人被杀案的真凶。

然不同[1]。eikōs 一词强调的就是我们在提出主张时的不确定性,与这一主张的真假与否没有任何关系。

我们应该防止的第二个错误是使用概率论术语来衡量描述的似真程度。当蒂迈欧谈到关于宇宙生成的描述是近似的时,他并不是说这个描述相对于某个最大的 100% 的概率来说更有可能或更不可能,就像我们聊到今天下雨的概率有没有 60% 那样。更应该说,近似的描述仅仅因为它描述的东西是依模型所造的相似之物。当然,它可以更似或更不似其模型,这就是为什么可以说,相似性描述的可能性在于它们所表述的主题与范型的相似程度。所以,一个表述了宇宙对其模型相似的描述上,可以比另一个描述更为似真,因为它指出了在何种方式上宇宙相似于其模型。然而,相似的程度是不可量化的,就像不能量化张三比他的兄弟张四更像他们母亲的程度一样[2]。

这里的重点显然是,要试着去理解,描述的近似性如何衍生自它描述

[1] "Eikos"(近似),引用 Wardy(1996)33 的话来说,"可能是古代修辞学中最重要的术语",或者用 Kennedy(1963)39 的话来说,是"阿提卡演说术的最强武器"。亚里士多德(*Rhet.* 1355b35)将修辞证明分为技艺的和非技艺的两类,其中近似证证是技艺论证的例子(由演讲者自己构建的论证),而法律、证人、从奴隶身上拷问出来的证词、合同和誓言则是非技艺的。这一区别似乎代表了当时的修辞实践,被包括如吕阿西斯和安提丰等多位法庭演说家采纳(他们的一些四联剧读起来就像是关于近似论证正确使用的教科书练习)。这一区别在《给亚历山大的修辞学》(1431b7)中被作者重新表述为直接的或辅助的证明。Gagarin(1997)123 总结了安提丰中近似论证的使用:"[近似论证]通常适用于事实问题,在直接证据缺乏或有疑问的情况下(例如,高尔吉亚的《帕拉米德斯》)。在这种情况下,近似论证可以通过稍微修改在广泛的案件中使用,其核心问题是'是谁做的?'它们被其他常见的论点补充……直接证据和间接论据是分开使用的,并且在若干点上演讲者明确或隐含地承认前者比后者更有力(2.1.2.,2.10,3.8,特别是 4.8:ouk ton eikotōn all' ergoioi)。"修辞材料与蒂迈欧的叙述之间的潜在关联并没有因为蒂迈欧提到的是 eikos muthos 或 logos(其中 eikos 在语法上是阳性)而削弱,因为修辞作家通常提到的是 kata to eikos 或 ek ton eikotōn 的证明(其中 eikos 在语法上是中性)。因为蒂迈欧有时也使用中性的 to eikos(56d1:kata to eikos;参见 48d3:eikota;48d6:to ton eikotōn dogma)。

[2] 关于对概率论解释的进一步批评,参见 Burnyeat(暂未出版)。

第三章 蒂迈欧叙述的性质 —— 065

的相似之物这一事实。为了理解蒂迈欧给予自然哲学的地位,我们需要先回答这一问题:究竟为什么一个相似之物只能被用近似的词句来描述?再来比较一下绘画作品的相似问题,比如说《蒙娜丽莎》,关于这幅画我们有很多东西可以说。例如,我们可以说它的尺寸是这样那样的,画布是由这样那样的材料制成的,颜料是以这样那样的方式混合的,等等。但这些都不是我们想就这幅画说的,因为它是乔康达[1]的相似之物(画像)。与画作的物质属性不同,我们赋予画作作为相似之物的属性是关系属性。它是相对于模型而言的属性。物 X 是物 Y 的相似之物,更精准地说,我们通过三元谓词来给予某物相似性:X 是 Y 在 Z 方面的相似物。譬如,蒙娜丽莎在微笑或皮肤的浅白上,与她神秘的模特儿相似。

现在,这似乎暗示着"近似"这一概念在相似之物与它的模型所共享的属性有一定的限制。正如苏格拉底在《克拉底鲁》432a8—d10 中指出,如果一个相似之物具有与它的模型完全相同的属性,那么我们就不再说它是那个东西的相似之物,而是说它就是那个东西。我们当然可以说一个事物像它自己,但即使如此,我们也是在就有限的属性范围来考虑那个事物,而不是就它的所有属性。因为如果我们考虑的是它的所有属性,就会把它想成在质上与它自己完全相同,而不仅仅是像它自己。

蒂迈欧认为相似之物和模型应该共享哪些属性? 基本的是美或"美好",也可用于翻译"kalon"。这样说有两个原因,它们在 29a2—6 中给出。第一个原因是,我们看到宇宙是美丽的,这是我们认为宇宙是以永恒的模型创造的主要原因。因为只有以永恒的模型创造的东西才是美的(28a6—b1)。其次,德穆革是所有原因中最好的。这也就暗示他将努

---

[1] [译注]据说蒙娜丽莎所绘之人的真名是丽莎·盖尔乔达尼(Lisa Gherardini),是弗朗西斯科·乔康达(Francesco del Giocondo)之妻,她的意大利语名称是拉·乔康达(La Gioconda)。

力使他的造物尽可能得好(参见 29e1—30a3)。因此,他只会创作所有的可能产品中最美的那些(参见 30a6—7:"最好的人做最美之外的事情是不合神法的")。让宇宙分享其模型的善与美是创作的全部意义。当我们讲述创作时,我们应该采取的主要原则是,要展现出相似之物在拥有美的方面尽最大可能与它的模型达到近似。从拥有美出发,接下来还有如下属性:拥有秩序(30a5—6)、获得理智(30b1—3)[1]、拥有完整(teleios,30c5),等等。我们将在下一章更详细地研究这些属性在蒂迈欧论说中如何发挥作用。

现在,让我们注意,当蒂迈欧描述宇宙和它的模型之间的关系时,他想到的是一种更强的关联,而不仅仅是在美这些属性方面的近似。因为两件东西可能彼此相似,而其中一件并没有以另一件为模型。因此,我的签名可能和你的一样(我和你一样在写 t 时打叉),但我没有以你的签名为模型。因此,在描述宇宙和它的模型之间的关系时,我们需要在我们的标准中加上:X 在 Z 方面应该像 Y,因为 Y 就是 Z。宇宙在这样那样的属性方面像它的模型,因为模型正是这样那样的。很明显,蒂迈欧在 29c1—2 中考虑到了这种更强的关系,他说"被造之物是一物(即模型)的相似之物,对其的描述是近似的,因为这是对其相似之物的描述,从而也与它们相对应"。换句话说,当蒂迈欧解释为什么对宇宙的描述仅仅是近似的时,他似乎不仅想到了这些描述是对相似之物的描述这一事实,还想到了这些相似之物参照了一个永恒模型。[2]

55

---

[1] 蒂迈欧把这一点限制在可见的物上。据推测,这是为了避免暗示形式必须具有理智以拥有灵魂。

[2] 参见阿奎那,《神学概要》i. Q. 93, Art. 1:("我的回答是,正如奥古斯丁在 LXXXIII Quaestion. [qu. 74]中所说:'有图像的地方,马上就会有相似性;但有相似性的地方,不一定有图像。'因此很明显,相似对图像来说是必不可少的;而图像在相似的基础上(转下页)

然而,对蒂迈欧来说,在"依模型制作"的概念上还包含着进一步的想法。这个想法是,相似之物是已经生成的东西。当我们说德穆革制作了这个相似之物时,就意味着这个相似之物从此属于"生成"领域,而不是"存在"领域。我之所以在蒂迈欧对相似之物的描述中加入这一思想,是因为他把存在和生成与信念和真理之间作类比,还在某种程度上说明了相似之物相对于范型的地位[1]。因此,当蒂迈欧认为对相似之物的描述最多也不过是近似时,他想到的是某些类型的相似之物,即因为已被制作所以属于"生成"领域的相似之物。我们当然可以想象永恒的相似之物。例如,如果有这样的东西,一个苹果的柏拉图式理念,可能相似于一个橘子的柏拉图式理念,因为两者都是水果。但这并不是蒂迈欧所想的那种相似之物。他所想的是,事物之所以相似,是因为它们是按照其他事物的相似处制作出的。这就意味着,这些相似之物属于生成的事物领域。

蒂迈欧称他的听众为他的叙述的法官。此前我已经说过,我们作为法官的工作将集中在评判他的叙述如何将世界呈现为一个生成的相似之物。这个想法似乎是,蒂迈欧的叙述只要把宇宙作为其模型的相似之物来呈现,就会被认为是"近似的"。但为什么这项工作如此困难? 为什么需要提醒我们注意人性? 首先似乎是认识这模型的困难。后面一段话(51e5—6)表明,认识存在是诸神的领域,最多可能包括少数被选中的人(如果真的有的话)。因此,也许对我们人性的提醒是为了让我们注意到我们有限的认识能力。鉴于人类很难了解理念,描述就取决于理念在

(接上页)增加了一些东西——它是从其他东西上复制的。因为'图像'之所以被称为'图像',是因为它来自对其他事物的模仿;因此举例来说,一个鸡蛋,无论与另一个鸡蛋多么相似和相等,都不能称为另一个鸡蛋的形象,因为它不是从它那里复制的。")

[1] 参见《蒂迈欧》29c1—3。

此世的表现程度,因此我们也不应该肯定描述的确定性。然而,这个答案的含义似乎是,我们对相似之物的描述只有在拥有关于理念的知识时才能超出似真。但 29b—c 似乎提出了一个更有力的不同主张:对相似之物的描述原则上只能是近似的。换句话说,在处理相似之物时,似真原则上是我们所能希望的最好结果。对范型的任何知识都不能改变范型的相似之物只是一种近似的东西这一事实。因此,不论是谁,无论是人还是神,在处理相似之物时,一个近似的说法已是所能希望的最好结果了。我们想说,人比神更难掌握范型。我们也想说,因此人想说明世界如何是范型的相似之物,会比神更难。更进一步,人对相似之物的描述会比神的描述更不似真。然而,作为一个原则,人和神在描述相似之物时都只能以"似真"为目标。[1]

然后,蒂迈欧认为,在思考相似之物与原物的关系时,有一些理由使得对其的描述原则上说只能是近似的,而且这必须在即使我们能完全认知范型时也适用。我认为,问题的线索是蒂迈欧在相似之物和属于生成领域之间建立的联系。宇宙是生成的世界中一个永恒的范型的相似之物。这给我们评估这个世界作为其模型的相似之物带来的困难是,这个相似之物是在一个不同于其原物的媒介中产生的。德穆革处于一个工匠的位置,他在把理念从一种媒介复制到另一种媒介时,必须找到在不同媒介中实现这种理念的新方法。让我们先想想绘制《蒙娜丽莎》复制品的任务。复制品和原作都是绘画,都是通过在画布上涂抹颜料而产生

---

[1] 还请注意,蒂迈欧在 59c7—d2 讲到,为了放松,要放下(katathemenos)尝试描述理念,追求天真的快乐,尝试有可能的任务,即构建对生成的描述。这段话当然不能说明我们对"生成"的描述不会被我们对理念的描述覆盖。事实上,我们会期望对永恒范型(理念)的进一步理解会使我们更好地证明世界(生成)与范型(理念)的相似性。然而,这段话确实表明,构建近似的描述是一项独立的任务,不从属于构建对理念的描述。

的,因此这个任务在原则上是简单的。你只需以与原作完全相同的方式

57 重新创造形状和颜色。然而,德穆革面临的是一个不同的、更困难的任务。他必须在一个不断变化的媒介中再现一个永恒不变的模型的属性。他必须在一个不断变化的领域里找到表现理念属性的方法。用艺术来比喻,就像用黏土复制一幅画,或将一段音乐变成散文(正如托马斯·曼在《浮士德博士》中的著名做法),或者像上一章的例子,将一幅画拍成电影。同样,为了在生成世界中制作理念的相似之物,德穆革必须观察这种新媒介的情况。他不能简单地在生成的世界中制作出另一样近似于理念的东西;他必须利用生成的世界所提供的各种可能和限制,以创造出永恒存在的不断变化的相似之物。

让我试着通过两个例子来说明,蒂迈欧实际上如何证明这个世界是理念的相似之物。在 33a—b,蒂迈欧努力解释宇宙的形状。他已经论证过(30c—d),宇宙必须像它的范型一样本身包含(perilabōn)所有不同种类的可感生命,正如范型包含所有可知生命。在这种情况下,宇宙就像它的模型一样是完整的(teleos)。德穆革赋予宇宙最适合于包含所有不同类型生命的形状。他使宇宙成为球形,因为球形是可以包围所有其他图形的形状。它是所有形状中最完整(teleōtaton)且最自我相似的。我想在这里强调,"完整"的属性适用于可感宇宙的方式必然不同于它适用于可知的范型的方式。你不能简单地从理念的范型中读出宇宙的构成。因为宇宙是理念的可见且有形体的相似之物。宇宙不能以范型包含各种理念的可知生命的方式,去包含各种可感生命。我们需要找到物质的类似物来包含所有类型的生命,蒂迈欧正是在球形宇宙中找到了这种类似物。

另一个例子是,德穆革赋予世界躯体一个灵魂,它让宇宙进行圆周运动,然后蒂迈欧说:

当创作者父亲看到（enoēsen）它运动起来并具有生命，永恒的诸神的形象（agalma）生成（gegonos）时，他感到高兴，在喜悦中他开始想着（epenoēsen）让它变得甚至更像它的模型。因此，由于模型本身就是一个永恒的生命，他试图尽可能地使这个宇宙完整，以便使它也成为这类东西。现在，（范型）生命的本性是永恒的，但不可能把永恒完整地赋予生成之物。因此，他开始考虑（epenoei）制作一个永恒活动着的相似之物（eikōkinēton），赋予天体秩序的同时，他制作了一个永恒的相似之物，依据数的规律运动，而永恒保持着同一。而这个数，我们称之为"时间"。（37c6—d7）

这一段话描绘了将宇宙作为模型的一个生成了的形象来创作的工作。要证明宇宙是它模型的相似之物，并不是简单地断言宇宙具有模型的某些相同属性。神希望尽可能地让其与范型相似，这就要求宇宙应当像它的模型那样永恒，如果可能的话。但没有生成之物能够以这种方式获得永恒。因此德穆革在变化的世界里设计了永恒的模拟物：时间。如同蒂迈欧继续解释的，它拥有部分，即过去、现在和未来，而永恒的模型并不具有这些。我们将"过去是""现在是"以及"将来是"应用到生成之物身上，而我们对模型却只能说"它是"。模型永远存在，而时间与宇宙一同生成。实际上，时间的数、日和夜、月、年等，都是被行星的运动区分和"保存"的（386b6—c7）。时间是运动的宇宙的一个组成部分。因而宇宙和它的范型都是永恒的，只是方式不同而已。宇宙是"永恒的"，因为它一直依照数而运动。就像蒂迈欧说，德穆革"制作了一种永恒的相似之物，它依数而动，而永恒则保持着同一"（37d6—7）。这里的对比是保

58

持同一(en heni)的永恒和按照数运动(kath's arithmon)的永恒。[1] 那么,天的"永恒",是因为它们作为一个有序的多元体在保持运动,即作为日、月、年等,而永恒存在(hē aidios ousia,37e5)则只是作为一个无差别的同一体保持不变。

蒂迈欧展示了德穆革在一个不同的本体论模型,即生成中的工作中,创造永恒范型最可能的相似之物。之前,我展示了一种一般的相似性关系,即 X 和 Y 就 Z 相似因为 Y 是 Z,此外我还展示了它在《蒂迈欧》中的特殊应用:宇宙就某些特征像它的范型,因为范型拥有那些特征。我进一步论述了这一点:宇宙是被创作的因而属于生成的范畴,与此相对,它的模型属于存在的范畴,这是蒂迈欧持有的作为相似之物的宇宙概念的一部分。正是这一附加的论述现在变得至关重要,因为既然相似之物和它的模型属于不同的本体论范畴,那就没有一种简单的方法能让这二者共享其相似的性质。因此我们看到"成为完整"和"成为永恒"对宇宙的意义不同于模型。因为这意味着宇宙是球形的和在时间中的,而这两者都不是范型可能拥有的属性。[2]

让我回到方法论的段落 29b1—d3 来概括我的解释。我对这一段落的解读如下。蒂迈欧首先区分了相似之物和它的模型,然后说描述应当同它们的主题那样拥有同样的秩序。对稳定、确定的理念的描述也应当是稳定和确定的。然而,对理念的相似之物的描述有以下特征:(a)因为它们是相似之物,因此最多是近似的;(b)它们和对理念的描述处于以下

---

[1] 我们应当回忆起对古希腊人来说"一"并不确切的是一个"数字"(arithmos)。对他们来说"数"暗示一个复合物。

[2] 参见普罗提诺在两种相似性间的区分,《九章集》1.2,"论德性"。有一种相似性是一个模仿物和另一个模仿物的相似,在这种相似中这二者属于同一个种类,另一种相似性是一个模仿物和其原型的相似,它们不属于同一个种类。参见 Annas(1999)66—7。

类似或相称的关系中(ekeinōn, 29c2)：就像存在之于生成，真理也如此之于信念。现在我建议(a)和(b)应当被一起考虑。蒂迈欧并没有笼统地声称对任何相似之物的描述至多只能是不确定的。之前，我提起一个理念的例子，我说苹果的理念与另一个橘子的理念相似，就它们都是水果而言。在这里似乎没有理由否认人可以确定有这些相似处。然而，蒂迈欧也没有声称(就像康福德说的那样)不存在任何关于生成物的说明(无论它是对什么生成物的说明)能够超过近似的。这样强烈的主张应当要求更多论证。不如说这个主张似乎是这样：(a)表明只有当我们加上(b)时，我们的描述只能是近似的。我们正在处理生成范畴的相似之物，因此在对相似之物和对它们的模型所期望的确定性之间有根本不同。对后者我们应当以确定性的真理为目标，对前者应当期待的至多只是信念。

请注意，困难并不在于可感世界自身必然过于矛盾或多变，以至于不允许对它进行确定且一致的描述。这当然与蒂迈欧的观点有关，即可感之物受制于变化，但相关处略有一些不同：由于存在领域和生成领域论述有基本性的不同，任何旨在显示生成和存在领域相似性的描述，包括我们的论述，都应当显示相似性如何能在一个相当不同的本体论设定上出现。

因此，为什么对一个相似之物的描述至多只能是近似的，我们可以如下总结。这种描述只能是近似的，因为它所描述的相似之物产生于一个不同的本体论模式，即"生成"，而非它所来自的模型的"存在"。考虑到不同的本体论模式，建立相似物和其原物之间的相似性需要的就是一种特定的推理，它使属于相似之物的特征显得相似于其模型的特征。换句话说，对相似之物的描述包括这样一种判断：因为特征 X 代表存在,所以特征 Y 代表生成。[1] 如我们所见,德穆革不得不考虑对宇宙来说最像一个永恒模型意味着什么,如果它对宇宙来说不能意味着不变、稳定以及单一。那么德穆革不得不弄清楚,哪些属性是以某些属性代表永恒的模型的方式来代表生成的。[2] 因此他发现,例如,时间以永恒代表模型的方式代表着生成的世界,时间是在生成的世界中成为永恒的方式。鉴别这些性质是一种类比式而不是证明式的推理。[3]

我试图解释为什么德穆革认为对宇宙的说明原则上仅是近似的。然而,这与蒂迈欧对我们人类本性的提醒有什么关系?让我们首先注意德穆革的措辞暗示了不同的描述有不同程度的似真性。他说,“如果我们能提供这样一种说明[暗示了 logoi],它们的似真性不比其他任何人的说明少,[4] 就应该感到满足,我们要一直记着,我作为演讲者以及你们作为法官,都有人类的本性,因此我们在这些问题上只需接受近似的故事就可以了”(29c7—d3)。因此,现在当蒂迈欧提醒我们人类的本性时,

---

[1] 参见亚里士多德在《形而上学》第五卷第六章 1016b34 对类比的说明:类比是指作为他物与另一种他物的关系是一(κατ' ἀναλογίαν δέδσα ἔψει ὡς ἄλλο πρός ἄλλο)。对亚里士多德来说“类比的统一性”是最具包容性的统一性形式,在其中两个事物可以通过类比成为一,在这种相似中,它们既不是通过数字也不是通过种或属而成为一。例如《形而上学》第九卷第六章 1048a35 - b3 和《尼各马可伦理学》1096b28—29。

[2] 在《蒂迈欧》之外,《理想国》中太阳的形象对跨越不同本体论模式的类比提供了更进一步可比较的例子:“那么,让我们说,这就是我们称其为善的后代的东西,善通过与它的类比(to analogon)成为其父。善自身处在可知世界,它联系着思维和可以理知的事物,太阳处在可见世界,它与视力和可视的东西相关联”(《理想国》508b12 - c2)。苏格拉底坚持如下类比:正如善关联于思维和可理知的东西,太阳因而关联于视力和可视的东西。他所想的是在善的例子中有一种确定的力量带来思维和真理,它类似于太阳的力量带来视力和可视性。正如在《蒂迈欧》中,苏格拉底因此建立了两个不同本体论领域间的一种相似,可知的和可感知的,在其中,一者类比于另一者而被制作出来。

[3] 同样在亚里士多德那里,在论证的条件之间没有共同属的情况下,类比似乎提供了比证明式推理稍弱的一个替代,参见劳埃德版《形而上学》1048a35ff(1996)144。

[4] 再一次追随卡尔西迪乌斯和泰勒的解释。

他现在提出的观点与在 29c2—3 的略有不同,即对相似之物的说明只能是近似的。蒂迈欧现在假定对一个相似之物的描述至多只能是近似的,并进一步指出,在各种可能的近似描述中,我们应该满足于一个与其他描述同程度似真的描述。[1] 提醒我们人类本性的地方在于,在不同的描述中,作为人类可以获得的最可能的描述与真正最可能的描述并不一样。换言之,诸神可能接触到更似真的描述,但我们作为人类,只要能给观众提供其他任何人都不能超过的也就应当满足了。我认为在这里,与任何其他描述(mēdenos hētton)的对比只限于其他人类。因为蒂迈欧构想的自然哲学明显不是基于神的启示(参见 53d6—7)。既然神不打算告诉我们什么是最似真的简单(tout court)[2]说明,我们就必须作为自然哲学家按照自己的想法去做。因此蒂迈欧所谓的"这个近似的故事"(ton eikota muthon)指的是人类能获得的最似真的描述。但这与神能获得的最似真的简单描述并不相同。[3]

让我总结一下到目前为止的解释。蒂迈欧认为,我们最多只能对宇宙给出一个近似的说明。其原因是,宇宙是一个以永恒模型为基础而制作的相似之物,因而落入了一个不同于其模型的本体论范畴。与模型的相似处因此不得不以一种不同的本体论模式——"生成"来给出。这种推理是通过类比而非严格论证给出的。这依然留给我们一个问题,即为什么蒂迈欧在鼓励我们接受这一近似说法时要对我们人类本性进行提醒。这是一个问题,因为这似乎破坏了的他以前的论点,即任何人在说明相似之物时原则上能做到的最多就是似真。建议的答案是,蒂迈欧承

---

[1] 蒂迈欧看起来再一次暗示这一观点,即对同样待解释的事物可能存在似真性或多或少的解释,见于 55d4—6。

[2] "tout court"所指的简单意为不需要有额外的补充。

[3] 这一点我得益于 2001 年在迈克尔·弗雷德的牛津研讨会。

认根据它们所呈现的宇宙与其范型的相似程度,这些说法可以更似真或更不似真。作为人类,我们应该满足于一种不比别人更不似真的说法,这里指的是任何其他人类的说法。蒂迈欧把这种说法称为"那个近似的故事"。

让我现在转向这一章的第二个主要问题:为什么蒂迈欧将他的论述同时称为"近似的描述"和"近似的神话"? 在一些人看来,一旦我们回答了为什么蒂迈欧将他的说明称为"近似的",就将没有进一步的问题了。因此弗拉斯托斯如此论证道:

> 评论家们总是从蒂迈欧认识论的导言(29b—d)中挑出"eikota muthon"这一表述,并把它当作强调的是 muthon 而不是 eikota。这当然是错的。Eikos 才是一个重要的词……神话是故事;这个故事是神话(mythology)还是自然历史取决于它是哪一种故事……典型的"mythos"是神话式的。但《蒂迈欧》中没有这种模糊性,它只含有eikos。在这个文本中"eikos"的意义被仔细地界定了:永恒形式和它们可朽的模仿物在形而上学层面的对比决定了认识论上确定和近似之间的对比。[1]

在这一视角下,描述和神话间的张力被 eikōs 抵消了。正是 eikōs 告诉我们叙述确定性的程度。让我们考虑一下弗拉斯托斯的论据:

> [eikos]被明确地使用了 3 次(29c2,8;29d2)以及不明确地使用了 1 次(29b)。在这 4 次中,它有 3 次作为 logos 的形容词,1 次作为

---

[1] 参见 Vlastos(1995)249—50。

muthos 的形容词。在对话剩余部分对导言的 17 次呼应中，muthos 被使用了 3 次（n. 16：59c, 68d, 69c），与此同时"eikos""eikotōs"等被使用了 16 次（n. 17：30b, 34c, 44d, 48c, 49b, 53d, 55d, 56a, 56a, 56d, 57d, 59c, 68d, 72d, 90e）。"eikota logon"被使用了 8 次，"eikota muthon"使用了 2 次。这是对 eikota muthon 含义的很好注释，它两次都用于纯粹科学的观点：59c, 金属的构成，以及 68d, 颜色的混合。

弗拉斯托斯概括性的评论提出了这样一个问题，即蒂迈欧通过"科学的"（scientific）意指什么，这正是我们通过评估他对神话的使用想要理解的。蒂迈欧使用 logos 多过 muthos，弗拉斯托斯在这一点上无疑是正确的。然而，这一现象意味着什么并不清楚。弗拉斯托斯的解释不是唯一可能的解释，也不是最令人信服的解释，我将论证这一点。

对话对"近似的神话"的三次使用中，有两次出现在提醒人类本性的背景中。我们已经考虑了第一个例子：蒂迈欧在 29c8—d3 要求我们记住人类本性，从而不必寻求比近似的神话更多的东西。紧跟其中蒂迈欧说没有任何对相似之物的描述能够超过近似的。迈克尔·弗雷德（Michael Frede）因此建议，可以把神话与最似真的描述进行对比。[1] 神话提醒我们，我们作为人类所能获得的最似真的描述可能不是真正最似真的简单描述。[2] 因此神话和描述的区别是近似的说明（logoi）这一总范畴内部的区别。在这些近似说明中，有一些（被称为 logoi）比其

[1] 学术研讨会，牛津 2001。
[2] Jill(1993)59 似乎给出了一个相似的建议："这一程度——在其上甚至这一点[亦即达到可能性]也是可能的——被我们，作为人类，能够理解这样一些东西——即超人类的东西或包括在其中的神圣范围的程度限制；因此，作为结果的说明就被描述为一个'近似的神话'，而不是一个'近似的描述'。"

他的（被称为 muthoi）更似真。描述在这里既用于"描述"这个类别，也用在一个特殊类别的描述中，它比其他被称为神话的说法更合理。因此我们在描述（logoi）的类别中区分了描述（logoi）小类和神话（muthoi）小类。

在近似的神话第二次出现的地方，蒂迈欧将他对颜色的混合的讨论总结如下：

> 至于其他颜色，从上述情况中应当能很明显地看出，通过怎样的混合，它们以一种保全这"近似的故事"的方式被作为一个相似之物（aphomoioumena）生产出来。但是，如果有人在探究时想将这一点付诸实践，那他将表现出对人类和神圣本性间不同的无视，因为神既充分地知道许多事物也能够将其混合成一，同时还能将一分解成许多，与此相反，人类在现在和将来都不可能胜任这两项任务。（68c7—d7）

再一次，人类本性与我们能够期待的描述间的关联令人注意。这一次，人类本性在与神圣本性的明确对比中被提及。这种对比被解释为神和人之间在知识和能力上的差异。神在混合和分解颜色时利用的知识和力量人不能企及。考虑到这些颜色仍然是作为相似之物而被制作的（参见 68d1），我们假定神对颜色混合物的理解也至多只是一种似真的，这与 29b3—c3 相一致。但强调神对这些相似之物的卓越掌握，使神话成为对我们较低级的理解的适当描述。[1]

---

[1] 蒂迈欧给出这一观念的总体方式暗示了他并不仅指颜色的混合与分离，还指把许多东西混合成一以及将一个东西分解成许多整体。世界灵魂和世界身体的制作都包含了混合与分离。因此蒂迈欧的观点能应用在我们的能力上，以此来更一般地证实制作世界故事。

对"近似的神话"的第三次使用似乎与这一观点相符,尽管它没有提供直接的支撑。蒂迈欧在59c5—de以如下方式结束了他对金属产生的混合物的描述:

> 进一步考虑这类别的其他东西并不是一项复杂工作,只要依照着近似的神话的模式,当某人为了娱乐,将对关于永恒事物的描述(logous)的[追求]放在一旁,并从对这些有关生成的近似说法的思考中收获一种天真无邪的快乐时(logoi被理解了),他将为他的生命增加一种节制的和深思熟虑的快乐。因此,我们将以这种方式允许(这种娱乐),并随后将关于相似的主题的后续展开如下。

与其他两段不同,"近似的神话"在这里没有和人类本性进行明确关联。蒂迈欧在同样的关系从句中,从对神话的讨论走向对描述的讨论(c7中的"hēn"则是指"tēn tōn eikotōn muthōn idean"),这表明他把"近似的神话"(在第59c6行)与关于生成的"近似的描述"相提并论。换言之,这一段似乎通过"近似的神话"来指与"近似的描述"相同的说法。因此这一段对比了两种描述,一种关于永恒存在,另一种关于生成之物。第二种才被称为"近似的描述"和"近似的神话"。

这段话中没有明确提到人的本性,而人的本性可能是使用神话的理由。然而毫无疑问,蒂迈欧正假设一种有关人的观点。蒂迈欧是在人有特殊需要的前提下论述有关生成之物的描述。我将表明,他对神话的使用正是被这一观点激发。只有人才需要从对理念的思考中得到放松。[1]也

---

[1] 参见《斐德若》246d—248a:不像人类灵魂,神处在这样一个位置上,在其中它能尽情享受对理念持续不断的观看。

只有人，说他应该在生活中增加一种有节制的、深思熟虑的快乐才有意义，这大概是与人其他许多奢侈的、未经思索的消遣形成对比。如果认为神圣的追求不是有节制的和深思熟虑的，那甚至是对神的亵渎。因而有理由说 59c5—d3 从人的角度出发，将关于生成之物的描述看作神话。

"近似的神话"与《理想国》

在第二章我说可以将亚特兰蒂斯的故事作为苏格拉底在《理想国》中所建议的那种神话来理解。蒂迈欧对神话的用法与苏格拉底的建议一致吗？如果一致，神话有统一的概念吗，根据这概念，蒂迈欧和克里提阿的说法都能被看作神话吗？

神话是人类特有的一种叙述方式，这一观念可追溯至《理想国》第二与第三卷。如我们在第二章所见，苏格拉底用这样的语言来说明文字的虚假性："我们刚刚讨论的这种神话，即因为我们不知道古代事件的真相，所以我们尽可能地把虚假的东西比作真相，从而使它变得有用（chrēsimon）。"（382c10—d3）其含义显然是，这些神话对教育者来说是有用的（chresimon 暗示了利害与格，参见 382c6）。然而，对神来说任何假话都是无用的。尤其是，神不会因为他对古老的过去一无所知（dia to mē eidenai ta palaia，382d6）而做假事。因此"在神那里没有虚假的诗人"（d9）。正是我们能知道的和神能知道的有所不同，使得讲神话（muthologia），或"说假话"（pseudos legein）适合于我们，但不适合于神。我们无法知道关于古代的事件，但正如阿德曼托斯所说，神不知道就太荒唐了。因为被讨论的神话是关于神的过去行动的故事，如果有任何一方能够知道发生了什么的话，他就应当是那一个。

神话首先在《理想国》第二卷（377a）被视为这样一些故事的子集，我们将其讲述给城邦未来的统治者，作为其文艺训练（可以非常宽泛地用来翻译 mousikē）的一部分。描述被分为两种：一种是真的，一种是假的（logōn de ditton idos, to men alēthes, pseudos d'heteron, 376e11）。那些假的，"尽管其中也有一些真理"（377a5），被称为神话。[1] 这种区分与我们对《蒂迈欧》中 muthos 和 logos 的使用方式的看法一致。首先，对苏格拉底拉来说，logos 属于言说或描述这一类型。muthoi 因为仅仅是言说而成为 logos 的一个种类。其次，这一段表明 muthos 与另一个种类的 logos 形成了对比，后者被默认为 logos，muthos 是 logos 中大部分都虚假的一个种类，而其余种类都是真的。同样，我们看到《蒂迈欧》一方面将神话视为描述的一种（29b3—d3），另一方面又暗示神话比其他描述拥有更低的认知地位。

然而，如果真有可能的话，在何种意义上，蒂迈欧的叙述能被描绘成"虚假的"？蒂迈欧将他的叙述称为神话，显然不是为了承认它在事实上的虚假，因为他也同样将他的叙述称为"似真的"，将他的说法称为"欺骗"看起来也不合适。因此如果我们采纳苏格拉底在《理想国》中的说法，即神话是一种事实上虚假的、骗人的或二者皆有的叙述，那么蒂迈欧的叙述看起来将不是《理想国》意义上的神话。然而，有理由怀疑苏格拉底是否想断言所有神话在事实上都虚假。确实，在现在和在过去，神话中的大部分都可以作为事实上的虚假被排除出去，因为它们与关于神的行为的总体原则相冲突。因此克洛诺斯阉割了他父亲的神话必然在事实上虚假，因为没有神会做这样的事。然而，这给我们留下了可能真实的神话的空间，只要它们与关于神的一般真理一致。正如我在第二章论

66

---

[1]　在logoi之属内的神话和真 logoi 之间的具体对比似乎要再一次参考《理想国》VII522a7—8：虚构的 logoi 和那些更真的 logoi（καὶ ὅσοι μυθώδεις τῶν λόγων καὶ ὅσοι ἀληθινώτεροι ἤσαν）都在文艺教育中被用来培养好习惯。

第三章 蒂迈欧叙述的性质 — 0 8 1

证的那样,苏格拉底在 382d 建议,我们应该利用我们对古老过去事实事件的无知来创作故事("虚构的"),从而展现神、英雄和品德高尚之人如何行动。既然这种神话以我们对事实的无知为前提,我们就不能说神话在事实上是真的。然而,我们也不能断言它们事实上是假的,因为这同样需要假定我们拥有对过去事实的知识。因此关于 382d 中的 muthoi 问题似乎就不是我们知道它们为假,而是不知道它们是否为真。如果接受这一观点(显然我们已经接受了),将必须把苏格拉底那里作为谎言的神话看作与"事实上的虚假"在意义上略有不同的东西。

在前一章我论证了我们能够有效地将 muthoi 视作虚构,毕竟它在没有事实的情况下被创作出来。苏格拉底将神话称为谎言的原因之一是为了将人们的注意力集中在神话和事实性话语的形式的对比。我认为,在这一有限的意义上,蒂迈欧的神话同样可以被描绘为一个谎言。[1] 蒂迈欧的叙述不是事实性的,因为那要求对神如何创造世界拥有实际了解。他的叙述是一种神话,部分原因在于它是对世界创生时可能发生的事情的描述,但你我和神不同,不知道这是否真实发生。同样,这并不意味着世界创生并没有像蒂迈欧所说的那样发生;它也很可能就是如此,而且越近似于这样,这个叙述就越有说服力。然而,衡量蒂迈欧说法是否可信的依据,不应该是它是否符合任何有关神如何创作宇宙的事实知识(对此我们一无所知)。相反,评估其可能性的依据应该是,如果神在创作宇宙,该说法在多大程度上能代表神的行为方式。[2] 因为

---

[1] 换句话说,我不是在表明通过把他的描述称为一个神话,他的描述就是骗人的或虚假的。

[2] 对比斐德若在《斐德若》中的评论,它有关苏格拉底创作故事——关于埃及或无论哪里只要他喜欢时的自如以及苏格拉底在 275b5—c2 中的训斥:永远不要介意故事的起源,只考虑字面上的声明是否正确。

我们知道,神创作宇宙是为了让它尽可能地好,而让它好意味着让它尽可能地像永恒的存在,所以我们又回到世界如何最像一个永恒的范型的问题。这就是说,描述在历史上可能与否的问题,让位于生成的世界和永恒的模型之间的最大相似性的哲学问题。因此,蒂迈欧对 muthos 的使用就积极地阻止了我们将他的宇宙论视为历史叙述,而支持将其视为哲学问题。

在这种解释中,亚特兰蒂斯故事的性质和蒂迈欧宇宙生成论的性质似乎有相似之处。首先,克里提阿的说法(尽管他郑重声明)和蒂迈欧的说法都缺乏实际知识。亚特兰蒂斯的故事在缺乏有关九千年前实际发生的事件的知识时讲述,宇宙生成论则在缺乏任何有关神实际上如何创作这个世界的知识时被讲述。它们都是在缺乏历史知识的情况下编造出来的故事。其次,这两个故事都可以被视为按照苏格拉底关于神和善人的故事讲述规则而创作的。它们意图展现神(蒂迈欧的宇宙论)或善人(亚特兰蒂斯的故事)在行动和语言中所表现出来的善。

在《理想国》第二卷,苏格拉底神学的根本原则是:既然神是善的,就应当只被描绘为善的原因,而不能是恶的(379b—c)。与此相似,蒂迈欧一开始就认为,既然神是善的,就只会想做善事。如他所说,如果最好的事情不是去做最美的事情,这将是不合(神)法的(30a6—7)。因此,蒂迈欧宇宙论的前提好像是为了配合苏格拉底神学的原则而写的。因此在某种意义上,蒂迈欧的叙述就像克里提阿的叙述那样,都符合《理想国》对神话和其适当使用方式的理解。

目的论与这种对讲故事的理解是一致的。通过讲述苏格拉底在《理想国》中建议的有关神和善人行动的故事,可以显示在自然和政治的世界中,善如何作为一种秩序的力量起作用。因此神是善的并在创作世界时展现出善的行为,这一观念的必然结果就是世界也被解释成善的。因

68

为正是通过表现世界善的秩序，我们才显示出神在创造宇宙时所拥有善的意图，以及他在实现这些意图时取得了多大的成功。神在蒂迈欧目的论中的确切作用是下一章的主题。

第四章

目的论和制作技艺

通常，目的论可以区分为两种解释。一种目的论把结局解释为意向行为的后果。在这个意义上，或许可以通过说我想取乐来表达我去马戏团的意图。另一种目的论则不关注有意向与否，其中假设的目的与思想或意向状态无关[1]。亚里士多德式的自然目的论通常被视为属于后者，是非意向性的类型[2]。相比之下，柏拉图在《蒂迈欧》中的宇宙论被认为是有意向性的目的论，像詹姆斯·伦诺克斯（James Lennox）所说，是"非自然的"目的论[3]。所以在开始他的叙述时，蒂迈欧告诉我们，宇宙由工匠神德穆革创造，他在创造时希望使世界尽可能善和美。在整个叙述中，蒂迈欧提醒我们，德穆革尽可能地创造了宇宙这样那样的特征，或者说，他创造宇宙是为了实现这样那样的目的。本章将根据这种自然和非自然目的论的对比，来研究德穆革在宇宙创生中的作用。我首先将考察蒂迈欧引入德穆革的原因；然后考察并反对一些在解释《蒂迈欧》时放弃德穆革的做法。我建议这样解释德穆革，既保持他作为一个独特的实体，在某些方面又将他与亚里士多德的模型相提并论。最后，我将就德穆革是否以及在什么意义上在时间中制作了世界提出一些建议。

---

[1] 关于亚里士多德式的区分的明确描述和分析，见 Charles(1991)。

[2] 参见 Cooper(1982)221—2。

[3] 参见 Lennox(1985)。

作为秩序原因的制作技艺

对蒂迈欧来说,宇宙需从目的论上解释的想法与宇宙是由工匠神制作的说法密切相关。在序曲时,蒂迈欧说宇宙的产生和万物的产生都有原因(aítion, 28a4—5, 28c2—3)。宇宙产生的原因和工匠神(28a6)或制作者(poiētēs, 28c3)相关,这一原因也被描述为所有原因中最好的。在29e1—30a3,蒂迈欧发展了他的观点,即由于工匠神是善的,所以会希望将这个宇宙制作得尽可能善好。因为他是善的,所以这个创作者(ho sunistas)不会有妒忌(phthonos, 29e2),因此他希望宇宙越像他自己越好(29e2—3)。蒂迈欧说这是宇宙生成的最令人叹服的本原(arkhē, 29e4)或原因(aitía, 29d7)[1]。我们立即得到了一个关于神如何使世界尽可能善的证明。神意愿(boulētheis)一切都是善的,于是发现宇宙处于一个无序的状态(kinoumenon ... ataktōs)时他就将秩序带入其中,因为他相信(hēgēsamenos)一个有序的状态在"整体上较好"(30a3—6)。而且他推理出(logisamenos),整体上讲,没有什么缺乏理智的可感之物会比有理智之物要好(kallion),于是他给予宇宙理智和灵魂,"这样他的作品就会尽可能合乎自然地美和好(hoti kalliston ... ariston te)"(30b5—6)。

这个推理思路中首先让我们感到有问题的是,蒂迈欧显然臆测了宇宙的原因是工匠神。确实,制作技艺是一类原因,但很明显还有很多其

----

[1] 正如 Muller(1998)86 论证的那样,这一段话以及 29a2—6, 33a3—7, 38d6—7 都说明蒂迈欧注意到作为原因(aítion)的德穆革和作为原因性解释(aitiai)的德穆革的动机或想法之间术语上的差异,后者解释了各事物为什么会是其特定的所是。参见 Lennox(1985)199 中对《斐多》的类似观察。这一差别首先由 Frede(1987)指出,尽管其形式略有不同,参见Muller(1998)83—4。

他类型。或许可以赞同生成的万物确实都有一个原因,但没有充分理由认为这个原因就是工匠神的技艺。尤其有人会反对的是,蒂迈欧只有假设宇宙的原因是一个工匠神,那么才有理由认为宇宙是参照一个模型诞生的。此外,工匠神是参照模型制作,但没有心智的原因则不是这样。蒂迈欧也没有提供任何论证表明宇宙不是通过无心智的原因生成的。

然而,这个反驳曲解了28a4—29a5的推理。他为德穆革制造宇宙的辩护比反对意见所预设的要弱。蒂迈欧的论证不是如A所示:

任何生成之物都有其原因(28a4—6)。

这一原因要么是德穆革模仿永恒的模型去制作——在这种情况下,被制作物就必然是美的;要么是德穆革模仿一个被制作的模型去制作——在这种情况下,被制作物就是必然不美的(28a6—b1)。

但世界是所有可能生成的中最美的(29a5)。

因此世界是德穆革模仿永恒的模型去制作的。(29a4—5)

蒂迈欧的论证更像这样一个较弱的论证B:

任何生成之物都有其原因。

在所有生成之物中,因德穆革模仿一个永恒的模型而制出之物是必然美的;同时,因德穆革模仿一个被制作的模型而制作之物则必然不美。

但世界是所有生成之物中最美的。因此世界是德穆革模仿永恒的模型制作的。

论证 B 与论证 A 不同,因为它顾及了除德穆革之外的原因。蒂迈欧并没有像论证 A 那样说,一切生成之物的原因都是德穆革,他只是说"当德穆革用他的眼光注视那永恒不变者,并且把它作为模型,构造出事物的外形和性质,凡这样完成的作品必定是美的,但若他所注视的是生成之物,他所使用的模型也是生成的,那么他的作品就不美"(28a6—b2)。在这里,蒂迈欧着眼于当原因归于德穆革时的因果关系。重点不在于排除所有可能的其他原因,或者排除其他可能造成美或不美的原因;而在于强调,当事情的原因是德穆革模仿一个永恒的模型时,其结果将必然是美的,正如当事情的原因是德穆革模仿一个生成的模型时,结果一定不会是美的。因此我认为,蒂迈欧专注于一个特定的因果关系,即原因是德穆革时,被制作物的美成为必然的情况。

论证 B 表明了,关涉一个永恒模型的制作技艺必然会有一个美的结果。这个论证可能让人觉得毫无道理。当模仿一个永恒模型时,到底是什么让制作技艺成为美的原因?我认为蒂迈欧的回答是,模仿一个永恒的模型说明了德穆革是怎样制作有序且稳定的东西。首先要注意蒂迈欧在文本中在如何描述这个模型,他反复地强调模型总是同一的(参见 28a2,28a6—7,29a1),永远不变。相反,德穆革发现世界处于"永远紊乱无序的运动"状态(30b)。德穆革通过带入秩序使世界变得更好。模仿永恒的模型可以帮助他做这件事,因为这个模型本身就是稳定且有序的。相反,模仿生成的模型是无法帮助他完成这件事的,因为生成的模型本身就受变化支配。

于是,制作技艺可以是秩序的并因此是善的原因。制作技艺和秩序的联系与《高尔吉亚》503d7—504a5 是相似的:

> 如果,要是你愿意看看写生者、建房者、造船者或任何你喜欢的

其他工匠,看看每个人是如何把他所做的东西放到一定的秩序(taxis)中去的,他们进而强迫一个东西适合并协调于另一个东西,直到他已经把整体组合成为一个有组织(tetagmenon)和有秩序(kekosmēnon)的事物。

蒂迈欧基于对秩序的考量建立了一个制作技艺的概念[1]。他引入了制作技艺去解释宇宙,因为宇宙(正如[kosmos]这个词本身所表明的)本质上是一个有序的整体,因此需要秩序产生的原因。

这样对蒂迈欧思路的重构可能会遭到反对,即他假定制作技艺必定带来关于美和有序的结果,鉴于蒂迈欧在 28a6—b2 既设想了德穆革生产一个美的产物,也设想了德穆革生产一个不美的产物。蒂迈欧似乎允许被德穆革制作的世界仍有可能是无序的和丑的。因此,反对方认为,蒂迈欧在 28a6 不能从宇宙是美的这一事实(稍后在 29a5 明确表示)推断出宇宙的原因是德穆革。

然而,德穆革制造出无序的事物这种情况可以被视为制作技艺的失败。德穆革在模仿永恒的模型和生成的模型间进行的选择,并不是一个真正的选择。首先,普遍的观点是,名副其实的工匠神不会生产比他能够生产的最美(kalos)之物要粗陋的东西。因此,如果真正的工匠有可能通过观察永恒的模型来使他的作品更美,那么肯定没有任何真正的工匠会去观察生成的模型来制作他的作品。其次,苏格拉底在其他的对话中也表明,工匠的特征在于他把理念作为模型而不是具体的生成之物。所以在《克拉底鲁》389a—b 他说工匠通过观看"梭子本身"(auto ho estin kerkis)而制作了一个新的梭子。同时在《理想国》卷十 596a—599b,工匠

73

---

[1] 参见 Solmsen(1968)343。

通过观看床的理念而非一个特定的"生成的"床来制作床。观看理念这件事使得真正的工匠区别于假的工匠、画家、诗人，这些人都在观看一个特定的生成之物[1]。同样地，我认为蒂迈欧对于观看永恒模型的工匠和观看生成的模型的工匠的区分，并不意味着将这些表现视为制作技艺间的等效区分，而是意在告诉我们工匠神在制作世界时应该做什么（去模仿理念！）和如果世界确实是由工匠神制作的，那么我们应该期待它是什么样子。期待它是美的！

　　我认为，《蒂迈欧》和其他柏拉图对话一样，都把制作技艺认为是美与秩序的原因，因为它参照着一个永恒的模型。然而这给我们留下了另一个问题：为什么工匠的制作技艺是美与秩序的唯一原因？除非我们将其视为唯一原因，否则无法从"世界是美的"甚至是"最美的"推断出"世界是由工匠制作的"。答案在46e3—6给出，在这里蒂迈欧说存在两种原因，"一种原因是工匠神在理智（nous）指引下制作美的和善的事物；另一种原因则是因为缺乏理性（phronēsis）而导致失序的结果"。蒂迈欧只提到了两种原因。一种是有理智的原因，它产生秩序和美，另一种是无理智的原因，它产生无序。如果这些是唯二可能的原因，我们似乎可以合理地从宇宙的美中推断其原因是有理智的原因，蒂迈欧恰当地将其与工匠等同起来。

　　说工匠用理性（nous）工作，无非是蒂迈欧对德穆革看着永恒模型的另一种说法。理性（noēsis）已经在28a1—2提到过，是我们用来把握永恒存在的东西。后来在51d—e，蒂迈欧从 nous 和真信念的区别出发，论证了始终同一的存在与生成之物的区别。因此蒂迈欧认为，永恒的存在是 nous 的特有对象，反过来说，nous 是把握永恒存在的特有方式，观看

74

---

[1]　关于《理想国》第十卷中好的制作技艺与坏的制作技艺的区分，参见 Moreau(1965)6。

永恒模型的方法也就是运用 nous。因此,说工匠神通过观看永恒的模型而生产美的事物等于说有理智的工匠神生产了美和善好的事物。工匠通过观看永恒的模型制作善好的事物,而他观看这个永恒模型的方式正是运用理性。可能正是考虑到工匠的制作技艺和理性的联系,蒂迈欧在46e4 为用理性工作的原因保留了 dēmiourgos 一词,同时直接说非理性的原因产生(exergazontai)了其结果。

但我们为什么要接受只有理性的原因才能带来美和秩序,而无心智的原因则不能呢?我认为答案在 46e5—6 中,即蒂迈欧为缺乏理智而产生的东西和出于偶然而产生的东西间建立的联系。在每一种场景(hekastote)下,被剥夺了理智的原因都带来了随机无序的结果(to tuchon atakton)。现在重点要强调的是,蒂迈欧称这个结果为"随机的",并不意味着认为这个结果不是无理性的原因必然导致的。恰恰相反,蒂迈欧会把通过理智制作的东西(to dia nou dedēmiourgēmena, 47e4)和通过必然生成的东西(ta di' anagkēs gignomena, 47e5)区分开来。蒂迈欧倾向于在那些结果不是由理智设计产生的情况下,简单地把它称为来自必然的原因。所以不应该说在 46e5 提到的随机的结果不是由这样的原因必然导致的[1]。相反,当我们把一个结果称为"随机"时,重点是这个

<hr>

[1] 相较《法义》第十卷以下段落中"随机来自必然"的表述,雅典人指的是一群否认理智在宇宙形成中发挥任何作用的思想家。他们认为,火、水、土和气的存在要归功于自然和随机性,而不是技艺,正是通过这些完全没有生命的物质,产生了次要的物理体——地球、太阳、月亮和星星。这些物质是随机运动的,每一种物质都是凭借其固有的特性来推动的,这些特性取决于冷与热、干与湿、软与硬的各种合适的混合,以及所有其他在对立面混合时随机产生的组合。这就是由它们导致的所有天体和其中一切的诞生过程,而随之而来的四季的确立导致了所有植物和生物的出现。他们说,这一切的原因,既不是出于理性的计划,也不是诸神,更不是技艺,而是——正如我们已经解释过的——"自然和随机性"(889b1—c6)。

结果似乎不是计划好的，也不是由这样的原因引起的[1]。

作为这一点的例证，蒂迈欧在69b区分了神赋予秩序之前的前宇宙阶段和水、火、土、气被赋予了几何性质后的宇宙阶段。在前宇宙阶段，没有任何东西是有比例的，只有少数偶然（hoson mē tuchē）的例外，也没有任何东西配得上现在使用的名称，例如水、火等（69b6—8）。我们可以设想，神赋予初始的形体以秩序之前，这些形体中部分是有比例的，也可以设想它们的合比例性是有原因的。但是，它们的合比例性并不真是这样产生的。在前宇宙阶段，有一些可对初始形体造成变化的过程，这变化也许偶然会导致合比例性。然而，前宇宙阶段没有任何过程一定会这样地产生比例。这也就是为什么他将产生有比例的形体视为偶然事件。那么，关于无理智的原因，不是说它们不能带来比例或秩序，而是它们并非我们说的那种产生比例的原因。没有什么秩序或美是无理智的原因产生的，所以当它们确实产生了秩序时我们说这是偶然事件。注意46e5的"每次"（hekastote），似乎暗示着这些原因各自分别地产生它们的结果，如果出现了秩序，也是个偶然事件。相比之下，工匠的制作技艺本质上就是秩序的原因。因此在对比两个原因时，我们很自然地会将制作技艺视为宇宙之美的原因。

请注意，这里所概述的论证并不具有证明性论证的地位。宇宙是无心智原因的结果，这在逻辑上和物理上也都是可能的。但如果是这样的话，它的美、善、秩序都将无法被解释。因为我们无法说明无心智的原因为何带来秩序和美而不是无序和丑。就此，关于一位神圣的工匠的论点有了最佳解释的地位。这就是说，这是一个如下形式的推理：

76

---

[1] 这一点在下一章（原书第93—95页）有更详细的说明。

D 是材料(事实、观察、已知条件)的集合。

H 解释 D(如果为真,将解释 D)。

没有其他假设像 H 那样解释 D。

因此,H 可能是正确的[1]。

蒂迈欧对神圣工匠的论证是对该推理形式的如下应用:

世界美丽、有序、善好。(D)

一个神圣的工匠根据一个永恒的模型创作了世界,这一假设解释了为什么世界是美丽、有序和善好的。(H)

另一个假说,即世界是由无心智的因果关系创作的,并不能像 H 那样解释 D。

因此,德穆革通过观察一个永恒的模型创作了世界可能是正确的。

亚里士多德的替代选项

任何一个最佳解释推论的强度,除其他事件外,还取决于对替代性解释的搜索有多彻底[2]。因此,我们可以问蒂迈欧,除了理智参与的原因之外,是否只剩下无心智的那种原因产生随机无序结果的可能。因为

---

[1] 参见 Josephson and Josephson(1994)5。

[2] 参见 Josephson and Josephson(1994)15。

还可能有一种非理智形式的原因可以产生有序的结果。

对亚里士多德来说，自然就是这样的原因。亚里士多德与蒂迈欧一样，对把宇宙的秩序和美视为意外的说法感到疑虑。然而，他没有将德穆革的制作技艺认作自然秩序唯一可能的解释，更不是对自然秩序的最好解释。在《物理学》中有这样的片段：

> 持这种念头（动物由随机产生）的人，完全摒弃了自然和由于自然而存在的东西。因为凡由于自然的东西都以一定的内在本原为起点，通过不断的运动变化过程而达到一定的目的；不是每一个本原都会达到同样的目的；它们也不会完全偶然地达到某个目的，但如果没有障碍，每个事物总是趋于同一目的。目的和达到目的的手段也可能因偶然而发生。例如，一个外邦人来了，交付赎金之后被放走了，就像他是为交付赎金而来，尽管他不会是为此而来，这种我们就说是偶然的，如前所述，偶然是意外事件的原因。但是，当一个事件总是发生或几乎总是发生时，它就不是偶然的或意外的。在自然的产物中，如果没有障碍，其结果是不变的。如果没有观察到有人在思虑，目的就不存在，这一看法很荒谬。技艺本身是不会思虑的。如果造船的技艺是内在于木头中的，那么木头按其本性也会生产出类似的产物。因此，如果说目的存在于技艺中，那它也存在于自然中。最好的例证就是医生为他自己诊断，自然便是如此。（《物理学》第二卷第八章 199b14—32，R. P. Hardie 和 R. K. Gaye 英译）

和蒂迈欧一样，亚里士多德不认为自然秩序是个随机事件。然而，亚里士多德并没有在此基础上论证自然秩序是由制作技艺或工艺而产生的。不如说他将自然本身当作原因。诚然，亚里士多德在技艺和自然之间看到了一个强烈的类比关系：两者都是为了目标、"目的因"而工作，而这个目的是产物有序排列的原因。然而，自然在一个很重要的方面与技艺区别开来，即目的因内在于自然存在者，是它们的内在本性决定了它们是其所是。相比之下，工匠通常可与他生产的产品相区分。当病人进入医生的手术室时，他通常与要治疗他的人不同。医生通常的工作是使他人健康。"目的因内在于自然存在者中"在这个例子里得到了说明，即医生治愈医生自身，也就是说，使病人健康的原因就在他自身中。因而，自然是秩序内在的原因，反之，制作技艺一般而言是外在的原因。[1]

在解释自然秩序时亚里士多德的自然目的论因此可以被视为制作技艺的替代解释。机运（tuchē）和制作技艺（technē）并不是解释自然秩序的唯一假设。被理解为存在者内在原因的自然本身也可以解释自然秩序。从亚里士多德的观点来看，制作技艺可能被认为多余，而非自然秩序的最佳解释。不需要额外附加一个实体，即神圣工匠来解释自然秩序，因为更简单的解释就是自然自身。

我们可以更倾向于亚里士多德的解释，同时承认蒂迈欧的解释有一定效力。可以说自然的秩序越大，将制作技艺当作原因就貌似越可信。但亚里士多德主义者将致力于这样一种观点，即更大的自然秩序使自然目的论比制作技艺更可信。对比休谟《自然宗教对话录》的如下片段。演讲者是克里安特斯[2]，他试图在对话中论证设计论：

> 看一看周围的世界，审视一下世界的整体与每一部分，你就会

[1] 关于外部和内部目的论的区别，参见 Depew（1997）221—2。
[2] ［译注］克里安特斯（Cleanthes），出生于古希腊城市阿索斯（现位于土耳其西北海岸），生活于约公元前 330 年至公元前 230 年，是芝诺在古希腊雅典所创建的斯多亚学派继承者。在芝诺去世后，其于公元前 262 年开始成为斯多亚学派的领导者。

发现世界只是一架巨大的机器，可分成无数较小的机器，这些较小的机器又可再分，一直分到人类感官与能力所不能追究与说明的程度。所有这些各式各样的机器，哪怕它们最细微的部分，都彼此精确地配合着，使所有曾经观察过它们的人都赞叹不已。在整个自然界中，手段与目的的巧妙配合，与人类的设计、思想、智慧和理性的产物完全相似，但它远远超过了人类的设计。因此，既然结果彼此相似，根据类比的规律，我们就可推出原因也彼此相似；而且可以推出造物主与人的思想多少是相似的，虽然比照着他所执行的工作的宏伟程度，他比人拥有更大的能力。[1]

克里安特斯的推理可以在很多方面被质疑，我们也已经看到了其中之一。斐洛（Philo）回应克里安特斯时说：正如我们所知，我们不妨说物质对象的本质是有序的，"而且它们最初就拥有秩序和比例"。排除掉怀疑论色彩，这种反对意见是亚里士多德式的，即自然本身就是秩序的充足原因。然而，克里安特斯的观点似乎仍然具有特殊的效力，只因为它指出了自然秩序的程度与设计的可能性之间的关系。我们在自然中找到越多的秩序，我们越觉得这可能是制作技艺的产物。当亚里士多德想要强调自然的目的性时，也采用了技艺的比喻，有时他的语言甚至将自然描述为一个工作着的匠人[2]。即使拒绝设计论作为自然秩序最佳解释的人，也可以接受制作技艺假说的可能性随自然显示的秩序程度同比增加。也就是说，即使一个人不同意从有秩序到设计论的推理，也可以接受设计论在秩序程度呈现得更高时更有可能。然而，亚里士多德主义

---

[1]　引自 Popkin(1980)15。

[2]　参见亚里士多德《论动物的部分》645a9 中的表述，以及《论动物的行进》711a18 和《论动物的部分》647b5。

者认为自然目的论同样变得更有可能。制作技艺假说的问题是,秩序的任何增加都会使设计论的替代方案,即自然目的论变得同样更有可能。但自然目的论最初比技艺假说更有可能,因为它更简单。因此,任何秩序程度的增加都不足以使设计论假说变得比自然目的论假说更有可能。

德穆革和他的创作是分离的吗?

到目前为止,我已经用亚里士多德提出了一种替代制作技艺解释秩序的方案。但是,蒂迈欧与亚里士多德的立场有何不同? 如果亚里士多德的解释因为更简单而被认为更优于蒂迈欧的解释,是否应该按照亚里士多德的方式解释《蒂迈欧》? 内在目的论和外在目的论的区别在文本上又是如何显示的呢? 蒂迈欧所说的德穆革是否真的外在于宇宙?

康福德就蒂迈欧的解释说道:

> 在神话的意义上他不是一个真正的造物神,他与他所制作的宇宙相区别,他从未被认为是可能的崇拜对象;在对话的第三部分,德穆革和天上诸神的区别,即他创造了天神并责成他们继续他的工作,也被抹去了……另一方面,毫无疑问,他代表着神圣的理性,为善的目的而努力……如果这个理性不是造物神,和他的模型与质料相分离,又能在哪里找到他? 这恰恰是一个柏拉图拒绝回答的问题。他说(在 28c3—5)找到宇宙的创作者和父亲是一项艰巨的任务,而即使找到,他也不可能向所有人传达。[1]

---

[1] Cornford(1937)38。

我认为,康福德在这个段落中提出并混淆了一些观点。首先,说柏拉图拒绝回答是不对的。诚然,蒂迈欧说找到宇宙的制作者是一个艰巨的工作,而且找到他的人也不可能将其传达给所有人(eis pantas, 28c4)。但正如苏格拉底所说(20a4—5),蒂迈欧是完全的哲学家,他的听众显然不是"所有人",而是高度专业的人。蒂迈欧提醒这项任务很艰难,但并非不可能,因此他进一步提出了关于这个德穆革的实质性观点,即他模仿一个永恒模型来制作宇宙。

其二,康福德提到了神圣理性和世界灵魂相同的可能性。然而,他在确认这两者时止步不前,而且有充分的理由不这样做。世界灵魂,像世界形体一样,被认为来自神(34b3—35a1)。在36e6—37a2中,蒂迈欧在本体论层面上将神和世界灵魂做了清晰对比:世界灵魂"是由最善好的永恒的可知之物(ta noēta)造就的,是被制作物中最善好的"。而且,虽然世界灵魂可以一直存在,但它的持续存在取决于神的意愿(41a7—b6)。换句话说,尽管我们可以说,神的永恒存在不是由其他东西导致的,但世界灵魂的持续存在取决于神。蒂迈欧很清楚神和世界灵魂属于不同的本体论范畴。

将德穆革描述为"永恒的可知之物(noēta)中最善好者"是重要的,不仅因为这将德穆革置于和永恒存在同样的范畴,而且永恒存在正是德穆革制作时的参考模型。在51e6—52a3中,可知之物被笼统地描述为不同于生成之物,它"总是同一,既不生成也不消减",可被理智(noēsis)把握,"不允许任何东西从任何地方进入它自身,它自身也不曾在任何地方进入另一事物中"。这种特性似乎排除了可知之物在宇宙中的直接出现。既然德穆革是可知之物,似乎也就与生成的宇宙是分开的。

然而正如康福德所说,神在宇宙中也有他们的代表,首先是所谓的"更低级的神"(41a7—d3)。然而,这些小神与德穆革的混同并不像康福德所说的那么广泛。我们被反复提醒,小神在模仿他们自己被德穆革制作的方式中履行他们的制作职责(69c3—6)。诚然,蒂迈欧在介绍了小神后开始含混地使用单数的神和复数的神[1]。但他已经清楚地表示,负责制作人的神圣媒介就是这些小神(41a7—d3)。因此,有神在自然之中。事实上,宇宙本身就是一个神(34b8,92c7)。然而,这些神是被造的、可感的神,在本体论层级上与德穆革不同,德穆革本身属于独特的可知的层级[2]。

我已经反驳了康福德将德穆革在世界创生神话以外解读的尝试。试图将德穆革等同于世界灵魂或其某一个方面,犯了本体论层面的错误。德穆革和宇宙所模仿的理念在本体论上与被制作的宇宙不同,并优先于后者。鉴于存在和生成在本体论层面上的区别,不能把宇宙秩序的原因等同于被制作的宇宙内部的任何本原。我认为这是将《蒂迈欧》的世界创世故事等同于亚里士多德式自然目的论的主要障碍。[3]只要诸如宇宙灵魂的内在秩序原则属于本体论中"生成一方"的层级,它就依赖于一个先于和独立于宇宙的存在。

这一点阻碍了将德穆革作为秩序的内在本原的解读,但它可能暗示了另一种方法摆脱德穆革。我们可以尝试将他与永恒的模式或其某些方面联系起来。这个建议的最有力的证据是 50c7—d3 的一段话,在那里德穆革显然从解释宇宙所需的三个本原的清单中消失了。"那么目前(en tōi paronti,50c7)我们需分清三种东西:生成之物、生成于其中者、

---

[1]　单数的神见 46e8,71a4,74d6;复数的神见 47c5,75b7,77a3。参见 François(1957)299—300,Gerson(1990)268,n.87。

[2]　参见 Menn(1995)11—12。

[3]　即使我们把德穆革解释为世界灵魂,柏拉图和亚里士多德的自然目的论也会有其他差异。对亚里士多德来说,宇宙不是因为有一个单一的世界灵魂而在目的论上有秩序。宇宙的秩序是由不同种类的本性的行动和互动产生的,有些涉及灵魂,有些则没有。关于亚里士多德在《论天》(De Caelo)中对柏拉图的世界灵魂的回应,参见 Johansen(即将出版)。

通过模仿使生成从其出现（phuetai）者。此外，把接受者比作母亲，把给出者比作父亲，把这两者之间的本性比作后代也是恰当的……"德穆革在这一段落的缺失凸显出一个事实，就是存在在这被比作了父亲，而此前是德穆革（28c3）。那么德穆革怎么了？这个问题有两种答案。一是德穆革仍被暗含在这段解释中，二是他在这段解释中完全消失了。前者的一种版本是，蒂迈欧通过将理念比作父亲，不是排除了德穆革，而是将理念与德穆革制作相似之物联系了起来。尽管没有强调，但德穆革已经在这段叙述中被暗示了。类似的，亚里士多德主义者或许说床的原因是床的形式。他说这句话的意思不是说没有工匠也能造出一张床，而是说工匠看向床的形式这一事实对他制造的是一张床负责。将存在比作父亲是把德穆革的活动视作理念层面的活动，但这并不是要否定有一个德穆革起到了亚里士多德所说的动力因的角色，即它解释了理念如何在具体的事物中被复制。这个答案的问题在于，它没有公正地将理念与父亲进行比较。正如我们在亚里士多德那里看到的，"父亲"这个词本身自然地被认为是意味着动力因。因此蒂迈欧称理念为"父亲"，很难说是在强调德穆革工作属于理念层面，而不是在表明他作为动力因的角色。如果是的话，称理念为"父亲"表明理念本身就被认定为动力因，我们也就不需要德穆革来完成这项工作了。

反对意见则可能表明，应该将德穆革完全从蒂迈欧的清单中排除掉。如果是这样，至少有两种方法可以解释他的缺席。一是德穆革被理念取代了。我认为另一个更巧妙的解释是，德穆革缺席的原因是这篇对话在讨论德穆革创作宇宙之前的事情。在这段话中，蒂迈欧区分了天体形成之前的三种事物（52d3—4）。他在48b3—5介绍三个本原时说，需考虑宇宙创作之前的简单物体的本性，他在52d4总结说，三个本原在天体生成之前也（kai）在。蒂迈欧接着对比了神不在（52d2—53b5）时的世界和神介入后有序的世界,这暗示了三个本原本身不足以使宇宙有秩序。因此可以有把握地说,把永恒存在比作父亲的段落适用于独立于德穆革的世界,而我认为这就是 50c7 用"那么目前我们需分清三种东西"从时态来限制的原因。

这论证的结论是只有德穆革缺席时理念才可比作"父亲"。前宇宙阶段(要么理解为宇宙被制作前或成为实在之前世界的暂时状态,或如果没有德穆革的话世界会一直保持的状态),简单形体就是模仿理念成为这样那样的东西。简单形体之所以具有了存在的外形,是因为拥有与理念的短暂相似。就此来说,理念在前宇宙阶段可以被看作"父亲",但当德穆革出现时,他接管了父亲的角色。也就是说,在前宇宙阶段,父亲的形象由理念担当,但当德穆革开始参考理念制作宇宙时,父亲的角色就由他接替了。我们需要德穆革来解释没有宇宙只有理念的世界的转变,也需要德穆革来解释理念、载体和表象三本原是如何在创作有秩序宇宙的过程中受控的[1]。

作为技艺的德穆革?

我已经驳斥了两种消除德穆革的尝试,一种是将他认定为世界灵魂,另一种是将他认定为理念。最后,我想试探性地提出另一种解释德穆革的方式作为结尾[2]。这不是依照其他本原诸如理念或世界灵魂来消除或替代他的尝试。相反,这是在理论上试图阐释他作为德穆革的功能,这种理论倾向于使他非人格化,从而避免关于制作行为的某些问题。

[1]　参见 Menn(1995)9。
[2]　我在这一节的论点受迈克尔・弗雷德在 2001 年牛津大学关于《蒂迈欧》的研讨会上的评论启发,尽管他不应该对我如何发展它负责。

德穆革不过是工艺（dēmiourgia）的运用者，从而也是技艺（technē）的实践者。德穆革对技艺的运用是我们理解世界创生的关键，是我们得以重建德穆革工作的部分原因。如果德穆革是个淘气的工匠，作出不可预知或纯粹自发的决定，我们将处于不利地位，难以回溯他的步骤。如果他按照技艺进行工作，那么只要我们了解他的技艺，就可以追溯他的行为。这一点涉及技艺的可交流性，技艺与天赋（empeiria）不同，它属于公共领域，可以教给别人。

技艺的普遍性使得特定的某个工匠处于较不重要的地位。如果波留克列特斯（Polycleitus）[1]和菲迪亚斯（Pheidias）[2]都按照普遍的技艺制作雕像，那么这雕像是谁做的就变得不那么重要。每个雕塑家都可以按照同样的工艺制作同样的雕像。在这个程度上，是雕塑的技艺创造了雕像，而雕塑家仅仅是工匠或技艺的一个代表。可以肯定的是，技艺需要雕刻家作为亚里士多德所说的动力因来工作，但雕塑家不过是在特定时间和地点实现出来的技艺而已。

如果我们以这种眼光看，那么技艺同工匠就重合了。因此亚里士多德在《物理学》第二卷将技艺比作动力因。当然，我们可以把这个说法视为亚里士多德所说的"工匠，作为技艺的拥有者成了动力因"的便捷说法[3]。而这也确实是亚里士多德谈及动力因的常见方式，就像雕塑家波留克列特斯制作雕像。然而，另一种不一定与此相容的理解这一说

---

[1]　[译注]波留克列特斯，古希腊艺术家，生活于公元前490年至公元前420年。著有《规范》（Kanon），讨论了人体解剖学和人体美学的内容。

[2]　[译注]菲迪亚斯，古希腊雕塑家、画家及建筑师，出生于雅典，其代表作品包括奥林匹亚神庙宙斯巨像和巴特农神庙雅典娜巨像。

[3]　《物理学》第二卷第三章195b21—25，Ross（1950）指出 ἀκρότατον 应译为"最具体的"。在其中没有迹象表明原因的类型发生了转变，例如从动力因变成形式因。因此这里似乎说，建造房屋的技艺是动力因的精准范例。

法的方式是,技艺通过工匠实现自身而成为动力因。与其说工匠拥有技艺不如说工匠在技艺之内。技艺的出场才解释了雕塑为什么被制作出来。

这种将技艺而非工匠视为动力的解释方式不限于亚里士多德,柏拉图也反复提及。因此苏格拉底在《会饮》188d说占卜的技艺是建立神与人之间友谊的制作技艺(dēmiourgos)。在《卡尔米德》174e说医疗是健康的制作技艺。在《欧绪德谟》292d苏格拉底问国王的技艺是否能使(poiei)人智慧和善好。然后在《治邦者》281c1,来自伊利亚的异乡人认为"编织工具的制作技艺(tas tōn ergaleiōn dēmiourgous technas)对每一种编织品的生产都有贡献"。最后在《高尔吉亚》452c,我们发现修辞学的著名定义是劝服(peithous)的制作技艺。在这段话中,多兹(E. R. Dodds)评论说,"技艺的拟人化通常是柏拉图式或者说苏格拉底式的"。当然,柏拉图还谈到修辞学家是说服的工匠,所以柏拉图不可能建议我们应该只谈论修辞而不把修辞学家视作技艺,有意思的是他似乎允许把技艺(technē)和践行技艺的人都称作德穆革(dēmiourgos)。

现在,柏拉图在一些文本中将技艺称作德穆革,可能给了一个解释《蒂迈欧》中德穆革的建议,即德穆革可以被理解为技艺的表现形式。这种解读并非否认德穆革在某种意义上是一个个体,而是强调德穆革的制作活动是其技艺的现实化。类似的,根据亚里士多德的说法,当工匠作为工匠工作时,技艺就是生产(的因素)。在这里,作为一个人或独立个体的德穆革在解释中没有发挥任何作用,相比较拟人化的德穆革,技艺才更为重要。虽然这个解释没有让德穆革变得多余,但它确实使作为个体的德穆革与宇宙论无关。

现在,对这种解读的反对意见是,神圣工匠似乎具有吕克·布里松

85

所说的那种灵魂学特征[1]。首先，这位德穆革"推理""认为""思考"[2]。然而，对这些术语也有非灵魂学的解读。我们可以想象建筑师在按照制作技艺建造房屋时的推理是技艺所要求步骤的一种再现，因为他是一个建筑师，他的推理可能被看作他将技艺从手段到目的呈现出来的方式。德穆革的行为可能同样被理解为表示从技艺发出的命令：制作雕像时，先做蜡倒模！然后倒入青铜！最后去掉倒模！其次，这个德穆革是仁慈的，希望得到善好的结果并对其感到满意。然而，正如我们从苏格拉底在《理想国》同色拉叙马霍斯的争论中所知道的，仁慈可以从技艺本身衍生出来。

> "医术不追求自身的利益而追求马的利益？""是的。""的确，没有其他的技艺会寻求自己的利益……反而追求这技艺所使用处的利益？""显然是这样。"（342c）

医生作为医生照顾病人，牧羊人作为牧羊人关心他的羊。签署希波克拉底誓言并不是作为医生之外的道德承诺，它就是习得医学、成为医生的一部分。对德穆革仁慈的描述中，没有什么指向个体的灵魂特征[3]。当德穆革让小神们制作其他动物时，不是因为创作较不完美的生命和他的仁慈心不相容，而是因为制作这些生命与他的高级技艺不相容，如果其他动物也由他制作，那么这些动物也将变得不朽（41c2—3）。

---

[1] Brisson(1974)33。

[2] 此类的形容譬如：思考（dianoeisthai）见于32c8；推理（logizesthai）见于30b1, 34a8, 52d2, 55c7；认为（nomizein）见于33b7；相信（hēgeisthai）见于30a5。

[3] 参见 Brisson(1974)32，但我与布里松的主张不同，因为他认为德穆革的个体性是在提及参与创世的诸神处消失的。

更重要的是,也许将技艺认作宇宙的原因避免了所谓的巴门尼德挑战[1]:如果德穆革确实制作了宇宙,为什么是在这个时候而不是另一个时候? 这对作为个体的工匠可能是适当的问题。是什么促使达·芬奇在 1503 年而不是几年前画出了《蒙娜丽莎》? 诚然有可能是达·芬奇没有遇到合适的时机或还在练习技艺。但这对德穆革来说就不能成立了。如果德穆革是不朽的(并且似乎是可知之物的一种),且所有必要的因素(理念、表象、载体)一直存在,那么德穆革一直都有机会且有动机去创作宇宙。那么他为什么不早点创作宇宙呢? 是什么阻止了他? 是没有想到这一点吗? 还是有其他优先事项?

如果我们将德穆革视为特殊的个体,这个问题就变得尤其紧要。但若我们认定宇宙的原因重要的是技艺而非作为个体的工匠,那么就不该期待这种问题的任何传记式或心理学式的回答[2]。特定的工匠可以在任何有想法或动机、机遇的时候工作(他们可能有其他优先事项)。相反,技艺则可以在任何点建立秩序[3]。神圣的德穆革典范代表了技艺本身,只要有机会就会开始实现自身。

这种解释使我在这一章开始提出的两种目的论之间的差别缩小了。如果我们不把德穆革当作一个有清晰意识、欲望和意图的独立个体,而只简单地将他视作技艺的人格化、按照技艺的要求做事,那么我们得到的目的论就与亚里士多德式的没太大区别。柏拉图和亚里士多德之间

---

[1] 《残篇》8 第 9—10 行:"什么需要促使它晚一点而不是早一点,从无到有,不断成长?"

[2] 关于亚里士多德技艺类比的非灵魂学特征,参考 Broadie(1990)397—8。

[3] 关于技艺的行使,除非有什么东西阻止它,参见亚里士多德《物理学》第八章第四节 255b22—3:"除非有什么东西阻止它,否则知识会伴随着它的拥有立即行使。"然而,在其他地方,亚里士多德明确指出,理性能力的行使也需要使用者的欲求存在,参见《形而上学》1048a7—15,及 Suave Meyer(1992)801。我在上面提出,柏拉图则倾向于将行善的欲求作为拥有技艺本身的一个方面来介绍。

主要的不同是柏拉图的工匠从外部对自然进行工作,而亚里士多德的则从内部进行工作。然而,我们对于实现秩序的方式的解释,在两种情况下都不需要提到有意识的欲求或意图。在这方面,柏拉图的神圣德穆革和亚里士多德的工匠大师(自然)并无太多不同。

德穆革什么时候制作世界?

我已经说明,若认定德穆革是技艺的人格化,那么关于他为何在一个特定时间制作宇宙的任何传记式或心理学式的回答,都不用去期待。对技艺(而不是某个个体工匠)来说,它会在任何有机会的情况下实现自身。然而,如若并非这种解释,德穆革为何在特定时间制作宇宙则是一个尤其能制造疑虑的问题。因为如果工匠的工作是尽可能地创制秩序,而创制秩序的条件在前宇宙中一直存在(也就是说,一直存在理念、混沌和表象),那么似乎总是可以问德穆革,你为什么不早点呢?

一种可能的解释是,蒂迈欧的时间观念问题可能先在于此问题。时间本身是制作的一个层面。在之前的篇章可见,时间与世界作为永恒活动的影像被一起制作出来。因此问在世界被制作之前的时间中为什么不进行制作是错误的,因为在世界被制作之前并没有时间[1]。然而,从世界被制作后的角度来看,我们仍然有必要问一下,如果世界现在有一万年的历史,为什么神没有更早地把它制造出来,使它现在有一万一千

---

[1] 参见辛普里丘的《〈论天〉评注》(77)105.1:"但柏拉图认为宇宙既不是在某一特定时间创作的,也不是在某一特定时间毁灭的,这一点从他在《蒂迈欧》中所写的内容可以看出。首先,他很明确地说,时间是随着天而产生的,他说:'所以时间是随着天而产生的';所以在天被制作之前不可能有时间。但如果是这样的话,天就无法在某个特定时间开始出现。因为这样时间会在它之前;在宇宙出现的现在这个时间点之前,无论如何都会有一些过去的时间。"

年的历史。也许对这个问题的正确回应是否认有一个字面意义上的宇宙创生。在此种情况下,自然不会有宇宙第一次出现的时间。在这种"隐喻"的解释中,世界是永恒的[1],世界创生故事的"前后"是一个解释手段,它在时间维度上将一直在宇宙中共存的因果因素分开。世界创生故事的时间顺序是一个隐喻,用以说明神或理念或这两者在因果维度上相对于被制造的世界的优先性。

让我们回到前面简要讨论过的 52d2—53b5 段落。我当时的观点是,鉴于理念、载体和表象的存在,德穆革是解释为什么宇宙会产生的额外因素。然而,现在让我们考虑蒂迈欧在这段话中如何介绍制作宇宙的时间顺序:

88

> 让我来总结一下这个说法:存在、空间和生成,它们也都在诸天产生之前就有了。[2](A)生成的养育者被打湿后又被火炙,然后承受土和气的形状,然后遭受许多伴随而来的影响,它显现为各种方式,而且由于它充满了既不相似也不相等的力量,它自身没有任何部分相等,反而是在各方面都有不等的重量。这种不平衡导致它的晃动;而它的晃动反过来又推动更多的不平衡。(B)这样的运动使各种东西彼此分离,就像用簸箕或他筛选谷物的筛物一样。其中一些密集和沉重的东西到达一个地方,而其他稀疏和轻的东西通过被移动而定在另一个地方。(C)然后(tote),这四种东西就是以这种方式被载体(养育者)摇晃不已;而它自己也像筛物一样处在摇晃

---

[1] 正如 Cornford(1937)37 认为的。这个观点得到了许多古代解释者的认同,包括色诺克拉底(Xenocrates)。

[2] 当然,γενέσθαι这个过去时不定式也可以只代表时体(aspect),因此这句可译为"也是在诸天生成这一事件发生之前"。

中。不相似者彼此分开得越来越远,相似者则相聚得越来越紧凑。如此看来,这些不同的东西在宇宙出现之前,它们已各占一处。(D)在这之前,所有这些东西都是非理性和无序的,但当试图使宇宙变得有序时,首先是火,然后水、土和气,虽然都还带有一些自己的痕迹,即当神不在时就有的样子,但它们已完全按照你能期望的方式处置了,所以当神第一次用形式和数塑造它们时,这些东西是自然的。[1]

在 A—C,蒂迈欧描述了宇宙具备形体之前的情况。然后他在 D 中将宇宙形成前的无序状态和后来被赋予了形式和数的有序状态进行对比。A—C 和 D 的最关键差别在于 A—C 中没有神,正是神才带来了宇宙的有序状态。在 A—C,主要通过现在时态不定式和分词来描述运动[2]。现在时的使用在这里主要是某个时体的,表示着载体所经历着的过程。不定式和分词翻译成过去式(如康福德的做法)或现在式(如阿彻—辛德[Archer-Hind]的做法)是不确定的。这种不确定性似乎恰恰来自在天出现之前就有三种类型的说法:正如当时和现在都有三种类型,所以我们描述的是当时和现在都有的(prin kai to pan … genesthai, 53a7)运动。然而在 D 中,蒂迈欧通过各种未完成时和不定过去式的差别,突出了前宇宙(kai to men, 53a9)和宇宙(hote de)的差异:“在这之前,所有这些东西都是(未完成时,eikhen)非理性和无序的,但当神试图使(未完成时,epekheireto)宇宙变得有序时……当神第一次用形式和数

---

[1] [译注]在本段引文中,作者采用的译文几乎每个动词都用现在和过去时态分别表述了一遍。

[2] A—C 中的语法结构(指使用代词与不定式)仍然取决于 52d2—3,唯有在 D 中转而使用一种描述有限的结构。

塑造(不定过去时,dieskhēmatisato)它们时,这些东西是自然的"。这里蒂迈欧明显标明了两个时间阶段,一个在前宇宙的未完成时阶段,一个在德穆革行动后的不定过去式阶段。换句话说,这两个阶段的差异不单单是逻辑的或因果的,也是时间性的。未完成时描述了在神命令宇宙之前曾发生的情况。对比 69b5—c2 蒂迈欧谈到形体时说:"它们当时还(tote)未分有(未完成时,meteikhen)相似或比例,……但(神)首先给这些都带去秩序(不定过去时,diekosmēsen),然后再用它们构成(不定过去时,sunestēsato)宇宙"。[1]

从隐喻的角度解释,这些"之前"和"之后"只是为了说明载体和德穆革对宇宙独特的因果贡献。"之前"意味着没有德穆革工作的样子,"之后"意味着施加了神的影响时,以及之后一直会是的样子。然而,对 34b10—35a1 这一段话进行隐喻解读似乎特别困难,蒂迈欧纠正了自己把世界的形体说成是先于世界灵魂产生的说法:

> 我们前面为了叙说方便,让人听起来好像灵魂是后出现的。其实,神在造身体之前,已经把灵魂造好了。这样做就不会出现这样的尴尬局面,即当灵魂和身体合在一起时,年轻的统治年长的。我们身上有太多的随机和意外,并表现在我们的言语中。神先造了灵魂,使之在出生和能力方面都更可敬,从而能成为身体的主人和统治者。

这段话的关键在于,灵魂作为原因,在时间上有优先性;作为形体的本原,也有时间上的优先性。这种对比不仅是顺序上的前与后,也是时

---

[1] 这段话进一步让我们回到 30a3—6。

间上的年轻与年长（neōteran ... presbuteran, 34c1—34c4）。蒂迈欧说不仅灵魂是身体的原因，还说灵魂因之也比形体在时间上为先。灵魂在时间上的优先性也应该在叙述的顺序中呈现出来。如果我们的叙述要呈现创作的时间顺序，那就应该从灵魂而非形体开始，因为灵魂比身体先出现，毕竟灵魂是身体的原因[1]。这样看来似乎隐喻性的解读并不完全合理，因为它不允许在创造中除了因果优先之外还有时间优先。对于隐喻性解读来说，制作的时间序列只是在永恒的宇宙中列出因果序列的方便说法。

我们似乎面临着一个解释难题。一方面，字面解读面临着德穆革为何在特定时间制造宇宙的尴尬问题；另一方面，隐喻解读似乎不能合理地安排制造的时间顺序。

有一个可能的解决方法，我在这里简单的概述为将创作活动视为在时间中持续进行的一项活动[2]。这方法使得"之前"和"之后"仍保持时间性，但没有规定一个制作的最初开端。再回到52d2—53b5，这里同时也说，被安排在过去的无序状态，也可以预料只要（ὅταν）神缺席就会有。那种无序状态不仅是前宇宙阶段的特征，也是在神不介入的情况下会有的普遍特征。

即使从这种观点出发，无序可能仍被认作时间上优先的。如果宇宙仍有陷入无序的倾向，那么就仍有可能偶尔要求德穆革去把它归置好。或者，即使它实际上从未陷入过无序状态，但如果不是因为德穆革定期去秩序化，它也可能陷入无序状态。可以把宇宙比作一辆汽

---

[1] 在《法义》892a的"早于自然事物诞生，是它们所有改变和转变的主要原因"一句中，灵魂在时间上的优先性被明确指出，并且这一次没有任何"神话的"的语境。

[2] 迈尔斯·伯纳耶特首先向我提到了这个选项，当然，他并不对我在这里如何论证这个选项负责。

车,它要么需要机械师偶尔修理一下,要么至少需要定期维护以防止它坏掉。在第一种情况人们可能会说无序相比德穆革安排的有序在时间上优先,在第二种情况人们可能会说潜在的无序在时间上优先。就像汽车维修工给嘎吱作响的引擎上油一样,德穆革也维护着宇宙以防再次陷入无序状态。在两种情况下,我们都说无序状态在时间上先于有序。这值得一提,因为它表明蒂迈欧在他关于神缺席时的情况的通常说法中可能暗示,一个时间性的制作故事不是一次性事件,而可能是经常性事件。

现在是时候尝试给出结论了,就中心段落而言,世界创生故事是否应按字面意思理解。我已经说明,排除德穆革的解读是不可取的。三种本原的制定并不意味着对德穆革作用的替代,而是提供了神在制作宇宙的过程中必不可少的本原。该段落的观点关乎前宇宙阶段,它指的是在世界运作的三种本原,但对它们的描述是从德穆革的制作努力中抽象出来的。该解释将德穆革的作用描述为在前宇宙阶段之后。然而,我们注意到 53b3 的隐含概括,即德穆革可能反复行动(直接或间接)来维护宇宙的有序状态。即使是在重复制作的情况下,我们依然可以发现一个无序状态在前的时间顺序,它潜在或实际的组织着德穆革的行动努力。换句话说,即使我们接受制作宇宙是个时间性的活动,我们也允许制作的重复行动。时间性的解读并非规定一个绝对的最初开端。世界可以是永恒的,同时在每次制作之前都有一个无序的状态。

这种时间性的解读方式同我对技艺的观点一致。只要要求秩序,神就会参与创作,就像在我的理解中,只要有必要的条件,技艺就会创作秩序。换句话说,如果神作为工匠而行动,我们期望他能随时待命,并在宇宙陷入混乱时恢复宇宙的秩序。因为这正是技艺的意义:为无序带来秩序。由于是技艺而非独立的个体工匠，这代表着一种普遍的带来秩序的力量，作为宇宙原因的技艺表明其可以不断重复着。因此《蒂迈欧》并不是在讲神圣工匠一次性制作宇宙的故事，而是在讲这位神圣工匠一直在做着什么事情。

第五章

必然与目的论

如我们在上一章看到的,对蒂迈欧而言,世界是工匠技艺的产物。然而,工匠技艺并不是宇宙的唯一原因。另一个原因是"必然"。这个原因的引入使蒂迈欧在47e3—48b3处重新开始了他的宇宙论:

> 到目前为止,我们所说的内容,除了一小部分外,都是在讲理性的技艺的工作,但我们还必须讨论通过必然生成的事物,因为这个宇宙的生成是必然与理性一道工作的结果。理性统治必然,它通过对必然的劝说把大部分被制作的事物引向善好,使必然服从理性,并在创作之初以这种方式构建这个宇宙。但若要正确地解释它是如何在这一原则下生成的,那么还必须把游荡因也包括进来,这一原因的本性在于引起运动。因此,我们必须回过头来,从与这些事物的起源相关的另一原则开始,重新讨论我们目前的主题,就像之前已讨论过的一样。(Cornford 英译)

也许我们不应该感到惊讶,德穆革在他创制宇宙时还需要除理性之外的其他规则。这就好比工匠仅仅有计划并不能完成他的工作,他还需要相应的材料来实现计划。然而使我们惊奇的是,这些材料就是被称为"必然"的那些东西。对一个工匠来说,他可能的工作就是根据计划来改变材料,但是"必然"这个词语听上去似乎无论如何都不会被改变。既然必然确定无疑地意味着无法变成其他的事物,那么它如何被劝说去做任何事情?

这一章所要探讨的主要问题就是,在蒂迈欧那里"必然"是什么意思,它如何作为材料来服务于神圣工匠,以及蒂迈欧如何理解必然与理性之间的关系。这些问题是复杂的,因为必然是一系列概念网络的一部分,其中包含"游荡因"(hē planōmenē)、"辅助因"(sunaítion)和"载体"。因此,首先我要试图澄清必然与其他相关概念之间的关系(载体将会在下一章单独说明)。之后我将考量《蒂迈欧》如何使用必然,并将其区分于《斐多》中的"必要条件"。最后,我就柏拉图如何论述作为目的论一部分的必然过程做了一些思考。

游荡因意味着什么?

如上文所说的,为什么必然与游荡因联系在一起?必然与游荡的关系乍一看似乎并不恰当:游荡意味着无规律,而必然意味着规律和可预测性。一些学者因此相信,游荡因在宇宙中引入了偶然、不确定的因素。[1] 正如康福德赞同地引用到的格罗特的观点:

> 这个词(必然)……现在被理解成一种固定的、永久的、不可变的、事前可知的东西。但在柏拉图的《蒂迈欧》中则恰恰相反:它是不确定的、变化无常的、异常的,既无法被理解也无法预测。它是力

---

[1] 参见 Cornford(1937)171—2,引自格罗特《柏拉图》第三卷第三十六章;Sorabji(1980)207 则反对这一观点。

量、运动或是变化，是一种消极的特性，无规律、无法理解、无法被任何可知的前因或条件确定。

我认为这一说法是错误的。首先我们要问，游荡因在何种意义上是"游荡的"？在引用的段落中，蒂迈欧想要将游荡因与寻求将被制作的事物引向善好的理智原因进行对比，一个明显的结论是：游荡因的"游荡"是就理智原因的目的而言。一个重要的暗示来自希腊词"planōmai"，它的意思是"去游荡"，指的就是漫无目的[1]。换句话说，游荡因之所以游荡，在于它不朝向任何由理智的原因所设定的目的。然而，就这个意义而言，仍然需要考虑到游荡因所产生的影响，换言之，游荡因也很可能是决定性的，即这一原因之所以被称为游荡因的关键在于它不符合目的论。

学者们之所以认为游荡因不必然导致它的效果，原因之一是蒂迈欧似乎将其与机遇（to tuchon）联系在一起（46e5—6）。在这里（如我们在之前的章节所看到的），蒂迈欧将理智的产物与基于混乱的非理智产物进行了对比。对比的基础并不在于理智原因必然跟随结果而非理智原因则否。真正的基础在于非理智的原因产生出混乱，而理智的原因则产生秩序。因此，关键并不在于非理智的原因是否必然导致其效果或合乎规律地产生了效果，而是这些效果自身是否有资格称为有序的。蒂迈欧声称（如我在上一章节所说），由非理智的原因生成的效果是混乱的，而由理智所引起的效果则是有序的。

所以，重要的是要把因果结合的规律性和蒂迈欧的秩序（taxis 或 kosmos）概念区分开来。该规律性是某种因果间的关系属性，而秩序则

94

[1] 参见《蒂迈欧》19e2—5。

是某些效用或结果的属性。完全规律的机制通常会导致混乱的结果。例如,当你将你的衣服从洗衣机里拿出来时,它们的排列肯定不会遵循特定的秩序,但是每件衣服会到达其位置则是完全规律的物理过程的结果。简而言之,对蒂迈欧而言,将因果联系起来的必然并不能够保证结果本身合乎秩序或者属于秩序的一部分。对蒂迈欧来说,秩序意味着美与适当比例(参见 30a),而不仅仅意味着一种合乎规律的或结果的可靠性。

蒂迈欧心目中的必然限定了因果关系,这一点从他在 46d—e 对理性的原因与辅助因(sunaítia)进行对比的方式可以看出。辅助因"被其他原因推动,并且必然地使其他原因也被推动"(46e1)。在这里,必然是施动者与受动者之间关系的特性,所谓的必然就是指原因总会带来它的效果。这一种必然可以被称为"后瞻型"(backward—looking),即结果之所以发生是因为原因出现了,但原因的获得并不是为了让结果发生,原因对它将带来这个结果的事实丝毫不敏感。正如蒂迈欧所说,辅助因是"没有任何计划或指向任何目的的理智"(46d4)。与此相反,理智是一种"前瞻型"(forward—looking)原因。理智的行动恰恰是为了引起其他事物的产生。蒂迈欧将理智的运用者的这一方面称为"预思的"(pronoia)(44c7)。理智的原因了解它将带来的结果,它以特定方式行动以带来特定的结果。现在,让我们尝试更详细地阐释作为游荡因与辅助因的两种必然之间的关系。游荡因是对必然不考虑其后果这方面所作的描述。同时,辅助因描述的是必然将被理智说服而朝向于善这一过程。因而,在《蒂迈欧》中,有着两种版本的必然。其中一种作为辅助因被理智为了达到其目的而利用。另一种则没有被理智说服,恰如蒂迈欧所说,"当它被从思想中抽离的每个场合"(46e4—5),辅助因又重新成为必然。移除了原因,辅助因就会崩溃,重新变回导致混乱的那种必然。因此,为了比我一开始说得更准确,在蒂迈欧的叙述中[1],严格说来不是存在两种而是存在三种因素:1.原因;2.为原因服务的必然;3.不为原因服务的必然。

作为游荡的必然并不意味着需要引入因果上的不确定性,这一点之所以重要,原因之一在于:如果说必然游荡着就意味着不确定,那就很难看出它如何也能执行辅助因的工作。像所有的工匠一样,对于德穆革而言,他也需要可靠的材料才能够很好地完成计划。建筑师需要知道砖块是否能够支撑起房顶并承受日晒雨淋,厨师需要知道面粉是否可以使酱汁变稠。如果从不确定的意义上说游荡因是游荡的,那么它对于创作世界来说是无用的。可靠性才是必然具有作为一种辅助因潜能的关键点[2]。我们不应该仅仅因"游荡的"这一名称便剥夺必然这一潜能。

必然和载体

有时人们也会困惑,当蒂迈欧谈到必然被德穆革用来制造宇宙时(68e),他也同样说德穆革在组织"简单的"形体使它们尽可能美(53b,56c)。[3] 因此,我们可以问所谓的"必然的工作"是否独立于神而运作,或者它们是神创作简单形体的方式的结果。在我看来,德穆革首先制造了简单的形体。之后作为工匠凭借必然过程导出了这些简单形体的本性。所谓工欲善其事必先利其器,工匠在使用材料前必须提前准备好,

96

---

[1] 参见 Strange(2000)401—2。

[2] 参见 Morrow(1965)428。

[3] 参见 Strange(2000)403:"柏拉图认为这些事情都需要通过必然才能够得到解释。然而这些事情严格说来并非正确。在 53b,德穆革通过理智将规律的几何图形初步地插入了载体中的基本元素的痕迹当中。蒂迈欧强调说,因为德穆革是完美的,所以他给予的几何图形也最美(53e1—6 并参见 53b5—6)……这是一个涉及理智的目的论的解释。"

以便使它们对手头的任务有用。因此建筑师会在建房之前先准备好砖瓦，厨师会在制作菜肴之前先准备好各种食材。工匠必须得确保他的材料可靠耐用，就像建筑师、厨师工作前的准备一样。建筑师需要确保砖瓦坚固耐用、不透水分等。在这些情况下，工匠技艺不仅仅是组装现成的、适宜的材料，还涉及较低水平的有助于之后组装的塑造材料的过程。神圣的工匠也是如此，直言不讳地说，当他开始准备制作宇宙时，整个宇宙混乱不堪（kinoumenon plēmmelōs kai atatōs，参见 30a4），载体的这种特点恰恰是土、水、火、气的痕迹（ikhnē，53b2）的无序"运动"造成的。但这四种元素其实还不存在，因为它们还没有自己的"本性"。这些元素的表象可能出现在载体的不同部分，一个外部的观察者，譬如神，可能会发现它们与真正的土、水、火、气的类似之处。但由于表象没有真正的本质，因此它们的"运动"也只是幻象。这里可能会有一些火的影子，那里可能会有一些水的痕迹，但是没有一个清楚的方法来说明它们在载体的不同区域出现的进度如何。因此谈论前宇宙的土水火气的运动就像谈论它们的表象一样，只是一种近似的说法。为了便于理解这些元素的无序运动，可以将这些元素的运动轨迹理解为这样一种确定的行为，但这些行为由于缺少稳定的特性还无法展现自身。可以肯定，即使在前宇宙中，载体也倾向于以"物以类聚"原则来分隔形体。需要说明的是，这种"物以类聚"的原则是宇宙阶段对前宇宙阶段的一种事后说法。因为在前宇宙的阶段中，这些表象还没有内在的相似性，毕竟它们还没有自己内在的属性。所以，"物以类聚"原则只有在它可以作用于宇宙中具有本性的形体时才会有适当的地位。事实上，这就是为什么说最早可以追溯到普鲁塔克的关于灵魂产生前宇宙运动的原因的讨论，可能是一种误导。蒂迈欧的立场是，由于在制造宇宙之前，也就是灵魂在被制造出来之前没有运动，所以在前宇宙阶段同样没有运动的原因。在这个意义

97

上,前宇宙中的"运动"并没有真的对声称灵魂或理智是恰当运动的原因的说法造成挑战。

我们需要结合宇宙和前宇宙的区别来更清楚地理解必然。因为如果不把世界创生故事的这两个阶段分开,就很难理解蒂迈欧所说的必然的本质。必然是创作的产物,而不是其前提。在前宇宙中没有必然的原因,因为在前宇宙中没有任何事物足够现实以至于可以拥有因果效应。必然只有在德穆革创作了简单形体后才会出现。一旦形体具有了确定的特征,它们就可以参与到必然的原因中,这样必然就具有了规划宇宙秩序的功能。这也是世界创生神话更深入的阶段了,即必然作为辅助因被德穆革用来创作一个完全有序的宇宙。

蒂迈欧在47e引入了必然的原则后马上又在49a处讨论载体,是为了应对读者产生的这一印象:必然仅仅是由于前宇宙的运动而产生。蒂迈欧的推理过程可能是这样的:宇宙是理智说服必然的产物。我们通过观察宇宙创作之前的情形了解了必然。特别是必然指在宇宙被创造之前,在载体中的表象运动的必然。因此,前宇宙的载体状态表明了理性出现并说服必然朝向善好目的之前的情形。

在我的理解中,对前宇宙的载体的描述本身并不提供对必然的说明,相反,这只是对说明的准备。在我们能够理解宇宙中简单形体的组成和运动之前,我们需要对载体进行详细说明。因为在我们理解简单形体如何在空间中发生和运动之前,我们需要理解载体。这就是蒂迈欧在说明简单形体之前会首先讨论载体的原因。他选择讨论宇宙被制造之前的载体状态,因为这样我们才能最好地看到载体是如何运作的。在对世界施加秩序前,通过了解载体的状态,我们可以最好地理解载体对于世界创生的特殊作用。

我的提议解释了为什么实际上在《蒂迈欧》48a7中没有提到必然或

必然过程，直到简单形体创作完成后才有所提及。在对载体及混乱运动的描述中，没有一处提到过必然。蒂迈欧直至 55e—56c 才重新提到必然，那时他已经说明了四种几何实体的构成，正着手于将它们与水、火、土、气匹配。他将这些几何实体与简单形体相匹配的标准是其几何构成所必然导致的运动能力的程度。需要说明的是，具有最稳定构成的图形也必然（anagkē，55e2）是最不可移动和可塑的形体。但正方形必然（ex anagkēs，55e7）是比三角形更稳定的基础。因此，由正方体组成的图形，即立方体最好分配给土，因为它是四个物体中最不会移动的。此外，由于具有最锐利的边缘，所以具有最少平面的图形必然（56a7）最容易移动，并且由于它是由最少数量的相似图形构成的，因而也最轻。这就是为什么将其分配给火作为最活跃的形体。因此，必然是指之所以具有一定的属性是因为有一定的几何构成，这里的必然就是由简单形体的几何本性产生的。

这就是为什么蒂迈欧不展开讨论必然的概念，而是等到德穆革创造了具有本性的形体或者说可以成为必然的承载者时才继续深入他的论述。蒂迈欧首先说明了简单形体是如何组成的以使它们具有确定的性质。一旦这些简单形体具有了确定的性质，它们的运动及其相互混合造成的影响（pathē，48b5）才可以被看作由必然造成。正是这一过程由必然推动，才需要神的劝说以使得这一过程朝向善好。因此，绝不能用前宇宙阶段时载体的不规则和不可预测的"运动"来定义必然。

总结到目前为止的论点：我认为将必然描述为"游荡因"和"辅助因"是相容的。"必然"指的是一个确定的原因能够带来相应的结果。这种必然是"后瞻型"的必然，原因并不是为了产生它的结果而发生，而是结果的出现仅仅是因为原因出现了。可以恰当地将这种因果关系称为"游荡的"，只要它与特定的目的无关即可。换句话说，将这种必然称为"游荡因",主要是因为它并非目的论式的。然而,这种必然可以被德穆革使用,以便实现理性上可取的某些目的:秩序、美、善。如果是这样,必然就有资格作为"辅助因"与它们有助于实现的目的相连。此外,我认为,辅助因的实用性源于它们的规律性的和可预测性。同时,这种因果关系的规律性又来自简单形体的有序本性。

被说服的必然

如我们所看到的,当必然被劝说去实现由理性设定的目标时,它可以作为一个辅助因来发挥作用。但理性"劝说"必然性是什么意思? 还有,必然性为什么会被劝说? 这种劝说的性质的主要线索似乎在于劝说与强迫之间的对比[1]。在制作世界灵魂时(35a7—8),由于各种同与异很难混合在一起(dusmeikton),德穆革唯有使用强力(bia)才能够将它们组合起来。相比之下,德穆革在劝说必然时,它明显是有着意向的臣服者。在 56c 中蒂迈欧明确指出,必然是自愿被劝服的。在这里,德穆革通过"以各种让必然的本性自愿被劝说(hekousa peistheisa)的方式"构造了基本三角形的组合和运动。很容易想到,如果必然是自愿地被劝说的,那么它必须具有心理活动、感知力、意志力、理解力等这些我们身上也有的能力。事实上,必然可以被劝说的想法已经将必然与非理性的世界灵魂联系起来[2]。然而,有一个问题在阻挠将任何灵魂官能归于必然。在 46d—e,蒂迈欧将不可见的心灵或灵魂的原因,与有关可见形体的辅助因对比起来。如果必然(如 46e2 所示)也是形体运动的一部分,

---

[1] Morrow(1965)429。

[2] Morrow(1965)437。

那么鉴于灵魂/身体的对比，很难看出必然具有灵魂的属性。

相反，我认为蒂迈欧将必然视为自愿被劝说，是因为必然按照自己的本性行事。在这里不妨将其与亚里士多德伦理学中的自愿概念做一个比较，将一个行动视为自愿的一个条件是对行为者来说行动原因是内在的[1]。与此相应，我认为必然自愿被理性劝服也是在这个意义上而言的，即必然经由劝说而产生的行为表现了它内在的本性。要弄清楚"必然的内在本性"是什么意思，我们必须将目光拉回到简单形体的本性上，因为必然的运动正出现于它们的几何构成中。换言之，说必然自愿被说服，就等于说德穆革在依靠简单形体的几何构成必然导致的运动来工作。

人们可能会想，如果简单形体及其混合物只是根据自身的自然倾向在运动，那么被劝说的必然带来了什么不同的效用？当然，神的劝说改变了简单形体的运动使得它们以一种不曾有过的方式趋向于善。但如果是这样的话，那么德穆革的劝服就不能仅仅让简单形体按照它们的本性运动。它必须以某种方式使运动比其他可能的方式更好或更有序。我一直反对一种看法，即必然在受到神规划之前以不规则和不可预测的方式运动。但是这个看法有一个优点，它解释了德穆革的劝说如何使得简单形体产生了不同的运动方式。而我的看法却类似于，德穆革仅仅如橡皮图章一般，在简单形体的本性引致的任何举动中印上了必然。

这一反对基本成立，但还要更精确地了解德穆革的作用。如前所说，必然出现于简单形体的本性之中。但是，简单形体的本性本身就由德穆革从各种可能的几何构成中选择出来，而德穆革为每个简单形体选择美好的几何图形也是为了使宇宙尽善尽美。在这个意义上，简单形体

[1]《尼各马可伦理学》第三卷第一节。

的构成要以目的论的方式进行解释。然而,必然在这些几何构成中出现并不是由于它们自身的善好或秩序。所以,我们就会看到游荡的必然就在这些多面体当中出现了。德穆革本身并不会选择这样一种特性,但这种特性确是德穆革选择的必然结果。换句话说,必然的属性本身并不是因为其目的产生的,尽管它遵循了这样产生的属性。

亚里士多德对眼睛颜色的解释为理解这一疑难提供了一个类似的说明[1]。亚里士多德解释了为什么视觉器官由透明的水构成,他说因为水是透明的,眼睛才可以使我们看得到。换句话说,这是以目的论的方式解释了眼睛由水构成。然而,鉴于眼睛由水构成,它们将具有确定的颜色,例如蓝色或棕色。因为水的本质表明某些水必然有着某些特定的颜色。然而,眼睛的颜色本身并不会造成视力,因此不能通过目的论来解释。亚里士多德的解释与蒂迈欧之间的共同点在于:亚里士多德说眼睛颜色不能通过目的论来解释,它来自水的构成的属性,但水被选择本身是通过目的论来解释的。所以对于蒂迈欧来说,形体的属性(例如气的流动)由简单形体的几何性质必然产生,但这些简单形体被选择本身通过目的论来解释。

由于简单形体自身具有的特定本性及其各种必然的属性、动作和相互作用,德穆革现在可以进一步通过组合各种不同的简单形体来建立自己的宇宙。就像一个画家正在画一棵树,他可以选择混合蓝色与黄色,因为他知道这样做必然会产生绿色。或者他也可以混合红色和黄色来产生橙色。但德穆革不可能让蓝色和黄色混合成粉色,他可以做的是在调色板上选择他想混合的颜色。因此,德穆革劝说必然的过程就是根据他对至善概念的理解,再依照简单形体的本性将它们选择、混合和协调

101

---

[1] 《论动物的生成》v. 1 778a35, b16—19,参见 Johansen(1998a)103—5。

的过程。[1]

在此有个非常著名的关于这种创作性选择的例子。这个选择来自对话的第三部分，位于69a—92c，即康福德所说的"理性与必然的合作"。德穆革选择用最薄的骨骼和血肉来容纳身体中的理智部分。蒂迈欧说其原因在于：

> 依据必然（ex anagkēs）原则而产生并混合的框架中，不允许密集的骨骼和大量的血肉的结合与敏锐的感知同时出现。如果二者可以共存（eiper hama sumpiptein ēthelēsatēn），那么头部就会同时拥有这两者的特征……但是制作我们的工匠们也在考虑，是创造一个寿命较长而品质低劣的族类，还是创造一个寿命较短而品质优良的族类。（75a7—c2）

小神们在这可能会有这样一种选择，他们是想要一个有着厚厚的头骨和更长寿命但缺乏理智的人类，还是想要一个有着薄薄的头骨且较短寿命但拥有理智的人类。鉴于材料的性质，他们不能将人创造成同时有着厚厚的头骨和具有良好理智的种族，因为这并不为必然所允许。神这里的选择包括了一系列特征，每个序列当中的特征都必然地与同序列中的其他特征相联系，并且会排斥非本序列中的特征。所以德穆革可以选择他想要的序列，但是他不能选择由哪些特质组成一个序列。

劝说概念本身就意味着必然的原则有一定的合理性。因此，蒂迈欧才会认为被劝说的必然是"合理的"（emphrōn）（48a5）。这个表述有助于我们将这种劝说与其他更消极的劝说概念区分开来，例如《高尔吉亚》

---

[1] 同样，我在这里大致同意 Morrow（1965）431 的观点。

中的那些。48a3 的说法强化了劝说是良性的概念,因为被说服的必然有助于趋向于善。更进一步,请注意在 46d9 中"合理"也被应用于解释"理智的"原因。在这里使用同一个术语来解释对必然的劝说,意味着必然可以感受到用理智的原因来说明的那种理性。

再次,为了解释对这种理性的感受,将灵魂能力归于必然是很诱人的,即必然为了被说服需要某种理解能力。然而,这种诱惑应该被抵制。因为正如我们看到的,必然被表述为身体的、可感之物的功能,这与灵魂的、有理性的东西对立。然而,有一种方式可以解释必然对理性的适应,也不将任何关于理解力的概念赋予它。让我们回顾一下亚里士多德《尼各马可伦理学》1.13 的 1102b14 至 1103a3 对主动理性与被动理性的区分。被动理性是遵从理性命令的能力。在《尼各马可伦理学》中,亚里士多德无疑将被动理性作为灵魂的一部分。然而,我们也可以想象,有些东西具有遵循或遵守理性命令的能力,而不具有任何灵魂官能。诸如计算机这样的机器可以遵从一组逻辑命令,但这并不是因为它有灵魂,而是因为它按照程序运行。这里重要的是机器具有合理的结构,使得它能够执行理性的命令。同样,我认为必然有能力遵从理性的指挥,因为必然附属于其本身具有的合理的、几何结构的形体上,从而能够遵从理性的指示。如果是这样,我们又以不同的方式再次得到了相同的结论:必然依赖于简单形体的理性结构。

迄今为止,本章一直在努力将必然与简单形体的本性相结合。这些形体的行为是合乎规律的,但没有德穆革的进一步安排就不能作目的论理解。必然服从于这样的安排,但它本身不是一个目的论的原因。当然这并不是说,柏拉图认为物质世界是完全有规律的或理性的。我想说的是,并非因为必然的规则才使因果关系的不规则性进入了这个世界,这样的不规则是德穆革创作宇宙之前阶段的残余。

103

《蒂迈欧》与《斐多》中对必然的论述之关联

正如许多学者指出[1]，在《蒂迈欧》中，苏格拉底发现有人可以教导他认识诸种原因。蒂迈欧告诉苏格拉底宇宙是如何以最好方式组成的。从这个意义上说，《蒂迈欧》是苏格拉底在《斐多》中设想然后又放弃的目的论规划的实现。特别是《蒂迈欧》中的一段话将其与《斐多》的 46c—d 联系起来。蒂迈欧在这里说大多数人将加热与冷却、膨胀与冷凝作为原因，然而事实上它们只是辅助因或"共同原因"（辅助因的复数形式）。就我看来，学者们已经普遍并正确地将这看作对《斐多》的回应。然而也有学者错误地将《蒂迈欧》中的辅助因认作《斐多》中的"必要条件"。[2]

在《斐多》的 96a6—99d2，即苏格拉底著名的"自传"中，苏格拉底区分了"原因"与"失去了它原因就不成原因（的事物）"。[3] 那种事物我将它称为"必要条件"。[4] 苏格拉底认为原因与必要条件的区别主要是下面这几点。对苏格拉底而言，他坐在监狱里的"原因"是他相信遵守雅典的审判要比逃跑更好。而他坐在监狱里的"必要条件"就是他的骨头、肌腱、肌肉等可以以某种方式伸展和弯曲。苏格拉底的骨头等仅仅是必要条件。正如苏格拉底所说，如果他认为前往麦伽拉（Megara）是最好的行动方案，那么他早就已经在路上了。苏格拉底的骨头等不能解释为什么

---

[1] 譬如 Cornford(1937)174—5 和 Sedley(1989)359。

[2] 譬如 Burnet(1911)106 和 Taylor(1928)303。

[3] Vlastos(1973)76—100 认为，我们应该把《斐多》中的 aitia 理解为"理由"而非"原因"，但我与 Sedley(1998b)和 Muller(1998)更倾向于相反的看法。然而，对于柏拉图就因果关系的思考来说，这种原因也可以作为"解释"来得到理解，因此否定一个候选原因作为一个事件的原因的一个很好的理由是，它不能解释该事件。

[4] 《斐多》99b3—4 是 conditio sine qua non 的第一次出现，见 Burnet(1911)106。

他坐在监狱里而不是逃往麦伽拉。同样的,他的骨头等不能解释为什么他还在监狱里。因此苏格拉底认为将骨头等看作"原因"是"完全荒谬的"[1]。然而,苏格拉底还谈到,自然哲学家们经常错误地认为"必要条件"就是自然现象的原因,所以他总是无法找到可以教他自然现象真正原因的人。由于他自己也找不到原因(99c—d),便放弃了对自然哲学的研究。

首先要注意《斐多》与《蒂迈欧》所使用的术语不同。在《斐多》中,将必要条件称为"原因"是极度荒谬的。然而蒂迈欧不仅将他的必然过程称为"辅助因"。同时,他还认为必然过程是两种原因之一(46d6—e6)。所以蒂迈欧做了斐多禁止的事情:他将必然过程称为"原因"。我们如何解释这种差异?答案很简单。蒂迈欧认为我们应该首先找到理智的本性的原因,其次再找到必然过程的原因。这一顺序很重要,一旦我们发现了理智本性的原因,那么必然过程只要对这一原因有所帮助,也就可以被看作原因了。只要理智本性的原因被发现了,那辅助这一原因的必然过程我们就可以称之为辅助因了。或者我们也可以称它为"另一种原因",就像蒂迈欧所说的那样。相比之下,《斐多》中的苏格拉底找不到任何的原因。所以他永远不可能将必要条件看作辅助因,将某样事物说成是辅助因的前提是你已经找到了那个原因。在《斐多》中,自然界的必然过程不能在目的论的解释中发挥作用,因为这种解释的起点,即原因没有了。所以他们有的只是必要条件。泰勒认为,蒂迈欧对原因与辅助因的区分与斐多对理由和必要条件的区分相吻合[2]。但这忽视了一个重要的区别,即《斐多》中的必要条件既包括《蒂迈欧》中我们认为是辅助因

---

[1] 《斐多》99a5。
[2] Taylor(1928)33。

的部分,也包括其他的必要条件。因为在《斐多》中并没有原因可以用来区分两种必要条件。在《斐多》中,工具性的必要条件与被称为"单纯的"必要条件的差异消失了。因为两者都没有"在失去后使原因不再是原因(的事物)"。

在《蒂迈欧》中我们可以看出这样一种区别,例如 73e—74b[1]。诸神创造了骨骼来保护我们的骨髓,这就是骨骼的原因。诸神通过在火中燃烧一些土并将其浸在水中来制造骨骼,然后他们用骨骼包住骨髓。由于骨骼很坚硬,因此可以作为保护骨髓的辅助因。又由于骨骼自身的构造,它很脆弱且不灵活。然而,骨骼的脆弱和不灵活对于保护骨髓并没有任何帮助。相反,这使得骨髓进一步要求受到肌肉的保护,并在其中加入肌腱使骨骼更灵活(74b)。骨髓的周围需要脆弱而不灵活的覆盖物,是骨骼去覆盖的必要条件。你不可能具有骨骼的硬度但没有它的脆弱性和不灵活。然而,具有脆弱且不灵活的骨骼显然不是辅助因意义上的必要条件,因为骨骼的脆弱性和不灵活对骨髓的保护没有任何贡献。相反,这些品质使骨髓需要进一步的保护。因此,在这一段落中,我们看到了被神选择用来服务于目的的必要条件,与那些对目的无甚帮助的必要条件,即我们之前说到的单纯的必要条件之间的差异。

这样,《蒂迈欧》就比《斐多》提出了一个更细微的有关必要条件这一概念的图景,这个图景区分了有助于目的和无助于目的的两种必要条件。说"S 是 P"是"S 是 Q"的必要条件,在逻辑上意味着如果"S 是 Q",那么"S 是 P",但根据连带规则,如果"S 是 Q",那么"S 是 R"。在这种情况下,我们可以说,"S 是 R"也是"S 是 Q"的一个必要条件。但 R 是否因此是"S 是 Q"的蒂迈欧意义上的辅助因,这一点并不清楚。因为 R 可能

[1] 参见 Cornford(1937)175。

与"S 是 Q"没有因果关系,正如我们在骨髓周围的覆盖物因为坚硬而变脆的情况下看到的那样。

或许有人会反驳说,即使苏格拉底没有在《斐多》中明确区分出工具性的必要条件和单纯的必要条件,那他之前所说的"没有它,原因不能成为一个原因"指的也应是前者。所以在苏格拉底的例子中,他四肢的组成与他坐在监狱里肯定存在因果关系。因为如果不是他的四肢由被肌腱和肌肉包围的骨骼组成,那就无法坐在监狱中。然而,苏格拉底的观点是,如果他认为逃往麦伽拉更好,那么这些骨头就会逃往麦伽拉。这确实解释了苏格拉底四肢的组成与他坐在牢房中这一待解释事项并无特别的联系。也就说这种必要条件与苏格拉底待在牢房中没有解释性的联系。这就是单纯的必要条件与辅助因之间的根本区别。在这里,辅助因与原因一起解释了这一待解释事项。相比之下,苏格拉底对他的四肢的描述在他所有可能的用法中都是中性的,哪怕他四肢的伸展和弯曲能力也许也有助于他逃往麦伽拉。《斐多》中对必要条件的描述绝不仅在特定的待解释事项上成立。[1] 这也就是为什么《斐多》所描述的必要条件不符合《蒂迈欧》意义上的辅助因。

对原因的具体说明

蒂迈欧首先说明了原因与辅助因的区别(46c7),在描绘视觉的形成

---

[1] 参见 Sedley(1988b)121 中的第三条因果律:如果 X 导致任何东西成为 F(其反面为非 F),那么,"X 绝不能导致任何东西成为非 F"。因此,例如(122)"骨骼和筋腱显然不是一直以来都能带来坐在监狱里的效果,因为它们同样适合于逃离监狱的(假定)相反活动(98e5—99a4)"。

过程中,他认为这些都是辅助因,神利用它们以达至最好的结果。[1]为了找到真正的原因,我们需要越过注入、压缩和扩张、加热和冷却等过程。然而,究竟蒂迈欧认为原因与视觉有关系,或者它到底是什么的原因,从以下的论述中我们并不能立即地清楚知道。我们可能期待原因会产生什么效果,可能仅仅是成为眼睛。但这与蒂迈欧的原话并不完全一致。当他首次在 45b3—4 将原因与眼睛联系起来时,就说明了为什么后来的小神要安置能受光的眼睛。所以这里的待解释事项不仅仅是眼睛,还有诸神给我们眼睛这一事实。就原因的本性而言,我们可以从蒂迈欧的一般性叙述中(46c7—36)看到,它具有努斯因此也有灵魂(46d4—6)。此外,我们还可以期待,在努斯的作用下,原因能够成为一名制作美丽且善好之物的工匠(46e4—5)。

根据蒂迈欧在 46e6 以下对原因的叙述,这些期待是如何得以可能的?在区分了两种理智与非理智的原因后,他直接说:

> 那么,让我们说说眼睛的辅助因,它们有助于眼睛获得其现今具有的能力。在这之后,我们需要谈谈它们对我们最大的好处(ergon)在哪里,以至于(di' ho)神要将它们赋予我们。(46e7—47a1)

蒂迈欧的想法一定是,理智的原因现在将得到说明。所以,如果我们能说出"眼睛对我们最大的好处,以至于神要将它们赋予我们",那么这一原因就被给出了。这似乎确认了要解释的是神为什么给我们眼睛。

---

[1] 这种区分似乎是必要的,部分原因是蒂迈欧本人在叙述视觉时说,以下是神给我们眼睛的原因,之后他描述了视觉的机制,参见 45b3—4。

然而,这也表明,可以通过找到视觉所带来的好处来确定神给我们眼睛的原因。这似乎是蒂迈欧在接下来进一步论述眼睛所提供的最大好处的理由:

> 看到了白天和黑夜,看到了月份和年岁的流转,看到了春分和夏至,从而创造了数,给了我们时间的概念和对宇宙性质的研究。从这一源泉中,我们又获得了所有的哲学,诸神已赐予或将赐予凡人的恩惠中没有比这更大的了。我认为这就是视觉给我们带来的最大好处。(Cornford 英译,有改动)

在这些句子中,蒂迈欧正在描述视觉产生的好处。他将这些好处看作神的恩赐。这已经是一个很接近的步骤了,即从说"眼睛给了我们很大的好处"和"诸神将眼睛给予了我们",到说"神给我们眼睛然后让它们给我们好处"。但是蒂迈欧还没有直接说出眼睛的巨大好处是神给我们视力的原因。他在下面几行中这样说了:

> 但让我们这样说,即这(hautē)是这些(toutou)目的(epi tauta)的原因:神设计了视觉并将其给予我们,以便我们能够看到天上理智的运动,并把它运用到我们自身思想的变革上来,这两种运动的本性是相似的,只是前者稳定有序而后者易受干扰。而且只要我们能完全学会根据自然计算的正确方法,就可以通过模仿神的绝对不受干扰的运动,来对我们自身变化多端的运动进行规范。(《蒂迈欧》,47b6—c4)

柏拉图的希腊文原文,说得委婉一些,有些令人困惑并且难于翻译,尤其是前两行,需要作出一些非常困难的解释选择。[1]译者的困难主要在于,蒂迈欧所说的究竟是什么的原因? 我认为我们应该从46e7—47a1 看起。首先,如之前我们看到的,要解释的是眼睛是诸神赋予我们的这一事实。蒂迈欧在这里似乎证实了这一点,"神发明了视觉,并且将它赐予我们"(47b6)[2]。第二,原因在这里是善,因此诸神把它赐予了我们。这个善在这里首先被称为"这些目的的原因",[3]其中"这些目的"接下来在 47b6 的整个句子中出现,"以便(hina)我们可以通过观察……"。现在,这些目的从不同的角度描述了好的视力(参考 katidontes,47b7)对我们的作用。之前,我们通过视力可以学习数和哲学。现在,我们可以看到天上理智的运动,并且通过对计算的正确性的学习,可以规范我们灵魂中的旋转。然而,这两种描述的另一个重要区别是,只有第二种才把善描述为神将视力赐予我们的意图或目的。我们最开始被告知,这是视力所提供的好处。现在我们被告知,我们之所以能拥有视力是因为诸神想要它起到这些好处。重要的是,当蒂迈欧将视觉的好处作为我们拥有的视力的原因时,他就将善好描述成了神

---

[1] 比较对 47b5—7 的以下几种翻译:(1)Rivaud (Budé)和 Lee (Penguin)将 θεòυ 一句视为一种待解释事项,并可能是 τουτου 的前置关联项,故译为"我们更愿意说:神发明和赐予我们视觉的原因和目的在于让我们能看到智慧的旋转……"。(2)Bury (Loeb)和 Zeyl 则把 τουτου 的关联项视为至善(47b3),而 αἰτία 之后的一切视作原因,故译为"我们更愿意说,这个至善的原因和目的在于:神发明了视觉,并把它赐给我们,以便我们可以观察……"。(3)Cornford 同意 Bury,或更精确地说,他认为"哲学"是最高的善,但他把 αὐτη 与 ὀψιξ 联系起来,故译为"从我们来说,视觉是这些好处的原因和其目的:神发明并赐予我们视力,以便我们可以观察到……"。

[2] 或者,如果我们采取 Bury 和 Zeyl 的说法(参见上个注释),认为 τούτου 是指至善,那么,用47b5 之后几行内容就是对其的补充。即这个最大的好处也是神给我们视觉的用意,这也就是视觉如何能够给我们带来这些好处的真正原因。

[3] 参见 47c5,这句话可被解作"为了这些的原因"。许多译者因此将其译为"原因和目的",这段话也可作为亚里士多德 ἕνεκά του α ἰτία(出于……的原因)用语发展的一个阶段。

的意向。

就视觉的例子而言,蒂迈欧对如何谈论原因的看法似乎就是这样。我们能够拥有视觉的原因,要通过它能产生的主要好处来寻找。因为这种好处能够说明为什么神将视觉赐予我们。然而,当我们将善作为拥有视觉的原因时,我们需要将善视为神的意向。原因的一个基本的类型是有目的的或目的论式的原因,但这种方式必然会涉及神的意向。如果你想要解释我们拥有眼睛的原因,不应该只是说眼睛能够帮助学习哲学并且学习哲学是善好的,还要说神认为应该让眼睛帮助我们学习哲学!

在 46e7 以下有更多的证明来支持我的看法。首先,它与我提到的蒂迈欧区分了理智的和非理智的原因很吻合。蒂迈欧始终认为,主要的原因是具有努斯的,并且在努斯的作用下运行。如果我们理解到,眼睛造成的好处在神意欲善时可作为原因,那么我们就可以看到为何原因具有理智,也被称为"神的智慧"。其次,我的意见也符合蒂迈欧最开始的叙述,那时蒂迈欧谈到了创作宇宙的最根本原因(29d7)或原理(29e4)。他说,这根本原因是神想要使万事万物尽可能好,尽可能与神自身相似。然后,蒂迈欧举了两个例子:神使世界充满秩序,是因为有序比无序更好(30a2—6);神给世界理智,世界因而有了灵魂,也是因为他认为这更好(30b1—3)。因此蒂迈欧在回答"制造宇宙及其秩序和灵魂的原因是什么"时,不只说了"这个或那个是好的",而是回答"神认为并且想要以这样或那样的方式来达到善好"。而我们拥有视力的原因是"神想要我们获得哲学的好处"同样符合这一模式。最后,在谈论完视觉之后(44c4—d1),蒂迈欧用"预见的"或"预思的"(pronoia)来解释原因。他说,现在我们必须继续说明在创作身体和灵魂的各个部分时,"诸神的原因和预思

（aitías kai pronoias）是什么"。[1] 如果我们说原因是神赐予我们眼睛的目的，那么原因正是一个神圣的预思。对蒂迈欧而言，理智的原因这一概念恰恰反映了事实，即世界是一个神圣主体的创作物。

人们很容易将蒂迈欧的理智原因等同于亚里士多德的目的因。这种等同在某些方面有道理，但是其他方面则不然。其合理处首先是，这两种原因都说明了被给定的功能的目标或目的。其次，这两种原因都认为该目标是为了达至某种善好。第三，这两种原因在解释或因果关系上都出现在辅助因之前（参见 46d8—e2）。因此，这些非常重要的相似之处，使我们可以认为《蒂迈欧》是亚里士多德目的论的前奏。然而，在这一节中也指出了关于德穆革的一个重要差异。蒂迈欧的目的因不可能脱离神的意向。这些意向经由神的理智而成为原因。蒂迈欧的目的论并不独立于神的心灵或理智，[2] 其目的因假定了一个有理智的行为主体。然而，在亚里士多德的自然哲学中，善虽然也经常作为目的因，却并不需要是一个有意向或思想的对象。这种差异与上一章中提出的更普遍的观点有关，即不能够从蒂迈欧的目的论中消除德穆革。宇宙和它的衍生物是善的，因为是神使它们如此，而且正如我们所看到的（参见原书页码89—91），如果神可以从宇宙中移除自身，那么理性、善和美将不再是它的特征。神的理智对理解如何使创作物朝向善好的目的是必需的，并且我们因此会期待其与最初的原因有关。在作出这样的区分后，我将在本章的最后指出蒂迈欧和亚里士多德的目的论之间更进一步的相似之处。

---

[1] 既然αἰτίας和προνοίας都可以视作θεῶν，那也可以将καί 当作"附加说明的"来理解。

[2] 这样说应该与第四章的论点相当符合，即德穆革的秩序化努力可以从他的技艺的一般属性来理解，而不是从个别工匠的特殊欲望和意向来理解。这里的重点不是说德穆革没有理智或欲望，而是说理智和这些欲望完全由他的技艺决定。

描述上的相关性

我们已经理解了视觉出现的目的：我们应该观察日夜的交替、年月的运转以确定其中的数和时。通过观察行星的有序运行，我们灵魂中的运动也会变得有序。这很有可能，因为我们灵魂的运动与行星间的运动具有亲缘关系（47b7）。我们的灵魂是由与世界灵魂相同的理性材质制成的（41d3—6）。但是当我们的灵魂进入肉体时，它就变得动荡不安，毫无理性可言。因为处于身体中的灵魂被暴露在各种非理性的运动中（43a2—44b2）。但是，如果能够使我们的灵魂回到理性有序的状态，我们就能将灵魂从肉体中释放出来，并因此得以回到原初的幸福状态（42a2—b4）。这就是诸神将眼睛赐予我们的原因。

现在我要论证的是，这一原因决定了我们如何理解视力的辅助因。蒂迈欧这样解释视觉的机制：带来光的眼睛（phōsphora ommata）与阳光都由同样的火构成。这是一种特殊的火，不会燃烧，但会发出"适合每一天（oikeion hekastēs hēmeras）的温和（hēmeron）光芒"（45b4—6：显然这是一个双关语）。[1] 在我们身体内的这种纯粹的火与白天的光线"是兄弟（adelphon）"。我们的眼睛构造得非常精细，只有这种纯粹的火才能通过。每当视觉之流被日光（methēmerinon phōs，又是一次双关）包围，那就是同类落入同类之中（homoion pros homoion），二者就互相结合。它们因而就在眼睛中形成物体的影像。因为视觉与光线都是相似的（由同样的火构成），所以就能够"共鸣"（sympathetic），即以相似的方式被影响。每当视线触及物体并产生相应的反应，它就会将这反应传播到全

---

[1] 而且可能另有一个词源，参见《克拉底鲁》418d4—6。

身，直抵头部的理性灵魂。[1] 这种反应就是我们所说的视觉。当蒂迈欧解释为什么当光线在夜晚消失就失去视觉时，他再一次强调了外部光线与内部光线之间的亲缘关系。来自眼睛的纯粹的火与外部的黑暗相遇之后就会与同类的（suggenous）火隔绝，遇到了与之不相似的事物（anomoion），内部的火就熄灭了，它就不再是伴随周围空气的同源的火。视觉也就不再发生。

眼睛内部的光线对外部光线的吸引是"同类相吸"原则的一个例子，反映了在宇宙创作之前的原始状态。载体像筛子一样运动，它可以依照同类相吸的原则分离各种不同的元素。同类相吸的原则因而与载体的运动而不是与理智的模型有关（52d—53c）。眼睛中的光吸引白天的光线、排斥黑暗反映了元素根据相似性彼此融合的自然趋势。因此，火由于其本性必然会朝向另一团火。然而，与许多其他的情况一样[2]，在视觉当中，必然的过程被用来与理智合作以达到另一目的。

我们看到的这种合作在之前对视觉过程目的之描述中已有反映。蒂迈欧强调了眼睛和日光的相似性，即眼睛和视觉的媒介，而不是视觉的对象的相似性，就像恩培多克勒似乎已经用过的方式那样[3]。强调

---

[1] 这段文字提出了一个问题，为什么运动显然必须先进入整个身体才能抵达灵魂。如果运动进入眼睛，而灵魂主要位于头部中，那么为什么不直接说运动必须从眼睛传达给头部内部？（我感谢 Roseblum 提出这个问题）至少有两种可能的回答。一个是蒂迈欧预言 70b—c 提出的观点，即感知是以这样一种方式传达给整个身体的，理智可以接收来自全身的信息，而全身又可以接收来自理智的命令。另一个是，上下文中的 ἅπαυ τὸ σῶμα 与 45c4 的 ἐν σῶμα 相对。换言之，蒂迈欧利用 ἅπαυ τὸ σῶμα 区分了整个身体和视觉光线与阳光融合后成为身体的延伸部分。
[2] 参考《蒂迈欧》82a—d 中对营养的描述，同类相吸原则导致我们身体的损耗，因为它们的构成元素寻求与身体外的同类元素结合。然而，该原则也被用在通过营养补偿损耗的过程中。譬如，当食物在我们的胃里被分解时，食物中的元素与身体中的同类部分结合，从而弥补身体不断流失到环境中的物质。
[3] 参见柏拉图《美诺》76d4—5。

这一点的原因在于视觉出现的原因,太阳与我们的眼睛具有同样的原因。这是神要创造太阳的缘由:

> 为了使这些行星在八条轨道的相对运行速度有某些可见的度量,神在地球之上的第二条轨道上点燃了一堆大火,我们称其为太阳,它照亮整个天空,让世上所有生物都能从行星相同和相似的运动中学会数。因此,并正是由于这些原因(houtōs kai dia tauta),黑夜和白天被造出来了,这是最合乎理智的循环。(39b2—c2,Cornford 英译)

德穆革希望允许合适的动物掌握数,为此,他点燃了一盏灯即太阳来照亮天空。德穆革创作太阳的目的与创作眼睛的目的是一致的:如前所述,视觉也是为了使它的拥有者能够学会数才被创造出来。这就是神在赐予我们视力时考虑的好处(47a4—b3)。

我认为有必要指出,创作太阳与创作眼睛具有相同的原因,这也就是为什么蒂迈欧让眼睛具有太阳的形象,太阳与眼睛的视觉部分都由同样温和的光线组成。和天空中的眼睛一样,我们的眼睛在夜间回收光线而在白天释放,眼睛与太阳一样经历着白天与黑夜的变迁,与太阳一起工作。眼睛的目的是观察行星的运转,其中首先就是太阳的运转,而太阳的目的是使行星的运转能够被观察到。这就是为什么蒂迈欧强调了眼睛和阳光之间的亲缘关系以及视觉光线和黑夜的区别。

这个解释使我们能够解决出现在 45b4—6 出现的一个文本难题。诸神创造的眼睛是一种"适合每一天的温和光芒"。康福德认为这句话是说,"黑夜之后的每个白天都有个自己的(oikeion)形体,这形体由散发在空气中的光线组成,且会在日暮之后随着太阳落山而'消失'……'自己的'暗示着'温和'的光天然地适合于白天"[1]。康福德批评泰勒忽略了"每个"这个词,并误译为"适合白天的温和光芒",但是康福德自己也没有解释这个词的涵义。为什么眼睛里的火应该适宜于每天的而不仅仅指一般的适于白天的光?

我们视觉的原因再次给了我们答案。这个原因就是为了从最容易理解的日夜流转开始观察行星的运转。(39c1—2;参考47a5)日夜的变化是单一且最容易被理智把握的,我是说它可以被视作一个单元,通过它可以理解并测量其他行星的运转。正是日与夜一天一天的交替流转,我们才能够衡量其他行星的运转。为了理解视觉产生的目标,我们必须从计算每一天开始。因此,第一步就是观察一天中的日夜变化。这就是我们获得的第一个数的概念的方式。在《法义》第七卷818c和《厄庇诺米斯》978d中同样出现了这一观点,即白昼与黑夜之间的差异是由神制定的,以便使我们能够认识到数字1与2之间的差别,从而使得我们具有算术的能力。在《厄庇诺米斯》978d中,雅典人说道:"现在,由于乌拉诺斯日夜不停转动这些行星,他也就从未停止教导人类关于数的知识,直到最笨拙的学生也能够理解数。"[2]在《蒂迈欧》中,通过太阳光线的出现与消失,我们很能够明白日夜变化。相似地,眼睛的光线也是每天都会消失直到第二天再次出现。眼睛的光线与其视觉能力伴随着日夜变化而变化。"每个"一词是在提醒我们,日夜变化是一个单位,可以用来计算并衡量其他的变化。因此,蒂迈欧如上描述了视觉出现的辅助因及目标。他通过让我们理解诸神赐予我们眼睛的原因描述了视觉的功能。

---

[1] 见 Cornford(1937)152,n.2。

[2] 鉴于《厄庇诺米斯》似乎比《法义》对这一观点的表述更明确,我们可以把对其真实性的担忧放置一旁。

视觉和太阳之间的这种联系在多个文本都有出现。评注者通常认为《蒂迈欧》45b2 以下指的是阿里斯托芬《地母节妇女》（*Thesmophoriazusai*）16—17 的开场，其中欧里庇得斯的角色解说了眼睛和耳朵的创作过程："开始的时候，天空成了一个独立的实体，并参与在自己内部孕育活生生的、可运动的生命时，他首先模仿'太阳盘'创造了眼睛，使这些生命能够看东西，此外他还将耳朵设计成有孔的漏斗以便听声。"(16—18)我们已经看到了蒂迈欧通过《地母节妇女》暗示的，即强调了太阳与眼睛之间的亲缘关系，因为这二者一道运行并且一起实现了它们的目的。

《地母节妇女》中的内容也将《蒂迈欧》联系于《理想国》中的 411a 和508b。《理想国》508a—b 中的太阳形象因而显得特别重要。正如蒂迈欧一直在强调太阳与眼睛的联系，《理想国》中的眼睛也被描述成所有感觉器官中最像太阳的（hēlioeidestaton，亦见于 509a1 中 hēlioeidē）。视觉的力量是由太阳分配给眼睛的，就像眼睛是从太阳中流出的一样。这两个文本同样指出了视觉在白昼与黑夜之间的差别，都认为白昼与黑夜的差别取决于日光（hēmerinon phōs，参见《理想国》508c4—d2）的存在与否。[1]

蒂迈欧使用短语"带来光的眼睛"进一步暗示了眼睛的合目的性。在柏拉图时代以前的希腊文献中，将短语带来光的（phōsphoros）与眼睛

---

[1] 《理想国》中没有提供明确的视觉目的论，但洞穴说里形象的主题联系暗示了这一点。因为正如洞穴说告诉我们，我们应该逐渐将我们的理智转向善的理念，所以，鉴于视觉和理智以及太阳和善的理念的相似性，其基本思想可能是我们应该将我们的视觉转向太阳。由于太阳是善的理念在可感领域的代表，其含义可能是我们的视觉能力最好用于研究太阳（参见《理想国》517b 和 506e）。如果是这样，《理想国》与《蒂迈欧》文本的呼应关系就不仅仅指出太阳与眼睛的亲缘关系，还有鼓励观察作为善的可感代表的太阳了。

联系起来只出现过两次。两次都出现在欧里庇得斯的《独眼巨人》中[1]。他们的文本表明,柏拉图似乎在制作一幕戏剧:奥德修斯想要通过在独眼巨人波吕斐摩斯(Polyphemus)的眼中插入火焰使其失明。正如西福德(Seaford)所说,462 中的形容词带光的"phaesphorōi"是"一个残酷的选择,为了使火炬获得更多的光"[2]。考虑到这一点,我们就能明白为什么蒂迈欧说神制造了一个光的形体并把它放入眼睛,然后又赶紧补充说这种火焰不会燃烧。否则火完全会造成相反的效果,我们将会像独眼巨人那样失明。在《独眼巨人》中这个说法是残忍的,但正好与《蒂迈欧》中诸神的仁慈预思形成了对照。在《蒂迈欧》中,火的形象被倒转了:不燃烧的火放了我们的眼睛里,为的是让我们看见而不是失明。[3]

结　论

关于视觉的描述说明了神如何使必然的机制服务于我们的善。它显示了火吸引火的同类相吸的必然过程,其目的在于向人们传达对行星运动的理解。眼睛和太阳间的亲缘关系也不断地提醒我们应该以何种方式使用视觉,这一点在阿里斯托芬和欧里庇得斯的文本中得到了强

---

[1]　分别位于 462 及 611。

[2]　见 Seaford(1984)190。

[3]　提及独眼巨人的重要性还在于此。对独眼巨人来说,引用 Kovacs(1994)56 的话,"宙斯在世界秩序中的作用被必然"取代"。波吕斐摩斯说,"无论它是否愿意,大地都会因必然而长出草来,我只向自己而不是向神灵献祭"(333—4)。换句话说,独眼巨人代表着必然原则,反对神的预思。但对蒂迈欧来说,视觉的既定目标正是帮助灵魂控制必然的非理性影响,使其与神的预思相一致。因此,独眼巨人形象的倒转,与其肯定神的预思、反对独眼巨人的地位是一致的。

化。对视觉的必然过程的描述在目的论的背景下是有意义的,通过这样的方式,对视觉的阐释说明了之前提到的单纯的必要条件与能够作为辅助因的必要条件之间的差别。我们看到,此种描述下的骨骼与肌肉,无助于苏格拉底实现关于什么是善的想法,即待在监狱里而不是逃跑。然而我们看到了为什么视觉的机制有助于特别是观察行星的运动,因为眼睛的这些机制在与眼睛目的的实现过程同时运作。换句话说,似乎在《蒂迈欧》中,一旦必要条件被放入目的论的解释中,就会被描述成与一种善的特定目的相联系的方式。一旦被理性说服朝向于善,必然过程本身就会被这种善知晓。它们因而对于理性的任务而言就适当且正确。

我之前提到,柏拉图和亚里士多德的目的论都认为,可被目的论解释的特性必然会导致不可由目的论解释的属性。现在可以再提出一个这两种理论都含有的观点:辅助因由依照它所要达成的目的来说明。亚里士多德区分了两种必然的特征,其一是需考虑到物质的本性的必然,即所谓"单纯的必然",其二是为实现一个目的而与之相连的必然,即"假设的必然"(《物理学》第二卷)。所以考虑到铁的物质组成,铁是坚硬的就由简单的必然决定,而斧头由铁构成则出于假设的必然,因为如果它是被用来砍柴的话,就必须要由铁(或类似铁的坚硬材料)制成。我们可以比较亚里士多德的假设的必然与蒂迈欧的辅助因,两者都因为能实现某种目的而得到规定。事实上,亚里士多德有时也用蒂迈欧的"辅助因"这个词来形容假设的必要服务于目的之方式[1]。在亚里士多德的生物学中,他经常会有助于带来相应的目的之方式来描述假设的必然。所以对于亚里士多德来说,视觉的感觉器官由透明的物质组成,而这种透明的物质可以被颜色改变,能被这样改变又是视觉的功能。亚里士多德

———————————

[1]　参见《形而上学》v. 5 1015a21 和《论灵魂》ii. 4 416a14。

坚持将眼睛描述成由透明的水组成,是因为眼睛的这一特质与它的视物功能息息相关[1]。同样,对于蒂迈欧而言,眼睛被描述为类似于太阳的温和火焰,因为正是眼睛的这个特征使我们能够实现视觉的目的(telos)。视觉机制对于视觉目的的这种描述上的相关性,意味着对于柏拉图和亚里士多德来说,只有理解了视觉的目的才能够理解相应机制。对于描述辅助因的运转方式而言,目的论并不是一个附属的特性;事实上,目的论影响了我们在宇宙论中选择和呈现这些辅助因的基本方式。

---

[1] 参见 Johansen(1998a)35—44 对这一论点的辩护。

第六章

空间和运动

上一章论证了必然是由简单形体的本性与载体共同产生的。载体
在解释必然运动方面起着十分重要的作用,尤其是解释为何有着相似本
性的形体会相向运动。然而,如果认为必然只会从载体中出现,那就错
了。因为前宇宙的载体本身并不支持必然的概念。本章将更细致地考
察蒂迈欧对载体的解释。在这个过程中,应该会更清楚地看到蒂迈欧如
何区分宇宙创制前后载体状态,以及因此他如何看待被目的论规定的世
界与没被目的论影响的世界的不同。

在48e,蒂迈欧说需要三个本原才能解释这个宇宙,其中两个是存在
概念和生成概念,我们在这篇对话的开头以及其他的柏拉图对话里已经
很熟悉了。但是现在蒂迈欧加上了第三个本原,即生成之物的载体。蒂
迈欧通过"载体"究竟要表达什么,从古代开始就争论不休。他是指像亚
里士多德说的组成物理事物的东西? 又或者指物理事物所处的空间?
蒂迈欧把这个"载体"称作"空间",而非"质料"。然而,上述事实并不足
以解决这个问题,因为蒂迈欧可能把亚里士多德赋予质料的功能归给了
载体,尽管他没有把载体称作"质料"[1]。

---

[1] ὕλη本指"林地"或"木材",在亚里士多德之前不清楚这个词是否被用来指与理念相对的质
料,参见 Solmsen(1960)123;hyle 这个词在亚里士多德之前就被用作类目的的可能性非
常低。可能的例外是《斐勒布》54c2,Hackforth(1945)110,n.1 注意到此处有一（转下页）

第六章　空间和运动 — 1 4 3

在这一章来解决这个古老的争论并非我的目标,部分原因是证据太复杂[1],部分原因是我并不清楚是否存在一种解释使以上两种对载体的描述兼容。相反,我仅打算尝试澄清,当蒂迈欧说载体是"空间"时是什么意思,换句话说,当载体被理解为"空间"时,它在蒂迈欧的宇宙论中扮演什么角色。而且,我并没有暗示通过这些可以说明载体在某种意义上不能或不该被看作质料。实际上,在本章的第三也就是最后一部分,我将进行一些评论,针对亚里士多德在某种程度上提出关于载体的质料解释是合理的。但是,在第一部分,我将对载体进行介绍,我将提出"生成"的载体被理解为空间,是因为蒂迈欧考虑到了生成这个特定概念。在第二部分,我将试图对蒂迈欧的空间概念给出一个更详细的解释,并考虑对我将提出的解释的一些反对意见。

空间和生成

"载体是空间"的观点在《蒂迈欧》中首次出现时,是显然相关的三个观点中的一个:第一,生成之物在某些地方(topos)生成(52a6);第二,空间为每个生成物提供了位置(hedra)(52b1);第三,通过考察空间的种类(genos),我们说"一切事物都必然在某处,占据着一些空间,且既不在地上也不在天上的东西是虚无的"(52b3—5)。蒂迈欧有条件地接受了第三点,对于蒂迈欧,一切事物必然在某处就并不正确,因为理念之存在不是因为它们在载体的某个地方,相反的,理念甚至没有进入载体(52a2—3)。所以说每个事物都通过处在某地的某处,占据着某些空间而存在是

(接上页)个"概括性的使用"。不论《斐勒布》是否比《蒂迈欧》晚,都可以看出这个用法并不成熟,所以它在《蒂迈欧》中的缺席是有迹可寻的。

[1] 对此的一个明智研究可见 Miller(2003)。

错的。载体在提供场所或位置中所起的作用仅限于生成之物[1]。正如蒂迈欧在第二个观点中所说,空间为每个生成物提供位置(52b1)。

蒂迈欧说空间为每个生成物提供位置是什么意思呢？我认为答案在于"生成"这个具体概念。为了理解这个概念,我们可以回到蒂迈欧在49a1首次引入载体那里,载体被引入,是作为其谈话开始处提及的两种东西的必要补充。现在他重述了最初时第一种东西——存在与第二种东西——生成之物之间的区分。接着他引入了第三种东西,即所有"生成"的载体(49a6)。也就是说,他认为为了解释生成,载体是必须的。

但蒂迈欧在这里说"生成"是什么意思？接下来的几行给出了答案。蒂迈欧认为载体是一个非常困难的主题,因为如果我们想弄清它,首先得提出一个关于火、土、水和气的难题(proaporēthēnai)(49a7—b2),这个难题涉及这四个形体似乎能相互转换的事实。被我们称为水的东西,当其凝结时就变成(gignomenon)石头和土;当它消解、分裂时,这同样的东西就变为气,诸如此类。总之,我们所见正如我们所想的那样,这四种形体在分裂与融合的过程中以循环的形式相互转化。蒂迈欧说要理解载体,提出关于形体的难题是有必要的(anagkaion, 49b2),所以蒂迈欧建议,应该将载体的作用与形体相互转化时涉及的那种生成联系起来理解。我想将这种生成的概念称为动态的,因为它关涉形体的持续相互转化。

必须强调的是,蒂迈欧在介绍载体时,考虑的是动态的"生成"概念,

---

[1] Algra(1994)107认为,提及我们注意做梦的意义在于,柏拉图认为我们对地点的普通概念不可能足够精准。但这段话攻击的不是我们的地点概念本身的模糊性,而是我们对存在与生成之物的准确区别无知。因此,做梦和没有意识到理念的准确作用之间的联系,与《理想国》第五卷476c中的联系是相当的。

因为还有另外一种"生成"概念,该概念经常被认为至少对我们理解"载体"同样重要。这种"生成"的概念我们可以称为建构的,借此我指的是形体初次被组成或构成的方式。换句话说,我们可以理解为,载体的主要功能就是帮助解释形体最初如何被构造起来。例如,当蒂迈欧后来在54d2处转向形体的几何构成这个主题时,他讨论了完满状态的生成之物(gegonen,参见54d4—55b3),并且将其与此前讨论的相互转化生成之物(peri tēs eis allēla geneseōs, 54d3)进行了区分。生成的建构概念与其动态概念不同,因为它并不意味着生成之物会持续地生成与毁灭。

如今我并不想否认载体可能在形体的构造中以某种方式起作用,尽管在蒂迈欧描述形体的几何构成的段落中并未提到载体。然而,当蒂迈欧介绍载体时,他关注的不是生成的建构方面,而是我所说的动态方面,它源自蒂迈欧对第二种生成的最初描述,因为当蒂迈欧初次在存在与生成之间做出区分时(27d5—c3),他将第二种生成不仅描述为已经生成(完成时态),而且是总在生成中与毁灭中(现在时态)。换句话说,很显然他将形体理解为本质上不断在生成与毁灭的过程(gignomenon, 28a3,4; gignomena, 28c1)[1]。当他将形体描述为总是在相互转化时,其实是将形体的特征视为持续地生成与毁灭。也就是说,当蒂迈欧引入载体时,他针对的是形体如何不断地生成与毁灭的难题。

这种生成带来的困惑是这样的(49c7—50a4):既然每个形体总是向其他形体转化,我们如何能够像蒂迈欧那样肯定地说"它们中的哪个,不论在成为什么,都是这个"?(poion autōn hōs on hotioun touto, 49d1—2)载体为了回应这个困惑而被引入。面对着形体的持续转变现象,只有一个"东西"我们敢自信地说是"这个",即形体"在其中"(en hōi, 49e7)

---

[1] 参见 Frede(1988)对这一论断的解读。

生成(phantazetai, 49e8),并在其中毁灭的那个,因为仅有这个东西在相互转变时保持不变(50a1)。相反,简单形体变化的表象只能被称为"这类的"(toiouton),而不是"这个"[1]。

载体被描述为现象的形体"在其中"生成的地方。例如,火的现象或燃烧现象,一般不会被理解为特定的火的现象,而是理解为任何火的现象。按蒂迈欧的意思,我们总是观察火,所以某些特定的火,就是指在不同地方[2](allēi)、不同时间(allote)的火(49d4—5)。打个比方,我们关于火的经验看起来与在黑夜观察萤火虫相类似,黑夜中的亮光出现在黑夜中不同地方、不同时间,亮光现象的出现意味着萤火虫出现在黑暗中的某处。所以普遍来说,蒂迈欧认为一个现象的出现意味着其出现在载体中某处,它的消失就意味着它从载体的某处被摧毁。

这样,现象与载体的关系通过空间而被表述出来:现象在载体中发生(en hōi eggignomena)并在其中毁灭(ekeithen)[3]。对蒂迈欧而言,"生成"总有一个介词宾语,它生成于(hosa te alla schēmata enegigneto, 50b2—3; to d'en hōi gignetai, 50d1; en heterōi prosēkei tini gignesthai, 52c4)、同时从这个载体消亡。载体的空间描述在50b9—c5继续进行:载体接受每个物体,但不具有任何一个进入(tōn eision tōn)它的事物的形状;其外观发生变化,因为它被进入(tōn eision tōn)它的物体推动(kinoumenon)和改变,而这些进入又离开它(ta eisionta kai exionta)的东西是永恒存在的相似之物。同样,在52a2—b1理念又一次与影像和载

---

[1] 我不认同Cherniss(1954)对这段话的重新解读,主要是因为蒂迈欧只区分了三种东西,而他的解读则意味着四种。参见 M. L. Gill(1987)和Silverman(1992)对其的反对和辩护。

[2] 另一种译法是:"以不同的形式"。然而,allēi的主要含义是空间,而且这也是对"在特定时间"的恰当补充。

[3] 参见 49d4—5。

体进行了对比,因为理念从不接受任何事物从任何其他地点进入自身,它自身也从来不进入他物。相比而言,影像总是处在一个移动的状态(pephorēmenon aci),来到某处(gignomenon te in tini topōi),又从那处消失(ekeithen appollumenon)。

当载体在52a9处被命名为第三种空间时,我们已经为在空间方面思考载体做好了准备。因为我们已经看到,形体的产生和毁灭是通过它们在载体中的空间运动来理解的。这也就是我们现在已经能够接受现象的形体的生成与消亡需要空间的原因。因为没有地方或空间,也就不会有形体的进入或离开;而没有形体可以进入和离开,也就不会有生成与毁灭。这就是蒂迈欧解释形体的持续生成和毁灭的方式。

让我们先暂停总结一下,看到目前为止我的解读有什么独特之处。我认为蒂迈欧将载体叫作"空间"的最主要(但并不一定唯一)的理由是:他认为形体的生成和消亡是由某种进出空间的运动造成的[1]。我得出这个结论的步骤为:(a)载体是解释生成所需要的;(b)蒂迈欧的"生成"是一个动态概念,即形体持续地生成与毁灭;(c)在这种生成中,一种形体通过取代另外一种形体在一处生成,从而也用这种方式在那一处导致毁灭;(d)生成的载体提供了这种生成发生的空间或者地方;(e)这也就

---

[1] 为建构性解读所能举出的最好证据似乎是50a5—b5的黄金比喻,想象一下,一个人不断用一块金子塑造出不同的形状。如果有人问你其中一个形状是什么,你会怎么说?蒂迈欧说,到目前为止,最安全的回答是,它是黄金,因为黄金不会改变。一些人看来,蒂迈欧对介词"出于"(ek)的使用表示他认为载体的作用是提供物质,不同的形体是由这些物质组成的。然而,这段话的重点是说明载体中的形状不断变化的方式,而不是形状从载体中组成的方式。因为正是关于形状变化的观点给了蒂迈欧这样的结论:载体是对形状是什么这一问题的唯一答案。无论这些形状是由金子构成的,还是仅仅在金子里出现的,这一点都可以说出来。还请注意,蒂迈欧立即从说形状是由金子组成转而说它们发生在金子里,这表明他并不特别关心说载体进入了简单形体的组成。因为虽然出现在载体中的形体也可能是由载体构成的,但它们同样可能不是由载体构成的,而只是位于它里面。

是载体为什么对于生成来说是必需的，也是它为什么被称作"空间"或者"地方"，即 chōra。

　　根据蒂迈欧的说法，这里的关键是，生成和灭亡涉及某种空间运动的概念。让我试着通过区分来澄清空间运动的特性。可以区分出两种空间运动，一种是形体从地点 A 到地点 B 的运动，这种运动被称为"位移"，因为从 A 运动到 B 的是同一个形体，而没有任何形体开始或者停止存在。所以这种运动显然可以区别于亚里士多德所谓的"生成和毁灭"的运动。然而，蒂迈欧似乎还呈现给我们另一种空间运动。和第一种运动一样，一个形体首先进入地点 A 然后离开地点 A，但是，这里的区别在于当其离开地点 A 时它并不移动到地点 B，而是不再存在。而且当其进入地点 A 时，它并不是从它之前在的其他地点而来，而是完全静止时出现。换句话说，第二种运动看起来是一种可称为"生成和毁灭"的情况，因为每当有东西移动到一个新的地方，就会有新的东西产生，然后又被毁灭。

　　目前看来，蒂迈欧主要是对第二种运动，即进出某个地方的运动感兴趣。因为他谈到了形体进入某个地方，并在那个地方毁灭，那就表明蒂迈欧所说的"生成"是形体在一个地方的产生，也就是说，它在那个地方生成，而在之前它根本不存在。萤火虫的类比，让我们能够想起一道闪光瞬间照亮了黑夜的一部分然后又消失，与之形成对比的是一束持续的亮光在黑暗中划出一道道轨迹。形体的生成与毁灭涉及空间运动的含义就是形体进出某些地方，而蒂迈欧用"生成"想表明的似乎也不是形体在空间中移动的方式。

　　然而，当我们进入到接下来的文本时，就会发现这不可能是故事的全部，完整引文如下（52d2—53b5）：

123

现在我已经推理出，并认定这一说法：存在、空间、生成这三者在诸天产生之前就已经存在。(A)生成的孕育者受水的滋养和火的灼烧，并接受土和气的塑造，经受随之而来的各种影响，就将以多种多样的方式出现，因为其充盈着既不相似又不均衡的力量，从而不能在任何部分达到均衡，只能到处不均衡地摇动，既受那些东西运动的影响而晃动，又在被晃动时反过来影响它们。(B)不同的东西在晃动中分离到不同的方向，就好像那些被筛子和其他扬谷工具晃动和颠扬的谷粒，实的、重的落在一处，疏的、轻的则飞散到另一处。(C)同时，以这种方式，那四种事物也在接收它们的东西里摇晃，同时移动或被移动，直到最不相似的彼此离散得最远，而最相似的相互聚集在同一块。这就是为什么在有宇宙之前，不同的东西就已经处在不同的地方了。(D)在这之前，所有这些东西都全然没有理智与秩序。但当这个宇宙开始进入有序状态时，首先是火，然后是水、土、气，那时仅仅显示出某些自身的痕迹，但它们完全处在这样一种状态中，即我们可以期待的那种神不在场时可能发生的状况。所以，当神用理念和数来塑造它们时，它们自然也是如此。

这段话描述了形体从一个地方(hedra 或 chōra)到另一个地方的运动。载体摇晃使不同形体朝向其各自适当的方向。这些形体似乎不再被视作单个的偶发现象，而是穿过空间以抵达某个地点的持续现象。换句话说，我们似乎正在以第一种运动(形体从 A 处位移至 B 处)的视角，而非第二种运动的视角，即暗示了运动代表生成和毁灭的视角看待生成。蒂迈欧是否毫无征兆地从一种生成的概念滑向了另一种，或者是否有办法将这两种观点结合在一个故事中？

这段话从(A)开始说三本原，即存在、空间和生成，甚至在宇宙的创作前就已经起作用了。接着,蒂迈欧在(B)和(C)描述了载体在四种形体的分布中起到的作用,并补充说这四种形体在宇宙创作前也有其适当位置。然而,这一说法却结束于(D),这里指出前宇宙与宇宙的区别(53b1—2)是:在神创作宇宙之前,仅仅存在水、火、土和气的痕迹,以及他们不协调、无尺度(alogōs kai ametrōs)的运动方式(53a9)。

那么,到目前为止论述缺失的是,形体的移动是有序的这一观点。到目前为止,人们对宇宙的看法是,他不理解他所看到的东西。这里出现的火,那里出现的水,表达的是一种数学秩序。当蒂迈欧说他一直在描述形体在宇宙诞生前后的运动时,他的意思是说他一直在描述从数学秩序中抽象出来的形体的运动。这就是形体在宇宙诞生以前(若存在那么一段时间的话)的运动方式,而且即便我们不懂那种支配它们的数学,这也会是它现在向我们呈现出来的运动方式。换句话说,若你不懂数学,你就像生活在前宇宙中。因而蒂迈欧在讨论宇宙中的四种东西的运动之前说,对话者一定可以懂,因为他们接受过必要的教育,他指的就是数学教育(53b9—c3)。

我提及宇宙和前宇宙的区别的原因在于,尽管蒂迈欧已经从一个适用于宇宙和前宇宙的视角描述了形体的生成,但比起前宇宙来说,他的筛子比喻中的生成如何在宇宙起作用表达得更加清楚。因此,我建议先简要看一下宇宙的情况,然后再回到前宇宙。由此我想要表明两种空间运动的概念,传统理解的运动和从一个地方生成亦从一个地方毁灭,是如何联系起来的。这反过来也能澄清空间在这些运动中扮演的角色。

当神创造宇宙时,他按照几何原理安排了简单形体。因此,简单形体相互变化的方式也被几何规则规定了。所以只有三种形体可以相互变化,而不是之前所说的四种(49b7—c7)。现在,火、土、气和水不仅仅是它们在空间中的表象,而有着更多的东西,它们被赋予了几何的本性。

这就意味着尽管它们仍旧经历着持续的生成,但这生成是有序的。用我们之前的比喻来说,现在的闪光是有规律的:现在我们就能用萤火虫的运动来理解闪光,而之前我们只能视为偶然的闪光。闪光此时就代表着具有一定性质的事物的运动,而之前它们仅仅是表象。

正多面体的转变规则反映了它们的几何构成(56c9—57b7)。一个水的形体(二十面体)可以转变成五个火的形体(四面体),因为一个水包含二十个等边三角形而一个火包含四个等边三角形。同一个水的形体或者也可以转变成一个火的形体和两个气的形体(八面体),气包含八个三角形[1]。只有土的形体不会转变成其他,因为它是由不同的三角形,即等腰三角形构成的。当然,由等腰三角形复合而成的不同形体之间仍然可能相互转变。

对我们的目的来说,关键点在于形体的转变来自基本三角形的分割(diakrisis)和组成(sunkrisis)。转变不过是三角形在空间中的移动。火、土、水和气的生成和毁灭归结于不同三角形在空间中的聚集和分离。因而火在此地生成就(至少)意味着四个等边三角形在此地以特定的排列方式结合在一起;火的毁灭就意味着这些三角形从这个地方散开了。地方,再次成为生成和毁灭发生之处。

现在来考虑57b7—c6。这段话是从宇宙已创制后的角度来重述筛子那一段。正如我们所见,蒂迈欧已经描述了三角形重组形成新的形体又消失的过程。现在他宣称,所有的简单形体,

> 根据这些影响改变它们的"位置"(chōrai)。因为当每一类(简单形体)的聚集由于载体的运动而被分开到其自身的地方(idios

---

[1] 参见 Vlastos(1975)71—3 及 Cornford(1937)230—9。

topos)时,那些变得不像它们自己而像其他东西的部分,因为(载体的)晃动而运动,而被移动到那些它们变得类似的事物所处的地方。

这段话从几何理解这四类形体的角度重新考虑了筛子的段落。当形体相互碰撞时,它们的三角形重新形成新的形体,新的形体在载体的晃动下,运动至适合其新的本性的地方。形体的相互转换会一直持续到所有的形体都找到了其适当的位置。然而,蒂迈欧说,这个时刻永远不会出现,因为宇宙的变化将不断地晃动着形体(58a1—c4)。

所以当我们考虑这个完成的宇宙时,我们有一个集合了形体的运动和转变概念的故事。当形体移动至其适当的位置时,它们与其他形体碰撞、分解并构成新的形体,新的形体继续移动至其适当的地点。在气、火、土或水的层面,我们还可以区分从 A 处移动至 B 处的气的形体,以及在 A 处分解然后在 B 处重组新的气的形体。然而在三角形层面,我们是将三角形的运动描述为气的形体从一个地方移动到另一个地方,还是一个地方的空气形体转变成另一个地方的火的形体,这都无关紧要了。因为在这个层面我们拥有的只有从一个地方到另外一个地方的三角形,它们在再次解体和移动之前与其他形体临时联结在一起。三角形没有生成和毁灭,只有从一个地方到另一个地方的移动。

宇宙中的相互转化就是这样发生的。至于前宇宙,我认为总体而言情况是一样的:形体会转变成其他形体,同时移动到其适当的位置。然而,前宇宙中的相互转化如何发生的解释必定不一样。因为在前宇宙中,没有用于解释相互转换的三角形。前宇宙的形体,或者更确切地说,形体的痕迹在载体中游荡,从而以某种方式转化成其他。正如我们在面对相互转化的难题时首先被告知的那样,我们认为我们看到水凝固成了土和石头,看到这在融化和分离时变成了空气,看到加热的气变成了火,

127

等等（49b7—c7）。蒂迈欧在这个阶段已经使用分离和聚集的空间语言来描述相互转化："分离"（diakrinomai）、"聚集"（sugkrinomai）、"离开"（apion）和"集合"（sunionta）。蒂迈欧在这里是在语言中相互转换，之后他将用这种语言来描述宇宙的相互转换。然而，在前宇宙，这些动词的主语是在我们眼前显示为结合和分离的现象的形体，然而在宇宙中，主语是分离又聚集、离开又集合的三角形。区分前宇宙和宇宙的，并不是相互转换是否被理解为空间上的转换，毕竟在这两种情况下，它们都是在空间上被理解的，而是说能否以三角形的空间运动来理解。

在本章第一部分，我已经提到意为空间的"chōra"应该在关于形体相互转化的特定故事背景下来理解。更具体一点，我提出了载体被表述为"chōra"的首要原因在于生成的空间概念。生成要结合形体（现象地或者真正地）进出不同的地方来理解。"chōra"在这些转换中起着双重作用。作为一个可数名词时，它指的是形体移进或移出的特定地方或空间；作为不可数名词时，则泛指形体进出的一般地方或空间。

蒂迈欧的地方概念：地方对于形体而言，是绝对的还是相对的？

现在是时候更准确地说明这种解释将导致的空间或地方概念。我已经将 chōra 与形体相互转变时进出的地方联系起来。问题是，这种解读是否符合蒂迈欧将第三类 chōra 叫作"空间"而非"地方"这一事实，这个问题是可以解决的。当蒂迈欧第一次使用通用术语 chōra 时，是在论证生成之物必定有一个地方（topos）、空间（chōra）和位置（hedra）。对蒂迈欧在整个对话中使用这三个术语的研究表明（详见附录），蒂迈欧通常以三种不同的方式交替使用它们。它们都可以指（1）"一个某物占据的或者进出、处在或经过的地方"；（2）"某物的适当位置"；（3）"人的身体或灵魂的区域或部分"。然而，除此以外，还存在着两个重要的差异。

第一个差别是在同原子论的"运动需要真空"观点进行争辩的文本中，蒂迈欧表现出一种对术语 hedra 的明显偏好。在蒂迈欧的宇宙中，每个位置（hedra）都被一个形体占据。术语 hedra 词源上就与具有动词意义的"坐""定居"有关，我们在 53a2 中注意到了这种联系。因此，很容易想到蒂迈欧特别选择这个词来指代形体定居之处。

第二个区别是，在蒂迈欧意指空的地点或空间存在时，如果只是为了否认，他大多使用术语 kenon 和 kenotēs（虚空），还曾在一种情况下使用 kenē（虚无的、徒劳的）来修饰 chōra（58a7）。[1] 选择 chōra 的一个明显理由是它在古希腊中具有空旷的涵义。词源学家将 chōra 与 chateō（缺乏）相联系。因此，chōra 在希腊语中就被用来特指空房间或者空间[2]。所以在蒂迈欧的三个意指地方的词中，chōra 最可能用来指空旷的地方[3]。

柏拉图使用 chōra 在某种程度上可用来与斯多亚的芝诺和伊壁鸠鲁的做法相比。据说芝诺曾经将 chōra 定义为部分被占据的空间，并将其与 kenon（空的空间）和 topos（被形体完全占据的空间）相区分[4]。同时，伊壁鸠鲁将 kenon、chōra 和 topos 当作同一事物，即"无形的基质"。然而，它们在不同条件下被用来指代该物，当没有任何形体在时是

---

[1] 还可参见《理想国》iv 495c 以及《埃斯基涅斯演说集》伊斯奇尼斯（Aeschines）3.146。

[2] 参见 Frisk(1970)1126。

[3] 我认为柏拉图没有使用过Κενός τόπος。但是，亚里士多德提到有人声称τò κενόν是"形体被剥离的地点"，并因此是地点的一类。（Ba15—1e）然而，这一表述仍可被视为在暗示正常情况下地点是由形体充满的。

[4] 塞克斯都·恩披里柯（Sextus Empiricus）《皮浪学说要旨》3.124。

kenon，当被一个形体占据时是 topos，当一个形体在其中飘荡（chōrei）时是 chōra[1]。值得注意的是，他们都用 topos 指完全被形体占据的地方，然而 chōra 仅指要么被部分占据（芝诺）或者暂时被占据（伊壁鸠鲁）。这就表明，不仅仅对于柏拉图而言是这样，人们在用 chōra 指代地方时，这一地方与形体占据的关系比用 topos 来指代时要小得多。

现在，如果我们追问为何柏拉图选择称载体为 chōra 而非 topos 或者 hedra，我们的观察可能会表明如下事实：在这三个术语中，chōra 最能表达空间或地方概念的术语，它作为独立的第三种，与第二种生成的形体不同。由于形体与 topos 和 hedra 在概念上的联系比 chōra 更紧密，这两个术语在表示生成的形体本原之外的，独立的第三种本原时就不那么实用了。这里与亚里士多德有另外一个相似之处，因为当亚里士多德在《物理学》第四卷两次同时使用 chōra 和 topos 时（208b1—8，209a8），他是在论说 topos 和 chōra 与形体不一样。现在，这一点当然同样允许蒂迈欧来说明 chōra 如何是形体的处所或者位置。然而，这是一个实质性的论点，蒂迈欧通过对虚空的反对来论证它。这并不是一个他将第三种命名为 chōra 就暗示了的论点，反之，他若将其称为 hedra 或 topos 就可能是这样了。

然后，我们可以与传统保持一致，将不可数名词 chōra 翻译为"空间"。然而，为了表明其与作为可数名词的 chōra 的联系，它也常常与 topos 和 hedra 交替使用，以表示宇宙中的地方或区域，这时"地方"会是更好的翻译。

还有一个担心：我的解释已经表明，空间有不同的部分或地方。正

[1] 塞克斯都·恩披里柯《驳教师》10.2，可参见 Sedley（1982），对 chōrei 的精妙翻译见 Sedley（1982）188。

如蒂迈欧所说,火生成于不同时间、不同地方,我们说生成和消逝是与具体的地方相联系,而不仅仅是一般的空间。形体移向载体中的适当的地方,因而空间似乎允许一定程度的内在差异和结构,例如网格状。然而,空间具有内在结构这一点可能会遇到一个问题。因为如果空间仍然像我们之前被告知的那样没有形状(amorphon, 51a7;51a2—3),也没有形式,它如何可能被区分为不同的地方? 蒂迈欧坚称载体应该完全没有形式(eide),因为它本身要接受所有种类(50e44—5)。载体应该接受所有形式这一要求后面还被概括为一个形容词"接受所有的"(pandeches, 51a7)。

我认为还有另外一个问题与此相关。我们如何理解筛子那一段所呈现的动态空间概念呢? 我们不仅能够将形体安置于载体的不同部分,而且看起来载体自身也在主动地将形体移动至它们各自的位置。载体往各个方向摇动进来形体。这一段似乎影响了一些新柏拉图主义者,尤其是辛普里丘,他把施加给形体的力归给位置,这力阻止形体分散并把它们吸引到一起[1]。这就可以看见这个地方的概念可能如何在(C)—(D)被理解。因为据说载体将相似的元素聚集到一起,并将不相似的元素分离。然而,这段话并不是说在保持其统一性的意义上把形体聚在一起。正如理查德·索拉布吉指出的,在辛普里丘的观点中,"地方"似乎取代了形式的角色:一般情况下我们认为是形式安排了形体的部分和大小[2]。但即使在一个比辛普里丘更弱的关于空间如何安排形体的概念中,仍有一个难题:如何将这种作用与所谓缺乏内部结构或特征的空间相协调。

130

---

[1] 参见辛普里丘《论物理》640.13 以及 Sorabji(1988)对此的讨论。
[2] Sorabji(1988)210。

我认为,这两个问题的关键在于小节(A):蒂迈欧一开始就强调了载体与它所接受的形状有关的被动作用,他使用被动分词"被浸湿,使燃烧"并往这些影响上增加所遭受(paschousan)的其他影响。因为充满(empimplasthai)了各种影响的能量,载体处于不平衡状态;而且当被重力不均衡下压(talantoumenēn)时便会被它们(seiesthai)晃动和摇动(kinoumenēn),然后也反过来晃动它们。对载体在与影响的关系中的被动角色的强调,就引出了对影响在载体中产生的运动的介绍。因此,这段话不遗余力地表明,载体的运动并不源自载体本身,而源于传入的影响。如果载体反过来造成影响,也是因为暂时接受了传入的影响。比方说,平静的海面被小船掀起波澜,其波浪反过来影响小船的运动,但是一旦船离开了,海就又平静下来了。最多我们可能会说载体有一种反作用的力量。但是将此力量看作内在于载体的就不对了。因为载体晃动形体的能力来自其所接受的影响的特征,包括它们的运动。载体确实是接受所有的,它也接受进入它的任何事物的运动。

因此,照我看,载体在不同区域移动四种形体的倾向反映了四种形体的能力。如果你将两个人放在一个跷跷板上,它自然会向身体更重的那一方倾斜。假设现在一个有若干维度的跷跷板。它被不相等的形体在各个方向向下压。此图景就对应于载体被进入的形体影响的方式。因为蒂迈欧说载体被晃动的原因是被各处(pantēi, 52e3)进入的力量不均匀地下压。筛子的比喻也指的是重的和轻的东西被载体移到不同的地方[1]。然而,载体主动把它们移到不同地方的意义并不需要比载体促进或加强它们移到不同地方的倾向更强烈。载体晃动进入的形体是

---

[1] 在此,我同意康福德关于筛子功能的观点,反对泰勒认为其为滤网的观点。参见 Cornford (1937)200—3。

由于它们的不相等的特征,而不是载体内在地要以此方式移动形体。因而,蒂迈欧呈现出来的空间图景与认为位置给形体施加力的观点形成对照[1]。对于蒂迈欧而言,不同形体移动至不同地方似乎是因为形体自身运动的结果。

我已论证过,空间从进入的形体处借来了运动。这一结论可能也提供了我们之前的那个难题,即空间是否有如网格般内在结构的答案。正如人们可以把载体的运动看作进入的形体之结果,而不是载体的固有特点,所以人们也能把地方的区分看作空间被不同形体占据的结果,而不是空间的内在特征。蒂迈欧一直将地方看作与形体的种类有联系,形体又倾向于以两种方式占据地方。在一种方式中,地方可能只被确定为空间的一部分,以某种方式在特定时间段上受到影响。所以,当蒂迈欧在51b4—5 提到载体的燃烧部分或者湿润部分时,可能是暗示说这个部分本身持续的时间不比这其中的影响持续的时间长。然而,以另一种方式,空间的某些部分由某些种类的形体规律性地定期占据。这似乎就是蒂迈欧在 53a4—6 所考虑的地方,在那里蒂迈欧说不同类的形体有不同的地方,因为相似的形体被推向同一个地方。另一个例子是他对重量的讨论(62c—63e),蒂迈欧反对在球形宇宙中存在任何绝对的"上方"和"下方"概念。相反,他认为这些地方与元素的同类相聚的倾向有关:火与火结合起来的地方是"上方",而土与土结合起来的地方是"下方"。在这两种情况下,chōra 中的一个地方是相对于某种占据它的形体而言的,不管是暂时还是规律性地占据。因此,柏拉图的论述可能暗示了一个概念,即特定的地方是相对于占据它们的形体。这也意味着 chōra 没有确定的内部结构。

132

---

[1] 这一观点有时被归于亚里士多德《物理学》208b8—11。但请参考 Bodnar(1997)99。

亚里士多德和 chōra

为了总结本章,我想对亚里士多德在《物理学》第四卷中对 chōra 的解读作出评论。评论的要点主要有两个。第一,我认为亚里士多德研究地方的动机与柏拉图在《蒂迈欧》中讨论 chōra 的原因十分类似,即便他们对于地方的观点最终不同。第二,我认为亚里士多德所宣称的柏拉图将 chōra 与质料相等同这一观点,准确地反映了柏拉图在《蒂迈欧》中使用 chōra 的方式,尽管这不足以说 chōra 扮演了亚里士多德的质料概念的全部角色。

亚里士多德在介绍地方的主题时说,一个研究自然的学者有必要掌握关于地方的知识,原因有两点(《物理学》四 1208a27—b1)。第一,"每个人都认为存在的事物总是存在于某处,因为不存在的就不在任何地方"。第二,"变化中最一般和最基础的便是与位置有关的改变,我们称之为位移(phora)"。我们之前看见过,这两种移动都出现在了蒂迈欧对 chōra 的讨论中。存在之物必然存在于地方中的某处这一观点因为太过广泛而被拒绝,因为理念并不存在于地方中,但它被当作有关生成之物的主张而得到接受。第二种考虑对亚里士多德来说更重要,因为对蒂迈欧而言所有宇宙的变化都是空间中的几何图形的移动。(顺带地,这不仅对于三维的形体而言是正确的,对于灵魂的循环运动亦是如此,参见第七章。)研究位置的两种运动作为自然哲学的一部分,与蒂迈欧在这里说生成就是运动相一致。

因此,柏拉图在《蒂迈欧》中引入 chōra 的原因与亚里士多德在《物理学》中讨论地方的动机有很强的相似性。对于蒂迈欧而言,对 chōra 的讨论是我们理解生成的必要前提,就很像对于亚里士多德而言,讨论 topos 是进入他的关于变化的自然哲学的先决条件。对于两位哲学家而言,为了理解运动,对地方的讨论是必要的。然而,对于蒂迈欧而言,关于运动的兴趣有着比亚里士多德更广泛的意义,因为正如我们所看到的,宇宙中所有不同种类的变化都依赖于运动,这一点是亚里士多德无法接受的。

亚里士多德在《物理学》第八卷第七章的观点和蒂迈欧的观点近乎相同,他认为运动是宇宙中第一个和最基本的变化(kinesis)形式。亚里士多德认为,质的改变依赖于凝结(puknosis)和稀薄(manosis),这又来源自集合(sugkrisis)和分离,"通过该过程",他补充道,"存在物被说成产生和消灭;并且在结合和分开中,事物一定在位置上发生变化"(260b11—14)。我们可能认为"存在物被说成(legetai)……"指的是对《蒂迈欧》的引用是有吸引力的观点,尽管亚里士多德也可能想到了原子论者。无论如何,亚里士多德所报告的观点与《蒂迈欧》完全一致,尤其是他挑出结合和分离作为存在物变化的核心过程。尽管亚里士多德这里引用此观点是为了支持辩证法,但很明显,他自己并没有放弃这一观点。对他而言,变化的其他类别可能暗示运动是变化的基本形式。然而,考虑到存在物、质、量以及位置这些类别的差异,它们就不能被全还原为运动。

现在开始讨论我的第二个观点,亚里士多德认为柏拉图在《蒂迈欧》中的著名观点是,空间或地点就是质料。他提出了两个理由,说明柏拉图为什么会做出这种认定。第一个是他认为地方就是广延(extension),也就是说"被形式包围和限定的东西,就像一个表面和一个界限"(209b7—9)。这样理解的广延与质料相符,因为如他所说,质料就是抽走界限和范围的影响之后剩下的东西(209b9—10)。换句话说,地方和质料相符之处在于,二者都被理解为对一个形体的形式特征进行抽象后的结果。据推测,亚里士多德考虑的是那些段落:蒂迈欧将载体描述为没有任何形式,它的意图就在于接受形式。这一描述的极致在于"无形状(amorphon),接受所有,以最复杂的方式分有(metalambanon)了理智"(51a7—b1)。相应的,他指出柏拉图通过"分有"来定义 chōra[1]。这就可能暗示了如果我们认为地方就是广延,那么它就如质料般是某种完全由其形式属性决定的东西。换句话说,我认为亚里士多德十分合理地按如下方式重建了柏拉图的动机:如果柏拉图想要称载体为"空间"(或"地方"),同时说它没有自己的形式确定性(因为它是分有者[metalēptikon]),那么一定是因为他考虑到了将空间(或地方)仅仅看作广延。因为把空间作为广延就是把空间作为你抵达之处,只要你想到的是一个没有界限的大小。但如果是这样,空间便与质料相一致。

亚里士多德还提出一个理由,即人们可以反过来认为质料就是地方。这个理由并没有简单地归给柏拉图。然而,我和荷西一样认为他想到的就是柏拉图[2],因为柏拉图是亚里士多德在别处将地方等价于质料时联想的人。理由见以下段落:

> 质料也可能被认为是地方,只要想一下静止、不分离、连续的东西。因为如果它发生了质上的改变,那么就存在某种东西,此时是白的但是之前是黑的,此时是硬的而之前是软的(这就是我们说有质料的原因)。地方也因为这种现象而被认为存在,只不过[认为有质料]是因为之前的气现在是水,但地方[被认为有]是因为之前是气的地方现在是水。但是,正如之前所说,质料既不独立于物体,又

---

[1] 如果亚里士多德从《蒂迈欧》51a7 中借来了单词分有者,这里就存在一点轻微的误导性。因为分有了理智(metalambanon tou noētou)很难直接指称第三种作为载体的作用,它所接受的不是可知之物,而只是可感的形式。

[2] 参见 Hussey(1983) xxxii。

不能围绕它,而地方却具有这两种属性。(211b29—212a2)

亚里士多德再次重构了那种会让人将空间与质料等价的推理。在第一种情况下,亚里士多德始于质料是某种被形式决定的东西这一概念,在这里他则开始于将质料当作变化的基础这一概念。质料和地方在结构上的相似性在于,质料在性质的和实质的改变下仍被保留,地方也是在空间的改变下被保留的东西。正如曾经是黑的或者水的东西现在是白的或者气,所以之前是火的地方现在是气。

　　亚里士多德这里研究 chōra 的方法本质上就是我在本章所主张的。显然,载体在某些意义上就是某种实质、性质和空间变化的基础。载体就是"这"(touto),它在现象的形体的转变过程中始终保持不变。它以不同方式成为"这样的",就像金块不断被工匠给予了新的形状。然而,正如我们看见的,载体也提供地方给现象的形体进出。亚里士多德明确表达了坚持在变化中有持续存在物时会有以下两种概念的困难,他说地方既独立于形体,又是某种围绕形体的东西,而质料不是任何一种。

　　然而,似乎是亚里士多德自己的假设在驱使他重建柏拉图的立场,即实质、性质和空间的变化是变化的不同形式。同一个载体不可能以相同的方式支持所有这些不同的变化。如果你把载体理解为实质性变化中的持存之物,它便不能独立于形体,因为它将成为改变的一部分。然而,如果你将载体看作空间改变中的持存之物,它就是可分离的。因为在亚里士多德的地方概念中,它作为围绕形体的内在限制,形体所占据的地方可以与该形体相分离。那么,亚里士多德在《论生成与毁灭》中说"柏拉图没有明确说明他的'接受所有者'是否可以独立于元素而存在"(329a14),也就不足为奇了。

　　当然有一个可能性是亚里士多德已经发现柏拉图有一个真正的混

乱,即柏拉图只是由于地方在运动中的作用和质料在质变中的作用相似,就将地方与质料联系起来,当然这对作为一个哲学家的柏拉图来说就更糟糕了[1]。然而,我在本章中试图提出的另一种可能性是,从蒂迈欧的角度,质变也只是运动的一种形式,毕竟它们也是由几何体在空间的重新定位构成的,或者在前宇宙的情况下由所谓它们的痕迹构成的。如果你正确理解形体的转变,你将明白载体呈现出火或气的样子,只是意味着火或气的形体在 chōra 这个部分聚集了一段时间。

那么,总结一下,亚里士多德认为 chōra 扮演着变化中的持存之物的角色是对的,并且在这个意义上,chōra 就像亚里士多德学说中的质料。更具体地说,他将 chōra 视作运动中的持存之物,并且在该意义上像亚里士多德的质料。混乱的出现是因为亚里士多德认为还有其他形式的变化,即质变,对此而言柏拉图的 chōra 也必须扮演着亚里士多德式质料所扮演的持存之物这一角色。但这些变化的形式并不被《蒂迈欧》视作特别的。因为它们不像亚里士多德所认为的那样,引起对 chōra 的矛盾描述。

本章我一直试图阐明蒂迈欧涉及简单形体运动时关于载体的论述。重点是运动在蒂迈欧论述简单形体的生成时的角色。在下一章中,我们将发现蒂迈欧对人类身体和灵魂的论述也同样强调运动。

136

---

[1] 参见 Algra(1994)116—17。

附　录

52d3 之后蒂迈欧关于空间/地方的术语：

Topos：

（1）意为形体的所在：57c3,57c6,58b9,58c1,60c1

（2）意为某一特定形体（idios）所在的特定地点：57c3（与 chōra 共同出现 57c1）,58b9,60c1

（3）意为人的身体或灵魂内的某一区域或部分：85b4,87a4

Chōra：

（1）意为形体的所在：53a6,57c1（与 topos 共同出现 57c3）,79d5 - 6,82a3,83a4

（2）意为某一特定（oikeia）空间所在的特定地点：53a6（与 hedra 共同出现 53a2）,79d5 - 6,82a3（他者的地点：allotria chōra）

（3）意为人身体的某一区域或部分：83a4

（4）意为虚空（kenē）：58a7

Hedra：

（1）意为形体的所在：53a2（与 chōra 共同出现 53a6）

（2）意为与虚空（to kenon）相对的特定位置：59a3,60c4（与 topos 共同出现 60c1）,79b4,79b6,80c5

（3）意为人的身体的某一区域：67b5,72c2 - 4

第七章

身体、灵魂和三分法

我们从《斐多》中熟悉了身体被视为灵魂因牢的观点。身体会影响灵魂的正常运作,在本质上理性的不朽灵魂中引起了非理性。把灵魂放在肉体中被视为对灵魂的惩罚。正如苏格拉底所说:"哲学家的灵魂全然地鄙视他的身体,并尽可能远离它而追寻独立。"(65d)

如果这是对柏拉图关于身体和灵魂关系之看法的唯一印象,那么阅读《蒂迈欧》可能会让我们惊讶。因为,正如我所要表明的,这篇对话对身体的作用以及它对理性和幸福可能的贡献,提供了一个更复杂、通常也更有建设性的观点。我将论证,这种观点是基于对身体及其与灵魂的关系的详细目的论描述。我想告诉忽略了《蒂迈欧》的柏拉图读者,他们对柏拉图的灵肉关系的思想的认识或许严重不完整。尤其是对灵魂三分法的起源以及灵肉相互作用的本质的理解,《蒂迈欧》在这方面可以说提供了柏拉图对话中最成熟的论述。

论证过程如下。我的阐释从描绘《蒂迈欧》中世界灵魂的形成开始。这是一个必需的起点,因为人类灵魂源于世界灵魂。接着我将讨论人类灵魂和身体的关系。我们就灵魂和身体各自的运动特征来理解两者的相互作用。当灵魂被放入身体,它的运动便被区分为不朽的和有朽的部分。然而,三分的灵魂仅仅是神的目的论工作的结果。最后,我通过提出《蒂迈欧》比其他柏拉图作品在灵肉关系上有独特贡献来作结。

灵魂的构成

根据蒂迈欧的叙述,德穆革制造宇宙灵魂的方式如下:

> 他使用不可分、不变化的存在和生成为有部分的、分布在(peri)
> 形体中的存在,混合而成第三种存在。他以同样的方式处理了,
> "同"和"异"的不可分的种类和在形体中有部分的(kata)种类。然
> 后,他把这三种新的成分混合为一种特性,用强力迫使"异"的那些
> 不情愿的、不肯联合的本性与"同"的本性相协调。当从三者中制造
> 出一者以后,他又把这个整体尽可能适合地分成许多部分,每一部
> 分都是同、异、存在的混合体。(《蒂迈欧》35a1—9)

在最主流的解释,也就是格鲁布、康福德、罗宾逊的解释中[1],德穆革是
如此组成世界灵魂的:他采用了存在、同和异中那些可分和不可分的部
分。他首先把存在的可分和不可分的部分混合在一起,又把同和异中的
可分、不可分部分混合在一起。然后他把这三种复合物混合在一起合
成最后的灵魂原料。这是一个整体,然后他继续将其"分成适当的部
分"。他根据数学比例将灵魂材料按区间划分,然后切分为两个条带。
这两个条带被弯曲成圆圈,一个叫同的圆,一个叫异的圆。异的圆进一
步被细分为七个圆,它们按照数学比例在相同圆内以不同的方向和速度
运动。

这段详尽叙述的意义是什么? 普鲁塔克概述了两种在古典文献中

---

[1] Grube(1932)80—2;Cornford(1937)60—1;Robinson(1970)70—1;还可参见 Ferrari
(1999)。

常见的理解[1]。以"动力的"角度理解,世界灵魂的构成是为了解释灵魂作为运动的本原。以"认知的"角度理解,混合物的意义在于解释世界灵魂有能力做出各种判断。我们可以在《蒂迈欧》(57d 以下)找到支持动力角度的说法,文中说异对运动负责,而同对静止负责。我们推测色诺克拉底也是这么想的,他说灵魂是运动和静止的本原,因为它具有差异性(异)和相似性(同)的元素。动力角度也很好解释了异的运动分成的七个圆的说法。因为这七个圆后来被视作那些可见行星的运行轨道[2]。在36e 介绍了灵魂的构成后,蒂迈欧也说灵魂被包裹于世界的形体,并以圆圈的形式运动,由此成为宇宙不停息的生命的原因(arkhē)。这再次表明,灵魂的圆圈运动解释了宇宙的运动方式。另一方面,很明显灵魂的引入是为了给宇宙赋予努斯,也就是理性的能力(30b)。这会使人想到,灵魂的构成首先应该解释它是如何推理的。《蒂迈欧》37a2—c5 同样清楚地说明了灵魂的构成体现在思想的运行中。蒂迈欧说灵魂包含了同、异以及存在的元素,于是它可以思考并且对这些事物给出判断[3]。

　　我们没有必要在认知角度和动力角度的理解中二选一。灵魂的构

---

[1] 参见普鲁塔克《论〈蒂迈欧〉中灵魂的制作》(*De Animae Procreatione in Timaeo*)1012 e—1013a:"色诺克拉底认为,除了数的生成以外,没有任何东西是由不可分割和可分割的存在的混合所表示的,一是不可分割的,多是可分割的,而数是当一与多结合时这些的产物……但他们认为,这个数还不是灵魂,因为它缺乏运动性和流动性,但在同和异混合之后,后者作为运动和变化的原则,而前者作为静止的原则,那么它们的产物就是灵魂,灵魂是一种既有停止和静止的能力,又有运动和导致运动的能力。另一方面,克兰托尔(Crantor)和他的追随者认为,灵魂的特殊功能首先是对可知的和可感的对象以及这些对象之间发生的差异和相似性进行判断,无论是在它们自己的种类中还是在一种与另一种的关系中。他们说,灵魂、为了使它能认识所有的东西,它必然是由所有的东西混合在一起,即这四种:可知物的本性,它永远是不变的和相同的;然后是身体的被动和易变的本性;此外,是同和异的本性,因为前两者中的每一个也都分有了异和一。"

[2] 《蒂迈欧》38c7,参见亚里士多德《论灵魂》406b32—407a2。

[3] 见 D. Frede(1996)。

成的意义是说明灵魂在思考时如何运动,在运动时如何思考。问题不在于灵魂的构成方式是否解释了它如何能够运动或(二择一的"或")如何能够思考。在 37a2—c5 蒂迈欧清楚地表示他已经把这两点都解释了:灵魂一旦(hate oun)被这样构造出来并"围绕自身旋转",那么当它触碰到一个活动存在时便会开口说话,而"当轨道运行正确时,正确的判断便会发生",等等[1]。顺便一提,亚里士多德也是这样理解蒂迈欧的:灵魂由元素构造,并根据和谐的数字被划分,他将笔直的灵魂弯曲成圆圈,因此灵魂将既拥有对和谐的认知,又能让宇宙和谐地运动(《论灵魂》第一卷第三章 406b28—31)。

对蒂迈欧来说,思考是一种圆的运动。我们至少可以说,这种立场好像有点古怪。说当我们思考的时候灵魂环绕我们运动是什么意思?当我们考虑到蒂迈欧说灵魂是无形的时候,灵魂的所在就会显得更古怪了(36e6 和 28b8—9)。一个无形的东西怎么会占据空间来运动呢?在这一点上,我们很想像其他学者那样解释,即圆的运动仅仅是比喻[2]。思考不是字面上的圆的运动,只是在某些地方与之类似。然而,除非我们字面地去理解圆的运动,否则就无法理解灵魂如何围绕行星去做圆的运动。行星的圆周运动也是思考着的世界灵魂的运动。当行星思考同一事物时它们围绕自己的轴线旋转运动(40a7—b2)。在这里我们似乎只能把思考字面地理解为圆的运动。支持这个说法的学者大卫·塞德利提出,设定头的形状也是这个意思[3]。如果圆的运动要作为头部球

140

---

[1] 同时注意 43d—44a,此处人灵魂的(psychic)运动翻转也会导致灵魂对同异判断的反转。

[2] 参见 Cherniss(1944)405—6; Ross(1961)184; Lee(1976)85 with n.28。

[3] Sedley(1997)329—330。Burnyeat(2000b)也主张采用字面解释,他提到了 36d—e 中世界形体在世界灵魂中的延伸方式。这些想法应该都源于萨拉·布洛迪在 1993 年剑桥五月周关于《蒂迈欧》的研讨会上的开创性贡献。

形的解释,它们最好是字面上的圆。因此,这些观点似乎要求我们采用字面解释。

灵魂圆圈的字面解释至少有两种值得注意的含义。首先,如果我们按字面意思来理解圆的运动,那么蒂迈欧就不能用空间延伸来定义身体,而要用灵魂。如果灵魂字面地按照圆形的规则运动,那么它必定有空间的延伸。但如果是这样,蒂迈欧对灵魂和身体的区分就不会是笛卡尔式的了。那么蒂迈欧是如何区分灵魂和身体的呢?一个合理的建议是,是身体的可感性将其与灵魂区分开来。蒂迈欧在 36a5 中这样表达世界身体和世界灵魂之间的对比:"天的形体被制作成可见的;但灵魂是不可见的。"在 31b4—8 中,可感是宇宙身体构成的基础,而可见和有形则是由几何特征来解释的。因为世界的身体是有形的,蒂迈欧指出它由坚实的东西构成,也就是三维的几何体。这个观点在 53c4—6 中被再次确认,蒂迈欧通过说明每种形体必须具有厚度(bathos)来说明四种简单形体的几何结构。不必说,厚度是形体的必要条件说明了形体的有形,但这不需要暗示厚度也是有形的充分条件。尽管如此,厚度依然足够区分身体和灵魂。相比之下,没有迹象表明,灵魂的材料本身具有厚度或坚实性。确实,灵魂的圆形条带本身伸展出来以便完全覆盖宇宙的身体,从宇宙的中心延伸到外部。然而,灵魂材料在球形的世界身体的内部和外部伸展,却并不"厚"[1]。类似的,我们可以想象,一层无限薄的颜料在世界形体的表面和其中的各形体上覆盖着。这样,灵魂就不会增加形体的体积,即使它沿着形体延伸。通过这种方式,灵魂可以贯穿整个世界形体而不增加它的体积,也不会占据本来可以由形体占据的空

---

[1] 参见《蒂迈欧》34b3—4。丹尼斯·奥布莱恩(Denis O'Brien)的反对意见促使我重新表述了 Johansen(2000)92 提出的主张。

间。无论故事如何发展，重要的一点是，对蒂迈欧来说，身体与灵魂的区别在于具有特定的空间属性（如厚度和坚实性），而不是拥有空间属性本身。

另外一个理解（本章的中心论点）是如果我们对运动采用字面的理解，那就能够理解到为何蒂迈欧没有在灵肉交互上产生本体论问题。灵魂和身体都是空间上的延伸，在空间中运动。因为身体和灵魂都在空间中运动，我们就可以看到灵魂的运动如何影响身体的运动，反之亦然。身体和灵魂可能有不同的空间属性，正如我在上一段中所建议的，但两者没有根本的本体论差异。吉尔伯特·赖尔，在他对笛卡尔身心二元论的著名批评中指出，把思想作为区别于身体的另一个东西，这一范畴错误的根源在于将心理过程视为"准机械"（para-mechanical）过程：

> 由于心理行为不能被解释为机械过程的发生，它们必须被解释为非机械过程的发生；既然机械定律可以解释空间中的运动，那么其他定律就必须把一些非空间的思维活动解释为其他非空间思维活动的结果……就像外国人期望大学是一个独立的建筑，像学院但又不是学院。所以否定机械主义的人把心灵描绘成因果过程之外的中心，像机器但也相当不同。他们的理论是一种准机械假说。[1]

相比之下，现在应该很清楚（至少在字面解释上）蒂迈欧的身体与心灵的运动都属于一般的机械解释下的空间中的伸展的形状运动（不管是二维还是三维的）。灵魂的运动并不"像机器但又相当不同"。灵魂和身体一样根据数学规律字面意义地在空间运动。如果我们觉得这种说法

142

---

[1] Ryle(1990)，20。

难以想象(更别说接受),这可能是受了笛卡尔主义的影响,即把空间延伸与身体联系起来,而把心灵排除在外。

灵魂的具身性和三分

我现在将从灵魂的一般解释转向解释人类身体和灵魂的关系。人的灵魂是由与世界灵魂相同的"东西"(或许稍微不那么纯)组成的,并以同样的方式混合(41d4—7)。因此,人的灵魂具有与世界灵魂相同的各种运动。它有同的圆和异的圆。当灵魂被置入身体,人类灵魂和世界灵魂便有了区别。通过被放置在人类身体中,灵魂便不止经历理性的圆的运动,还经历六种直线运动:上下、左右、前后。世界的身体被德穆革构造成只涉及圆的自我旋转(34a)。相反,小神们现在这样塑造人类的身体,使它拥有了全部的七种运动:

> 他们把不朽灵魂的旋转限制在身体里流动和消退的潮水中。于是,这些旋转被限制在强大的河流中,既不施加控制,也不被控制,只是引起和遭受剧烈的运动;因此,整个生物都在运动,但这所有六种运动都是在危险中运动,没有秩序或方法。因为给他们带来滋养的潮水很强,淹没了他们,又退去了,而袭击他们的东西的本性引起了更大的骚动,当一些生物的身体偶然遇到外来的火,或坚实的土凝结物和柔软的水,或被空气中的风吹过,所有这些东西引起的运动通过身体传到灵魂,并袭击它。由于这个原因,这些运动后来被称为"感觉"(aisthēseis),至今仍是这个名称。因此,在我们所说的那一刻,它们暂时引起了强烈而广泛的骚动,并与那永远流淌的水流一起搅动和猛烈地摇动着灵魂的旋转,它们与灵魂背道而

驰,完全阻碍了"同"的旋转,阻止它继续前进和可控。它们还猛烈地摇动着"不同"(异)的运转,因为每种都有三个的双倍和三倍间隔,以及 3/2、4/3 和 9/8 这些比率的连接手段,除了它们自身和含它们的数外都不能化解,所以灵魂被它们以各种方式扭曲,并造成所有可能的偏离(klaseis)和变形;所以虽然它们仍在运动,但这运动几乎没有相互支撑,是非理性的(alogōs),有时逆转,有时歪斜,有时上下颠倒。(43a4—e4,Cornford 英译,有改动)

灵魂的旋转因为身体的滋养和感觉过程而呈现出直线运动。在43a6,蒂迈欧用河流的形象来阐释身体运动对灵魂的影响。我们可以做如下的详细说明:想象一下,把石头扔进湍急的河流。石子在河流中激起圆形的涟漪,但很快就被流水的运动扰乱。同样,灵魂的圆会在身体的运动中被破坏从而失去圆的形状[1]。

触碰身体的运动对灵魂的两个圆有不同影响。同的圆的运动被完全终止,而异的圆的轨道之间的间距被"扭曲"。结果,这个圆在它的运动中遭受着"偏离"。蒂迈欧所用的"偏离"的古希腊语是"klaseis",柏拉图只在此篇对话中使用过这个术语[2]。数学的语境暗示这个术语一般使用在科技和几何的意义上,即一条线与另一条线或者一个面发生了偏离[3]。换句话说,我们应该认为异的圆的偏离视为其运动方向改变的结果。由于被所有方向的直线运动影响,异的圆的运动就像蒂迈欧说的

---

[1]　请注意亚里士多德所说血液对我们在梦中的感官印象的扭曲影响的相似性。参见《论梦》3461a8—18,正如蒂迈欧、亚里士多德用这一形象做涉及运动交互的解释。

[2]　但这个词也可以让人想到《理想国》611d3 中磨损(ἐκκεκλάσθαι)的非数学式使用。

[3]　参见亚里士多德《物理学》228b24。该术语还被用于形容光学中光的折射,见亚里士多德《形而上学》343a14,373a5。

那样,"有时逆转,有时歪斜,有时上下颠倒"(43e3—4)。

理性和非理性的相互作用可以被理解为圆周和直线运动的交互作用。灵魂因置入身体变得不理性的程度可以根据灵魂的运动由圆朝直线转变的程度来衡量。这个概念在对话结尾的转世故事里得到了滑稽的体现。故事告诉我们,没能重获理性的人会在下一世转世为脑袋更长的动物,"并且有各种形状,它们的圆因不活动而被压在一块。"(92a)

从这种置入身体对灵魂的影响中我们可以看出灵魂内部的两种区分:一方面,在身体的直线运动影响下异的圆失去了圆性。另一方面,同的圆的运动至少是暂时停止(tote en tōi paronti, 43c7)。同的圆突然中止,因此失去了对异的圆的控制(epeschon archousan kai iousan, 43d3)。其结果是异的圆的运动失去了协调性。正如蒂迈欧所说:"(异的圆)尽管仍在运动,但它们几乎不与彼此协作。它们的运动是非理性的,有时逆转,有时歪斜,有时上下颠倒。"(43e2—3)前文中提到,构成灵魂的一个原料是"身体周围可分的存在"(35a2)。异的圆尤其和可分存在相关,只因为它被分割成七个圆并进行不同的运动。相比之下,同的圆则保持了一致。某种意义上说,未置入身体的灵魂是可分的,因为它由多种圆构成。虽然这个意义上灵魂的内在有不同,但是在置入人类身体以前,它的所有运动都似乎仍保持着完美的圆形[1]。异的圆随着灵魂的置入身体似乎失去了它们内在的理性凝聚力,因为同的圆不再能协调它们了[2]。这种协和性的缺失可能利用了另一事实,即异的圆需要被同的圆调节支配从而保证它的理性。异的圆一旦不能被这种进一步的力量

---

[1] 38e—39e强调了行星旋转的数学规律性。我们没有看到任何暗示,说在37b7处异的圆不可能是直线运动"ὀρθὸς ἰών",或同的圆不可能是完全的圆"εὔτροχος"(37c2),直到灵魂被限制在一个人的身体里。

[2] 参见44a4。

控制,在遇到非理性支配时便不能靠自己保持理性运动。灵魂具有非理性的潜能,因为它的内部结构允许它的一些运动在某些情况下失去圆的形状。我们可以说,既然异的圆不必定被同的圆调节,灵魂本身便具有了非理性的潜能,非理性的运动就是通过这一潜能发生的。相反,如果灵魂是一个严格的"巴门尼德"式的同一体,没有不同构成的不同圆的内部区分,那么它就不会有潜能以这种方式对置入身体作出反应。用一个地震的比喻(seiousai, 43d1)来说,同的圆和异的圆之间的分离构成了所谓的断层。

目前我将置入身体灵魂的非理性经验简称为"感觉",与43a6的aisthēseis(感觉)为人类身体引起的影响的一般术语的用法一致。然而,在更早的42a3—b1中,德穆革预告人类灵魂在置入身体后将会发生的变化时,aisthēseis被专门用于三种感觉的一种。这段话十分重要,因为它将"必然"这个重要概念引入了非理性感觉的叙述:

> 因此,无论何时,它们(不朽的灵魂)都必然被置入身体,而且就放置它们的身体而言,它们总有部分在进入、有部分在流出,因此必然产生:第一,感觉,对于所有人来说[1],是由与它们有亲缘关系的强力印象产生;[2]第二,欲望,由快乐和痛苦混合,还有恐惧、愤怒以及诸如此类的感觉和与它们本性相反者。(42a3—b1,Cornford英译,有改动)

---

[1] 蒂迈欧之前刚说,为了不让人感到被偏待,第一种生成者对所有人(μία πᾶσιν)来说都一样,所以把这一句看作是在再次强调所有人都面临同样的障碍,是有意义的。

[2] 也就是说,与强力印象有关,而不是如康福德的翻译中所说的先天的;参考亚里士多德《论灵魂》406b30。

这段话强调了灵魂经历置入身体时的必然以及强制特征。然而,似乎有两个必然的概念在发挥作用。这两个概念大致与亚里士多德后来提出的假设的以及单纯的或"质料的"必然概念相对应[1]。首先是置入身体的必然。如果宇宙亟待完成那么灵魂进入身体是必要的。因为灵魂如果不进入,所有的三种有朽的存在都不会出现[2](41b7—d3),在这个例子中,德穆革想要带来的完整宇宙,因而要求灵魂被置入身体来完成最后一步就是假设的必然[3]。相反,第二种必然与感觉、愉悦、欲望等灵魂被置入身体后所生起的必然相关。这个必然源于灵魂通过身体而被施加动力,于是受到外部影响。考虑到四种简单形体的本性,灵魂必然会被它们如此移动。而考虑到它们的本性,简单形体必然以直线运动,因此它们必然会使它们所遇到的圆的运动发生偏转。灵魂一旦进入人体,就必然会受到水、气等的运动影响,因为这些形体自身就会运动。42a5 的强力(biaiōn)以及 43a7 的约束都是在解释这种必然的单纯本性。对话的第二部分(47e—69a,有时被称为"必然的工作")所描述的正是这种必然,正如我们在第五章所看到的,它必须被理性说服为善好的目的工作。

到目前为止,我已经论证了引起异的圆经历非理性运动的情感(pathē),是由单纯的必然产生的。现在我想展示这些情感如何构成灵魂三分的基础。在 69a,蒂迈欧继续他关于人的创造的叙述。他重述

---

[1] 参见亚里士多德《物理学》第二卷第 9 章。我在这里并不是说蒂迈欧实际上做出了这种区分,而是说借鉴亚里士多德的区分来阐述,有助于我们理解蒂迈欧对必然概念的使用。关于类似的观点,请参考 Strange(2000)412—13。
[2] 有朽的生命与不朽的生命比如行星的对比必须依据 41a7—b6 来限定。
[3] 其他的动物后来被解释为人类的转世。尽管不确定,但至少在这个阶段,这是德穆革想要的所有必然的有朽生命的代表。在这个阶段,我们可以说,除非人类被创作出来,否则创作将是不完整的。然而,小神将会去确保所有其他物种也存在。

42a—b的内容作为开头：

> 德穆革自身创作那些神圣东西，而制作有朽者的任务则让他的后代去处理。他们模仿他，在接到一个不朽的灵魂本原时，给它塑造一个有朽的身体以包裹它。作为承载，他们给了它完整身体，并在其中建立了另一种形式的灵魂，有朽的灵魂，本身就具有可怕而必然的情感：首先是愉悦，邪恶最强的诱惑；然后是痛苦，逃离善好就出现；鲁莽和恐惧，一对不明智的顾问；难以抑制的愤怒，以及容易使人误入歧途的希望。他们把这些与非理性的感觉和不愿畏缩的冒险欲望结合在一起，并以必然的方式复合了有朽的因素。（69c3—d6，Cornford英译）

正如注释者所说[1]，这段话和42a—b有着紧密的联系。必然和负面的情感（按顺序）被列为愉悦、痛苦、鲁莽、恐惧、愤怒（thumos）、希望和与爱欲（erōs）混合的感觉，而在前面的段落中，我们有（按顺序）：感觉（aisthēsis），与愉悦（hēdonē）和痛苦（lupē）混合的爱欲、恐惧（phobos）和愤怒，最后是"伴随这些的所有感觉，以及所有相反本性的感觉"。后面的段落除了前面提到的，还明确地提到了希望和鲁莽，但这一补充可以看作被前面段落中提到的"伴随这些的所有感觉，以及所有相反本性的感觉"涵盖。这两段在混合的处理上也略有不同：在前一段中，欲望与快乐和痛苦混合在一起，而在这一段中，所有的情感都与感觉和欲望混合在一起。这些差异可能是形式上的，但也可能是实质性的，表明小神在某种程度上改变了情感的组合。

147

---

[1] 参见 Archer-Hind(1888)256 和 Cornford(1937)281 n. 3。

这两段话的重要差异似乎在于,第一段话使情感似乎必然产生于不朽的灵魂置入身体,而第二段话似乎使创作有朽的灵魂成为小神的蓄意行为。小神"在其中建立了(prosōikodomoun,69c9)另一种形式的灵魂","他们通过情感的'混合'(sugkerasamenoi,d5)来组成(sunethesan,d6)有朽的灵魂"。这似乎挑战了情感由单纯的必然产生这一观点。因为如果它们是小神工作的结果,那么它们肯定是理性设计的产物,而不仅仅是单纯的必然。让我们进一步研究。

正如前文42a和69c—d在两个重要的地方提及了必然:有朽的灵魂具有可怕而必然的情感(deina kai anagkaia)以及小神被描述为通过必然(anagkaiōs)制作有朽的灵魂。康福德认为这些对必然的提及可以回溯到42a,他认为这完全是(我称为)假设性的。根据康福德的论述,这些情感是必要的,因为它们是人类在地球上生存所必需的工具。然而,这并不能说明在前一段中强力和必然之间的联系,也不能说明在这一段中可怕和必然的并列。当然,如果情感在此时被介绍为我们生存的必要条件,它们应该被描述为受欢迎和有益的,而不是暴力和可怕的。我认为,情感的负面影响正好说明了康福德的观点:"首先是愉悦,邪恶最强的诱惑;然后是痛苦,逃离善好就出现;鲁莽和恐惧,一对不明智的顾问;难以抑制的愤怒,以及容易使人误入歧途的希望。这些都与非理性的感觉和不愿畏缩的冒险欲望结合在一起。"显然,从我们善好的角度来看,情感并非必要的。

然而,这些情感不是为了我们的善好这一事实,还不能得出结论说,它们不是假设的必然。因为很有可能小神给予我们这些情感正是为了绊倒我们。通过给予我们非理性的情感,小神将确保我们中的一些人保持非理性,并作为低级动物转世。因此,为了确保低级动物能够被制造出来,这种非理性的情感在假设上是必要的。但是,这样会对小神的工作引出一种非常负面的解释:它们不仅不会帮助我们变得理性,反而故意把我们不朽的灵魂置入身体使我们失去理性。我认为这种解释与小神模仿(mimoumenoi, 69c5)德穆革的明确主张不一致,因为德穆革创造不朽灵魂的意图是完全善意的。因此,蒂迈欧在71d5—e1说,"当他宣称有朽的种类应尽可能好时,那些制造我们的人记得他们父亲的命令"。

因此,情感的必然最好被视为单纯的,而不是假设的。在无序的过程被说服与理性合作之前,这种必然就已经存在。这是我们在第三部分的讨论中所期望的。对话的第二部分中讨论了单纯的必然的过程之后,蒂迈欧接着展示了这种必然如何与理性合作创作人类。所以我们希望在这段文字中找到一个区别,一方面,神不得不使用的必然材料,另一方面,他们对这些材料上施加的秩序或理性设计[1]。如果我们把这篇文章理解为区分情感的单纯的必然和小神为使这些情感为我们的善好而合作所做的工作,我们的期望就会实现。

那么,我们可以发现人类灵魂制造的两个阶段。在第一阶段,小神不是直接或间接地将不朽的灵魂插入身体来制造必然的情感。故事的下一阶段发生在69d5—6,蒂迈欧继续描述神如何让必然的情感为我们所用:

> 他们怕因此而污染了神圣的(灵魂的神圣部分),因此除非是绝对必要的(hoti mē pasa ēn anagkē),他们把可朽的与它分开安置在身体的两处,在头部和胸部之间建立一个地峡和边界,即颈部,他们

---

[1] 这是在47d3—48e1所做的区分,他说宇宙因必然(即单纯的必然)而产生,它被说服与理性合作以达到一个好的目的。

把它放在中间,以保持两者的分离(hin' eiē chōris)。那么,在胸口和(所谓的)躯干中,他们限制了可朽的那种灵魂。由于躯干的一部分具有较高的本性,一部分具有较低的本性,所以他们在躯干的凹陷处建造了另一个隔断,就像把男人的房间和女人的房间分开一样,并把隔膜作为它们之间的栅栏。(69d6—70a2)

这一段中语法上的语式变化是显著的。在 69d6 之前,蒂迈欧一直在用直陈式(indicative)语式描述灵魂置入身体的必然结果,而从 d6 开始,他就用以便引导的从句的表达祈愿语式来描述小神的行为[1]。该变化表明解释状态发生了变化。灵魂的组成不再被解释为必然的结果,而是有目的行动的结果。叙述的这部分描述了小神说服必然的过程以便达到最好状态的方式。

这一段承认对神圣部分的污染可能是必然。同样,这里的必然显然不是假设的,因为它是小神达到其目标,即我们神圣部分的纯洁的障碍,而非帮助。因此,我们最好把必然理解为前几行的理解,也就是灵魂在身体里遭受非理性情感的单纯的必然。小神继续以这样一种方式构建身体,即神圣部分尽可能不受有朽部分的影响,并尽可能地控制它。身体分为三个部分,头部包含不朽的部分,胸部包含精神的部分,腹部以下的是食欲的部分。生理学在很大程度上是出于认知的,也就是说,它从帮助(或至少不阻碍)理智运动的角度来解释身体的构成。精神部分被置于头部和腹部之间,这样"它便能听到理性的话语并与之一起用力抑制欲望,无论何时这些欲望不愿意服从来自大本营(或卫城)的命令"(70a4—7)。心脏是血液的来源,血液在全身流动,这样它就可以在理智

---

[1] 参见 70a4。

180 — 柏拉图的自然哲学

和整个身体之间交流,确保理智控制着整个身体。肺使心脏降温,使在较少的压力中心脏可更好地帮助精神部分为理性服务(70d)。肝脏是光滑而明亮的,因此"来自理性的影响应该在肝脏上留下它想法的印象,肝脏会像一面镜子一样接收它们,并返回可见的图像"。脾脏的作用是保持肝脏的清洁,就像餐巾一样,让它随时准备好接受理性的信息(72c)。因此,身体的基本轮廓显示了身体是如何构造来帮助理智维持对自身和有朽的灵魂的控制。

150

我们看到感觉、欲望、恐惧和鲁莽等情感是灵魂置入身体的必然结果。然而,这些情感最初只是集中在一种灵魂中,叫作"有朽的"。我们进一步把有朽的分为精神和食欲两个部分。尽管欲望、恐惧、鲁莽等被置于身体的不同部位之前已然显示不同程度的理性(毕竟,这就是精神部分比食欲部分更接近理性的原因),而使他们维持自己独立活动且拥有不同程度理性的,正是它们所处的不同身体部位。身体如此构成以确保灵魂的不同部分能在不受其他部分干扰的情况下正常工作。这带来的印象是,如果没有生理论的三分法来配合灵魂论的三分法,灵魂就会成为一组或多或少非理性的、杂乱无章的情感的论坛。它不会有我们与灵魂论的三分法相关联的功能分化或等级结构。从这个意义上说,灵魂论的三分法依赖于一种允许灵魂维持其秩序的身体结构。

圆的运动和直线运动的区别在灵魂论的三分法中继续发挥作用。在构造人体时,小神似乎在平衡我们保持理性圆运动的需要以及我们体验和控制直线运动的需要。这两种考虑都反映在骨髓的组成上。神制作了身体的框架,从骨髓开始。作为灵魂和身体联系在一起的地方,骨髓对于我们理解灵魂和身体的相互作用至关重要。神按比例混合四种元素创造了骨髓。接着,蒂迈欧说:

从一开始,在他最初的分配中,他就把骨髓分成了与骨髓要容纳的几种灵魂在数量和样式上相对应的形状。他把将播种神圣种子的耕地塑造成球形,并把骨髓的这一部分命名为"大脑",表示当每个生物完成后,包含这部分的载体应该是头。另一方面,要保留剩余的、有朽的灵魂的那个部分,他将其分为圆形和细长形,并将它们都命名为"骨髓"。他用这些东西,就像用锚一样,把所有的灵魂固定在一起。(73c—d, Cornford 英译,有改动)

说到灵魂与肉体相遇的地方,可能会让人联想到笛卡尔的松果体,在这个地方,"思维物"(res cogitans)和"广延物"(res extensa)被认为可以相互作用。然而,我们已经看到蒂迈欧不需要提出这样的问题。灵魂和身体都在空间上延展,所以把两者都放在身体的某一部分的想法在理论上并不会引起冲突。相反,蒂迈欧面临的挑战是提出一种生理理论,合理地说明骨髓如何满足灵魂的各种运动。学者们已经注意到的一个问题是,灵魂在骨髓中的位置如何能被视为适应灵魂论的三分法。我结合泰勒、阿彻-辛德的翻译,"他把骨髓分成了与骨髓要容纳的几种灵魂在数量和样式上相对应的形状"。相比之下,康福德认为这几种指代的是未来的其他物种,尽管上下文明确要求骨髓与三种灵魂相关,而且在对话直到90e都没有提到后来由人产生的生物。然而,他认为以下的双重困难比这些担忧更重要:

很难理解下面这句话中所描述的两种形状(球形和柱形)可以对应于灵魂的三个部分,也很难理解在心脏和腹部的两个有朽的部分可以被说成由骨头中的骨髓所在的柱形有关,骨髓毕竟只扎根或者说固定在骨头里面。(Cornford[1937]294, n.4)

一旦我们考虑到圆的运动和直线运动在区分不朽与有朽灵魂方面的基本作用,康福德的问题就消失了。大脑是球形的,因为它承载着理智的圆的运动。骨髓的其余部分是既有圆又有直线的圆柱形,因为它承载着灵魂的一部分,这些部分产生自直线运动对灵魂本身的圆的运动的影响。精神和食欲都属于这一类。一旦我们理解了圆的运动和直线运动的对立,是如何构成灵魂中理性部分和或多或少非理性部分之间区别的基础,我们也就可以看到球形的大脑与圆形和直线的骨髓的生理学区别是如何与灵魂论的三分法一致且适合的。骨髓是适当的和拉长的圆形,使它既能与头部的圆的运动相连并受其控制,又能使身体的其他部分参与直线运动。在这里可以比对前文关于人体构造的描述(44d 以下)。诸神把头做成圆形以便于为理性的圆的运动提供合适的球形空间,但又创造了身体的其他部分,使之具有灵活的四肢,因为人也要参与其他六种直线运动形式。圆与直的对立是蒂迈欧生理学的基础,因为它反映了生命所经历的两种运动,一种是不朽的、理性的,另一种是身体的、受单纯的必然的力量支配。

由于诸神的善行,人类所经历的许多直线运动并不是凭空产生的,也不是对理性秩序的破坏。相反,它们是身体自身理性秩序的一部分[1]。当灵魂第一次被置入身体时,所有的直线运动都是强加在灵魂上的,但考虑到我们所经历的一些直线运动符合目的论的秩序,现在的重点是消除那些不符合这个秩序的外部起源的运动。一旦身体被塑造得符合我们的最好利益,好的和坏的运动的基本对立就不再主要是被理

---

[1] 在灵魂的低级部分的工作中仍然强调圆的运动,如呼吸系统和营养系统,其中元素在身体周围循环。但像视觉这样的运动基本上仍是直线型的(参见 45c5)。即使我们要观察的行星运动是圆的。正如刚才提到的,我们也配备了一个身体,使我们能够以直线方式运动。因此,人体及其功能代表了直线运动和圆的运动之间的折中。

解为直与圆的运动,而是被理解为强加的运动与自我的运动之间的对立。甚至令人不安的食欲运动也被赋予了目的(即身体的营养,70d—e),并(通过肝脏的作用,参见 71a—72b)服从理性法则。

那么,小神工作的结果就是把人制作成一个目的论式的有序系统,在这个系统中,由单纯的必然产生的运动和理性的运动结合在一起。最初具有破坏性和混沌性的运动被用来服务理性的目的。其结果是产生了灵魂论的三分法。

因此,灵魂的三个部分都有自己的运动,这应该加以注意(89e—90a)。我们的目标不应该是根除灵魂中有朽部分的运动,而应该调整每个部分,使其自身的运动既不影响其他部分的运动,也不被其他部分的运动压倒。灵魂的理性秩序,在灵魂置入身体后,并不是只有理智的运动在其中蓬勃发展,而是一个复杂的秩序,在这个秩序中,其他的精神运动与理智的运动一起运作,共同追求人类的善好。

语境中的蒂迈欧

现在是时候聚焦《蒂迈欧》与其他柏拉图对话的比较。我认为蒂迈欧对三分灵魂的描述总体来说与《理想国》强调的不同[1]。在《理想国》中,灵魂的三个部分是按照它们所渴望的不同对象来明确区分的:理智对真理有适当的渴望,血气部分对尊严有适当的渴望,以及渴望肉体满足的欲望[2]。同样,蒂迈欧声称血气部分有对胜利的热爱(philonikon,

---

[1] 我提到的是这两篇对话中的特定重点或观点的不同。我并不是声称已经发现了它们中的学说在表达的意义上有任何分歧或不一致。

[2] 参见 Cooper(1984)。然而需要注意《理想国》第四卷似乎是按功能(认知、愤怒等)来区分灵魂的各个部分,关于这些复杂的问题,参考 C. Gill 的相关论点。

70a3），他把食欲部分描述为"渴望食物和饮料以及灵魂因身体的本性而需要的东西的部分"（70d7—8）。然而，蒂迈欧并没有把这些部分说成与理智对真理和智慧的渴望形成对比，而是说它们的欲望本身是为理性目的服务的。精神的部分倾听理性并执行它的命令，而我们渴望食物和饮料是为了能够生存。即使食欲部分也能感知理性的命令，这是通过理智投射到肝脏上的印象来实现的。骨髓的圆形形状确保了它与头部圆形运动的连续性。血管系统的构造是为了让消息从理智传达到身体的所有部位，同时身体的所有部位也有感觉，这样他们就可以了解接收到的消息。认知的生理学强调灵魂的低级部分与理性合作的程度。这一点在某种程度上解释了为什么我们后来被告知"人类天性（phusei）包含两种欲望，一种是因肉体渴望营养（trophēs），另一种是因我们身体里最神圣的部分而渴望智慧（phronēseōs）"（88 a9—b2）。这两种欲望都是理性的，因为它们都欲求我们真正的好。蒂迈欧认为灵魂的其他部分是由小神制作来确保理性秩序尽可能地在身体中存在。灵魂的一切运动可以说是在表达着我们理性的所欲。相反，在《理想国》第四卷（438d—441c）中，灵魂的三分解释了我们如何拥有与理性所欲相反的欲望。在 543a 到 576b 中，灵魂三分解释了非哲学的各种特性，即它们培养了灵魂中除理智以外的其他部分的欲望。

　　两段对话的明显差异可以通过几种方式减少。第一，蒂迈欧允许对理智和低级部分之间的冲突进行类似的解释。在他作为一个自然哲学家的简短论述中，他根据食欲和精神部分运动的不成比例的强度对此进行了重新解释。第二，应当指出的是，《理想国》并不总是把灵魂的低级部分说成是与理智相冲突的。灵魂各个部分相互冲突的情况是介绍这三个部分之间区别的一种有用方式，但是，这并不意味着我们应该把这种情况视为代表了一般状态，更不是灵魂的自然状态。普遍来说，声称个人只有在灵魂的所有部分在理性的规则下和谐才会快乐,当然预设灵魂的较低部分根本上能够与理性决定的目的合作。

无论如何,《蒂迈欧》和《理想国》两篇对话侧重点的不同仍然存在。《蒂迈欧》强调灵魂的低级部分和它们的身体器官由小神制作来达到理性的目的,《理想国》则更强调展示非理性部分如何有欲望,这些欲望还可能与理性告诉我们的善相抵触。因此,蒂迈欧没有用低级部位的欲望来区分非理性,也没有使其与理智的欲望相对立。相反,他试图展示一个本质上理性的灵魂如何在身体内发挥作用,通过使用那些身体必然会产生的运动,来进一步发展并彰显我们的理性。因此,蒂迈欧的灵魂和欲望部分在置入身体后表现为一种"下落的理性"[1],我的意思是,较低的部分在身体中承担了理性功能[2]。灵魂三分是小神考虑到灵魂置入身体后,促进我们理性的方式。

将置入身体的结果描述为非理性向灵魂较低级部分的转移似乎更可取,因为在置入身体时,理性灵魂中必然产生的非理性运动与理智分开。因此,理智被允许尽可能地保持其圆的理性运动,而非理性运动则被传递到较低级部分[3]。这种非理性的转移的目的,至少是为了确保我们灵魂的这一部分,即理智保持它的圆的运动。由于分离,理智可以继续对灵魂和身体的其他部分进行理性的控制。我之所以更愿意谈论下落的理性,是因为我之前在人类灵魂创作的两个阶段中所作的区分。在第一阶段,置入身体在灵魂中带来了一系列非理性的情感,尤其是在异的圆中。在第二阶段,小神组织这些情感,以便在整个生命中服务于

[1] 这个表达来自 John Cooper。
[2] 换句话说,我不用"发展"来表示从身体出发的理性功能,尽管这也能形容低级部分执行理性功能这一事实,但它的理性功能来源于一个完全理性的灵魂。
[3] 这个建议来自 David Sedley。

理性。灵魂的低级部分不仅与理智分离（尽管这确实也会发生）；他们也与理智一起工作，以达到理智所规定的目标。因此，我谈论下落的理性，是为了强调一个积极的观点：灵魂的较低部分与理智合作，以维持整个生命的理性秩序。

这种灵魂较低部分的观点对自我概念的影响是深远的[1]。当理性被下移到灵魂的较低部分时，我们的理性自我就会在被置入身体时延伸到其他部分。相反，在其他柏拉图对话中，尤其是《斐多》中，人们常常会有这样的印象：即使我们有身体，仍然只有理智是真正的自我，而灵魂中与身体运作有关的那些方面似乎与自我无关。蒂迈欧强调理智应该继续控制其他部分（90a—d）。然而，灵魂的其他部分有它们自己独特的运动，当我们有身体的时候，它们有助于我们获得更大的理性和幸福。因此，我们的理性不仅表现在抛开身体影响的理性沉思中，更表现在对灵魂和身体的综合生活的追求上。正如我们所看到的，我们应该把关心自己延伸到关心灵魂的所有三个方面，而不仅仅是理智。

关心自己也包括关心身体。之前说过，身体的组织方式允许灵魂维持它具有层级的、由理智统筹的三分结构。从这个意义上说，身体是身心整体的一部分，它允许我们在理智的支配下追求善好的生活。这也可以用运动的均衡性来解释。蒂迈欧认为，良好的比例是美与善的必要条件。但生物是由灵魂和身体组成的。因此，如果他们想要很好地工作，他们必须保持灵魂和身体的比例协调。两者的运动比例失调是导致疾病的主要原因：

就像一个因腿或其他部位过大而比例失调的身体，不仅难看，

---

[1] 克里斯托弗·吉尔在《作为结构的自我》（*The Self as Structure*）中表达了类似的看法。

而且在一个部位与另一个部位的配合中，会给自己带来无数的麻烦，使人疲惫不堪，并因笨拙的抽搐而经常摔倒。当它的灵魂对身体来说太强大了，并且具有过多激情时，就会使整个结构错位，并使内部充满病痛；当她投身于学习和研究时，她就会损耗掉……另一方面，当一个对灵魂来说太大的身体与弱小的心灵结合在一起时……强壮部分的运动占了上风，它通过增加自己的力量而使灵魂的力量变得迟钝、学习缓慢和健忘，它们在她身上产生了最坏的疾病，即愚蠢。（87e1—88b5，Cornford 英译）

这些疾病是通过身体和灵魂的适当比例的锻炼来预防的：

> 为了防止这两种危险，有一个保障措施：不能只锻炼灵魂而不锻炼身体，也不能只锻炼身体而不锻炼灵魂，必须使两者都能保持自己的平衡和健全。因此，数学家或专注于任何其他智力学科的人，必须通过参加体育训练使他的身体得到应有的锻炼；而勤于塑造自己身体的人，必须在思想培养和所有高等教育中以适当的锻炼来补偿他的灵魂；这样才能配得上真正意义上有高尚教养的人。（88b6—c6）

请注意，这段话并不旨在简单提出《理想国》411e 中常见的观点，即护卫者应该在进行身体锻炼（gumnastikē）的同时进行文艺教育（mousikē）。有种观点认为身体锻炼是发展灵魂的血气部分的一种方式，即它是一种通过身体来对灵魂起作用的方式。但这里的目的不是通过身体影响灵魂，至少不是直接去影响，而是保持灵魂和身体的运动的比例以防二者相互影响。这就在一定程度上假定了人们对身体过程的兴趣而非身体与灵魂关系的兴趣。

与《斐多》相比,这段话表明身体的运动不被视为良好生活的障碍,而是对身体生活更积极看法的一部分。蒂迈欧详细地展示了置入身体而必然产生的、最初只是扰乱灵魂的情感,如何能有助我们在一个理性有序的身体中获得更大的理性与幸福。虽然纯粹理性和无形体的生活(至少在没有人类身体的意义上)似乎仍然是蒂迈欧的终极幸福(bion eudaimona)理想(42b4),但人类的身体似乎不像理性灵魂的监狱,人们可能会觉得它就像一个相当舒适的酒店,内置了不少研究设施。《斐多》中有一些观点认为感觉(暗示身体)在某种意义上对回忆是必要的(75a),在这种意义上它可能对幸福有帮助[1]。然而,《蒂迈欧》对于身体如何设计为提高理性的观点给出了更为肯定和明确的说法。

人们可能会对《理想国》第十卷(611b9—d8)的著名场景提出类似的观点。身体内的灵魂就像海神格劳克斯(Glaucus),被海浪的击打、被贝壳和海藻覆盖而变形。然而,除去这些后,他看起来就不像一个怪物,而是像他本性就是的神。有一种争论是关于这个意象是否暗示着不朽的灵魂是统一的,还是在某种意义上三分,我在这里就不讨论了。无论如何,我们可以从《蒂迈欧》的角度来解读这段话。蒂迈欧会同意苏格拉底的观点,即正如他们都说[2],我们的"原始"本性是我们的理性灵魂。他也会同意将更大的价值和不朽(至少是被造物所拥有的那种不朽)赋予三分灵魂的理智部分。然而,对蒂迈欧来说,人类的生理机能与其说是我们幸福的障碍,不如说是一种促进幸福的方式,因为我们必须有身体。同样的道理,三分的灵魂不应简单地被视为理性的障碍,而是一种帮助

[1] 然而这一说法也必须与《斐多》65a—c提出的建议相吻合。
[2] 《理想国》611d2 和《蒂迈欧》90d5。另参见《蒂迈欧》42d2。

我们在有身体时追求美好生活的方式。如果这被认为是指置入身体是对灵魂的畸形增生，那么蒂迈欧将会抵制这种意象。对蒂迈欧来说，灵魂三分建立在一个生理学的背景下，这一学说允许各部分在没有彼此干扰的情况下执行其适当的任务。灵魂的三个部分的每一个都被安置在器官中，这些器官在身体中的形状和位置使灵魂能够保持适当的运动。身体的各个部分似乎是作为灵魂的各个部分在执行其适当任务时的必要工具而组成的。在这方面，我们更接近亚里士多德关于精神部分和它们的正常器官之间关系的目的论概念，而不是柏拉图其他对话中明确提出的任何东西。

这个结论对我们来说并不奇怪，因为蒂迈欧的计划的基本性质，就是展示整个宇宙、身体和灵魂，是如何为最大可能的善而安排的。有人可能会说，《理想国》和《蒂迈欧》重点的变化反映了这样一个事实，即《蒂迈欧》明确地把整个生命体——身体和灵魂，整合到一个目的论的叙述中。《理想国》关心的是制定一项严格的智力教育方案，以及忽视这种教育的消极后果，自然会低估了灵魂和身体的低级部分可能对个人和城邦的整体幸福作出的积极贡献。因此，我们不必说柏拉图在《理想国》和《蒂迈欧》之间改变了他的思想，而只需说他在《蒂迈欧》中从宇宙目的论的观点，重新处理了灵魂的三分及其与身体的关系。

蒂迈欧对我们理解柏拉图灵魂学的最重要贡献，可能在于其对灵魂三分起源的独特描述。这一点可以通过比较《蒂迈欧》与《斐多》《斐德若》的标准说法（这里被过于简化）来体现。在《斐多》中，灵魂似乎本质上是单一的和理性的，正如我们在与理念的亲缘关系的论证中看到的那样（78b—80C）。相比之下，《斐德若》中的马车场景呈现出，灵魂在置入身体之前已经具有三个部分（246a—b）。与这些说法相比，《蒂迈欧》拥有一个更加健全的过渡点[1],灵魂在置入身体之前并非三分,只有当灵魂的非理性和理性运动被小神组织到人体内时,才会出现三分。然而,严格来说,灵魂在置入身体前也不是一个同一体。为了制作灵魂,不只是不同的原料被不情愿地混合了起来;而且一旦组成灵魂的"东西"被混合,它就被分成同和异的圆,每个圆负责把握不同种类的实体。因此,即使不同的圆在完美地相互协调运动,在灵魂内也已经存在了某种结构和功能的差异。我已经论证过,灵魂的这种内在的分化,为置入身体内的灵魂内部更理性和更不理性部分的划分提供了模板。这种划分可以归因于异的圆失去其适当的比例("理性")的趋势,除非受到同的圆的调节。从这个意义上说,置入身体带来的潜在的非理性在灵魂的原始构成中已经是固有的。因此,《蒂迈欧》以有别于《斐多》的方式,解释了为什么一个本质上理性的灵魂仍然容易受到非理性的影响。但《蒂迈欧》没有像《斐德若》那样,把完全阐明的三分法归于不朽的灵魂。通过这种方式,《蒂迈欧》可以避免《斐德若》提出的某些问题,即灵魂与身体分离时,欲望或精神的部分到底在做什么。

作为结论,我希望借本章说明《蒂迈欧》在哲学心理学(灵魂论)上的历史中意义非凡。这篇对话不仅对灵魂与身体互动的性质和三分灵魂的起源有独到见解,它还为作为身心整体的生命提供了一个详细的目的论。这篇对话迫使我们重新思考柏拉图作为"身体的敌人"的形象。[2]

[1] 参见 Reydams-Schils(1999)64,他基于不同的理由认为,在将 42a—b 和 69c—d 放在一起时,"柏拉图将《斐多》中最著名的苏格拉底模式(如 81c 和 83d 中)与他的灵魂论三分法相协调"。

[2] 本章的一个版本以 Johansen(2000)的名义出现。它最初是在普林斯顿和多伦多的研讨会上发表的,在这一研讨会上我受益颇丰。尤其需要感谢萨拉·布洛迪,约翰·库珀,埃里克·萨博(Eric Csapo),布拉德·英伍德(Brad Inwood)以及克里斯蒂安·维尔德伯格(Christian Wildberg)

第八章

感觉与宇宙论

160 　　对于柏拉图来说，整个可感的世界是影像而不是存在。你不可能通过把可见的事物拆成碎片，到达比你开始时的整体更真实的部分。显微镜的完美视觉不能使你更接近真理，因为真理不在你显微镜的另一端。要找到真，你最好闭上眼睛，然后思考。[1]

　　我从康福德对柏拉图可感世界和感觉的论断出发。康福德反对泰勒将蒂迈欧与现代科学实证主义相提并论。泰勒认为，对自然世界的描述仅仅是"近似的"这一状况，将随着实证科学的进步得到克服，因此《蒂迈欧》的故事仅是一个神话，"在这个意义上，它'暂时'是最接近确切真理的"[2]。康福德则肯定，对于相似之物的描述，我们的解释在原则上只能是近似的。

　　康福德和泰勒的立场虽然对立，但并不矛盾。因为虽然相互排斥，但他们都没有很彻底。泰勒将感觉提得太高，而我将论证康福德又放得太低。在自然哲学中，感觉与理性存在复杂的互动关系。本章的目的是分析这种关系。

---

［1］ Cornford(1937)31 论述了《蒂迈欧》中柏拉图的立场。
［2］ Taylor(1928)59。

感觉与自然哲学

正如我们在第三章中看到的,蒂迈欧从一些区别来开始他的叙述。第一个区别是"永远存在而永不生成"与"永远在生成而从来不存在(或从不真正存在,参考 28a3)"的区别。前者可以通过带有逻各斯的思考(noēsis meta logou)来把握,而后者可以通过无逻各斯的感觉和信念的综合(doxa met' aisthēseōs alogou)来把握。他利用这一区别,对两种制作行为作了第二种区别。在一种情况下,德穆革使用永远存在的东西作为他的模型;在第二种情况下,他用已经生成的作为模型。如果模型是永恒存在,那么其造物必然是美好的,如果是已经生成的,那必然不是美好的(28b2)。那么宇宙到底是什么情况呢? 首先,宇宙一定是已生成的。它是看得见摸得着的,即可感觉到的。因此,根据第一个区别,它也必须属于生成的范畴。其次,宇宙的制造者必须使用一个永恒的模型,因为它是所有被造物中最美的,因此,根据第二种区别,它必须以某种永恒的东西为模型,而不是那些生成之物。

这些主张之后,蒂迈欧又接着给出了其宇宙论的结果:

> 事情就是这样的,我们的世界必定是某种事物的相似之物。在每一件事情上,从合乎自然的开端处开始非常重要。那么,我们必须把相似之物和模型作这样的区分:一个描述与它所描述的事物是同类的,对一个持存、稳定、可通过理性把握的事物的描述,本身也是持存而不可改变的(只要它是可能的,而且一种描述的本质若无可争议、无从反驳,就必须让它们如此);而对那种按照其他相似之物的制作物的描述,本身也只能是近似的,其近似程度与该物的相似程度成比例:正如实在之于生成,真理也之于信念。那么,苏格拉

底,在关于许多事上,譬如诸神和宇宙生成上,我们被证明无法提供与它们自身所有方面完全一致的准确描述,这一定不会让人感到惊讶。如果可以提供一个可能性不会更低的描述,我们就必须满足于此,毕竟演说的我和充当法官的你们仅具有人的本性。因此,在这些问题上,我们应该接受近似的故事(eikota muthon),不再寻求更多。(29b1—d3)

康福德将这段话解读为重申了《理想国》中线喻所传达的信息:"我们对物理学对象的描述与真理的关系一定与生成与存在的关系、也就是相似之物与真实事物的关系一致。这种类比在《理想国》第六卷用线来象征,其中较低部分代表信念以及它不断变化的对象,较高部分代表理性的认识和真正的现实。因此,不存在自然科学这样的东西,我们对物理事物的描述不可能达到所希望的接近精确真理的程度(Cornford [1937]29)。"他认为蒂迈欧在说,物理的对象是生成的,其相应的认知方式是与感觉相关的信念,它的对象与"数学科学的对象、永恒而不变"形成了对比。当蒂迈欧说现实之于生成就像真理之于信念(doxa 或 pistis),他的意思是把物理学放在生成的一边。因此,康福德在解读 29b1—d3 时,认为它只是重申了蒂迈欧在 27d5—28a4 首次提出的存在与生成的对比,并将物理世界置于生成一方。

正如杰弗里·劳埃德指出,康福德的理解实际上把蒂迈欧的立场还原为对自然世界的巴门尼德式否定,认为其不可理知[1]。然而,蒂迈欧关于自然哲学的观点肯定要比这复杂得多,这样说至少有三个原因。首

---

[1] Lloyd(1991)346。典型例证如 Cornford(1937)30,他将蒂迈欧对 eikōn 的理解与巴门尼德、色诺克拉底和赫西俄德的说法联系在一起,认为意指"有说服力却是欺骗性的"。

先,他不仅说物理世界已经生成,他说的是物理世界已经作为一个可理知的实在的似像(eikōn)而生成了。他把这种似像与工匠依照已经生成的模型制作的相似之物(eikōn)相比较,进而指出这个世界之所以美和善,是因为它的制造者和它的范型都是好的。

其次,为了最大限度地展现宇宙的善和美,德穆革使先前以混乱的方式移动的材料变得有秩序(30b)。它给予宇宙 nous,即理智;并因此使宇宙有了 psuchē,即灵魂。灵魂被扩展到整个宇宙身体,这样宇宙就有了一个理智的灵魂来支配它的运动。如我们在第七章中看到的,康福德用来对比理性对象和自然哲学对象的关于存在和生成的相反原则,本身就融入了世界灵魂的构成。康福德自己也指出,世界灵魂的构成使它成为存在与生成的两个世界之间的中介,但他未能为自然哲学的地位给出一个结论。对蒂迈欧来说,世界灵魂是自然哲学最重要的对象,不仅因为它是世界身体的“主人和管理者”,还因为自然哲学的核心伦理目的是通过将个人自身的精神运动同化为世界灵魂的运动来实现的[1]。如果自然哲学的主要对象——世界灵魂本身就是存在与生成混合的,那么说自然哲学的对象仅仅是生成的世界就不对了。

再次,把属于“永恒真理的领域”的数学和“物理的领域”(29)对立起来是不正确的,而康福德显然就这么做。世界身体和灵魂根据几何的原理组合而成。事实上,蒂迈欧的解释中很少(如果有的话)不以基本的几何学为前提的。例如,在对人体的解释中,普遍使用的分离和构成(diakrisis 和 sugkrisis)概念的过程都是基于基本的立体几何的特性。这当然可能是因为几何结构在物理对象中并不持久(参见52a4—7)。但是,特定的物理对象会改变的事实并不妨碍它们会暂

---

[1] Sedley(1997)。

时是几何图形的体现，也不妨碍它们根据几何规则变化。蒂迈欧仍旧用几何构成来规定不同种类的物理对象。这种说法明显有赖于数学理解。当蒂迈欧介绍他立体构成的说法时（53b7—c3），他表示对话者将能理解这种独特的说法（logos），只因为他们接受了必要的教育（paideusis）。考虑到随后叙述的性质，"教育"一词在这里显然意味着数学知识。[1]

《蒂迈欧》从未明确地将数学的使用联系于存在和生成、理性和由感觉而来的信念的对立。如果在《理想国》线喻的背景下去阅读《蒂迈欧》，我们很有可能与康福德的看法不同，会把数学阐述自然界秩序和美感的作用，与线喻中数学在理念和可感实体之间的中介作用联系起来。物理世界将被看作是理念的图像，因为它展现了数学的秩序。在线喻的背景上，《蒂迈欧》将探究线喻中感觉的部分与数学假设，亦即信念和思维（dianoia）之间的关系。其假设是，如果我们可以把感觉变成对数学规则的表达，那么，通过数学的中介地位，感觉也是以理念为模型的。

无论我们如何看待《理想国》与《蒂迈欧》的联系，《蒂迈欧》有足够的内在证据表明，康福德把自然哲学局限于由感觉而来的信念是不对的。自然哲学给出的解释确实具有明显的数学特征。只要数学结构可以作为可感对象的基础，这就似乎与德穆革为了使世界尽可能好，而给予世界相当程度的理性和秩序存在紧密联系。这种描述立即引发了感觉/信念与数学的关系的问题，在自然哲学中感觉和数学认识是什么关系？而这就是我想在本章探究的主旨，鉴于天文学在蒂迈欧的物理学中的核心作用，我将把评论的重点放在天文学中感觉的作用。

---

[1] 参见 Burnyeat(2000b)。

这一问题其实已被广泛讨论过了,在《理想国》中苏格拉底在 530b 中表示"凡是在天宇中的东西(天体),我们都将弃置在一旁不予过问",支持抽象意义上的几何天文学。有人认为这是对经验调查的禁令,而其他人则把这句话理解为,在天文学中使用经验证据必须限制在合适的范围内[1]。无论《理想国》在这个问题上采取什么态度,我都不会在此进行讨论。《蒂迈欧》中的天文学则通常被认为是关于可见的天体,因为它至少在某种程度上是为了解释我们可以观察到的行星运动。事实上,就对话中对我们人生目标的看法而言,我们进行的天文学关于可见行星的运动,这一点很重要,因为我们的灵魂在某种程度上应该通过对天文学的研究与它们结合起来。

本章对感觉在天文学中的作用是这样研究的:我将继续追问蒂迈欧认为感觉可以给天文学理论哪些材料,即按照蒂迈欧的方式进行天文学研究时,感觉作为一种能力如何与理性发生作用。我不会试图从一些具体的段落来说明蒂迈欧如何在实践中用观察去支持关于行星运动的这个或那个说法。我也不会试图去评估在何种程度上蒂迈欧的天文学研究可以被我们可能认识到的"经验"材料证明或解释。我还采用了另一种方法,因为在问蒂迈欧是否以及如何使用经验证据来证明一个特定的主张之前,人们可能想确定,鉴于蒂迈欧对感觉与理性发生作用的看法,蒂迈欧会不会把经验证据放在首位,会的话,又是在何种意义上[2]。所以,在探讨《蒂迈欧》在实测天文学史中的角色这一重要问题之前,有理由首先看看蒂迈欧如何理解感觉和理性在天文学研究中的互动。

---

[1] 为了更广阔的视角,可参见 Vlastos(1980)3—5, Mourelatos(1980)34—5, Lloyd(1991) 348—9, Gregory(2000)48—73。
[2] 感谢杰弗里·劳埃德使我不得不区分这两种方法来研究。

感觉的目的论

《蒂迈欧》通过用目的论来解释感觉,特别是视觉,来展示感觉应当对理解行星如何运动发挥作用。天文学研究世界灵魂的运动,而世界灵魂自身是不可见的(36e6)。然而,宇宙中包含了其运动的可见证据。首先,行星被创造为灵魂运动的计时器(38c3—39b2)。其次,太阳被创造是为了照亮行星的运动,使我们能够观察到世界灵魂的运动所依据的数:

> 为了使这些[天体]在八条轨道上的相对快慢能清晰地得以测量,德穆革在地球外的第二个轨道上点了一盏灯,即我们现在所称的太阳,这样他就能使整个天宇充满光芒,让一切生命体都能从同和统一的运动中掌握数。因此,由于这些原因,黑夜和白天被创造出来,这是最单一、最合乎理智的变化周期。(39b2—c2)

在第五章中我们看到,太阳与视觉的目标一致。两者都是为了给我们数的概念而设计的:

> 那么,在我看来,视觉乃是我们最大好处的原因,因为如果从未见过行星、太阳、天空,那么我们关于宇宙的讨论一个字也说不出来。但是,我们看到了昼夜、月份、年岁、春夏的流转,从而引致了数的发明,赋予了我们时间观念和研究世界本质的能力。从这一源泉中,我们又获得了一种哲学(或"那种哲学":philosophias genos),诸神赐予凡人的恩惠中没有比这更大的了。(47a1—b2)

这段话预先假定了视觉的原因与辅助因的区别。蒂迈欧说,视觉的产生机制不是视觉的 aitía(原因)而只是视觉的 sunaítia(辅助因)[1]。视觉真正的原因是神给予我们视觉的理由,即我们应该通过观察昼夜、月、年的数和时间的运转来有序化我们的灵魂(47a2—c4)。通过观察行星的有序旋转,我们灵魂的运动变得同样有序。这种同化是可能的,是因为在我们灵魂的运动和行星的运动间有亲缘关系[2]。

蒂迈欧所描述的视觉机制加强了这一解释的目的论色彩。在第五章我们看到,视觉的原因在其辅助因上形成的反应。原因要求从最容易理解的单一昼夜旋转开始,来观察行星的运转(39c1,并参考 47a5)。通过太阳光的出现和消失,我们清楚地知道昼夜的运转。同样,眼睛的光在一天结束之后消失,又在第二天重新出现。太阳的光和眼睛因此展示出它们有相同的原因。

总体来说,蒂迈欧提出了两个相关的观点:第一,宇宙以这种可以观察到规律的方式被制造出来。太阳的被造是为了让我们能够看到行星的运动。第二,我们也被这样制造出来,以便实际观察到天体的规律运动。太阳的制造和我们的认知能力的协调显示了神的远见。同时,这也证实了德穆革从创世之初就计划让感觉在我们的认知发展中发挥积极作用。感知宇宙是从这个设计中获益的第一步。正如蒂迈欧所说,从视觉中我们得到了哲学。[3]

---

[1] 这样表达这一区别是因为蒂迈欧通过眼睛的原因来解释视觉;参见 45b3—4。至于区别的标准,参见汉金森(1998)154,243—4 和文中多处。

[2] 参见 47b7。需要强调的是,感觉只有在神的远见下才能成为理性的助力。起初,感觉是理性的障碍(43c5—7,感觉在 69d4 中被称为 alogos。关于人类创作的两个阶段,见第七章。

[3] 还请注意,可见模型被说成是为了解释更复杂的行星运动而必要的(40d)。

蒂迈欧的经验主义？

一种强烈的目的论信号已经出现了，但从什么意义说哲学来自视觉呢？既然视觉的目的是增加我们对数的理解，尤其是对支配行星运动的数的理解，那么我们必须承认，感觉为天文理解做出了贡献这一说法是正确的。然而，这一贡献的确切性质还不清楚。至少蒂迈欧似乎认为视觉是天文理解的必要条件。因此，47a42—4暗示了，能看到天空是蒂迈欧说法成立的必要条件。然而，这一主张与相反的认识论立场是可兼容的。当涉及理性主义或它的老对手经验主义时，关键问题就不是感觉是否为知识的必要条件。经验主义者和理性主义者都可能同意，感觉在某种程度上是知识的必要条件。他们通常分歧于我们对知识所要求的信息在多大程度上源自感觉，也就是知识在认识论上依赖于感觉的程度。理性主义者会争辩说，感觉不够丰富，不能提供知识的内容。理性主义者会强调理性对感觉提供的内容进行概念化或解释的关键工作。从"感觉的内容是贫乏的"这一经典论点可以看出，理性主义者认为感觉提供的内容不足以解释我们在认知过程中处理的信息。因此，我们必须认定，心灵利用其内在资源来研究出我们的知识。相反，经验主义者将试图通过抽象或联想等过程，证明观察到的"给定"内容与我们的知识状态的内容之间的连续性。经验主义与理性主义的区别不应被视为一成不变的，而是可以被视为一个程度问题，即在从感觉到知识的过程中，如何评估我们对信息的依赖性，这些信息由感觉输入，并受到理性影响。

在《蒂迈欧》中，很明显能看到有关理念的知识（nous）在认识论上是独立于感觉的。因为真信念和努斯的不一致证明必须有超越可感实体的理念（51d—e）。这一观点似乎会因承认理念本身可以凭某种方法为感觉所获得而受到挑战。只有在感觉没有给我们有关理念的任何信息时，才能确定这些理念真的与感觉相分离。

然而，这仍然使天文学的地位不确定。一些段落清楚地表明，蒂迈欧并不认为天文认知仅仅是观察行星。他极力反对那些认为"关于天体最确实的证据乃是视觉"而非理性的人（91e），暗示这种人将转世为鸟。他还批评那些用听觉获得愉悦而不是用理解来获得的人（47d）。至少，这些段落表明，观测行星并不是天文认知的充分条件。在另一个场合（39c5—d2），蒂迈欧强调，我们中的许多人对更复杂的行星运转一无所知，因为在观察它们的时候并没有试图测量它们。在这里测量行星的运动似乎是在简单地感觉它们的基础上进行的。感觉本身并没有给我们天文学知识，否则"鸟的大脑"也会有这样的知识了。数学技能的应用似乎才是"鸟的大脑"与真正的天文学家的区别。同样，40c—d表明那些在日食时受到惊吓的人是因为其没有计算能力（logizesthai）。如果我们没有使用我们的心灵，天体就不会揭示它们的数学秘密。蒂迈欧告诉我们（47d3），听觉必须跟随理智（meta nou）和理性，在我们理智的圆形运行里产生和谐。视觉的使用是为了我们能观察宇宙中理性（nous）的运动，并因此造福于人类理性（dianoēsis）的圆形运行（47b6—8）。因此，当视觉被正确运用时，我们就将我们的理性灵魂与世界灵魂同步了，而世界灵魂本身是不可见的（36e6）。换句话说，当蒂迈欧描述正确使用感觉时，他强调的是理性的努力。

然而，这一证据兼容于两种不同的解释。解释（A）：感觉提供了天文学的基本概念。例如，数的概念，但分析和计算控制行星运动的数学关系是理性（nous）的工作。在这种解释上，感觉会提供一些认识上的内容，但理性在处理这些信息时起关键作用。柏拉图确实认为感觉能给我们一件、两件事物的概念，但为了正确理解和应用这些概念，我们需要理性。作为一种平行文本,解释(A)可能在指《理想国》523a—525a中的手指说。在这里,苏格拉底对比了感觉是充足的判断(例如这是手指),和感觉只提供矛盾意见并因此需要理性仲裁(例如这个手指是小还是大)这两种情况。这一段既可以认为感觉本身就具有作出简单判断所需的概念能力,也可以认为即使在感觉本身不能决定某物是一还是二而需要理性帮助的情况下,在理性介入进行仲裁之前,感觉也已经将某物表现为一和二了。解释(B):感觉本身并不提供数学信息,而是提供激活理性本身概念的感性刺激。在这个解释中,感觉对天文学的贡献纯粹是因果关系。作为平行文本,解释(B)可能指的是《泰阿泰德》185c—d中反对"感觉是知识"这一论题的最后论证。在这里,泰阿泰德承认,我们通过灵魂本身而不是感觉器官来感知数与其他常见概念。不是每个人都会同意《理想国》和《泰阿泰德》中的文段指向了不同的立场,但是我在这里提供这些文本,仅是作为各种可能被采用的证据的例子,也表明柏拉图敏感于感觉内容问题在认识论上的重要性。

这两种解释都有其可取之处,而我将根据这两个立场之间的对话建构我的论点。解释(A)可以参考在讨论感觉的目的论时已经提到的几点。如果蒂迈欧仅对感觉考虑因果作用,那为什么他要提供这样一个强调目的论的解释?在《斐多》75a中,苏格拉底甚至在论述回忆的理论时说,我们对相等之类的观念是从"视觉、触觉或其他感知中得出的,它们不能以任何其他方式进入我们的思想"。在这一通常把身体看成是对哲学的一种干扰的对话中,感觉却似乎仍在触发因果的意义上是回忆的必要条件。但在《蒂迈欧》中,我们似乎看到感觉在哲学中得到了一个新的、更有建设性的作用:"从视觉中我们得到哲学。"从蒂迈欧的许多目的论表述来看,如果感觉最终没有比在《斐多》中发挥更丰富的认知作用,像解释(B)说的那样,就肯定相当令人失望。同时请注意(解释A可能继续发展),蒂迈欧声称在没有限定的情况下,昼夜、月份、年份的周而复始被人看见,从而带来了数和时间的概念(47b4—7)。所有人类、甚至是鸟类的大脑,都有数的概念。这就意味着,想要掌握数的概念,所要求的理性非常之少,感觉加上意见就足够了。

解释(B)认为47b4—7只是展现了视觉在理性(phronēsis)的伴随下可能带来的有益后果。因此,蒂迈欧在46e6中说,这些辅助因只有伴随着 phronēsis,才能产生善和美的结果。稍早,当蒂迈欧把白天和黑夜这最简单的循环称为最可理知(phronimōtatē)时,他也使用了来自phronēsis 的术语。换句话说,问题的关键是对黑夜和白天的感觉为理性弄清数的比例提供了最简单的案例,而不是这些比例体现在感觉中。我在昼夜的单一旋转中认识到数字一,而数学家在观察金星的轨迹时发现它表达了更复杂的数的比例,这两者之间只是程度的区别。几乎不需要任何理智上的努力就能把一段光明后的黑暗表示为一天。如果连最迟钝的学生(如《厄庇诺米斯》978d)都有数和时间的概念,那么这并不说明感觉为他们提供了数的信息,而是即使是他们也会受刺激而想到数字一,毕竟从日到夜的区别是如此明显。

事实上,解释(B)可能在蒂迈欧对感觉机制的解释中找到支持。在这个解释中没有任何东西表明感觉能够传递数学信息。在45c7—d3中蒂迈欧说,当视线接触到某物或被其他事物触动时,它会通过身体传达它们的运动,直到抵达灵魂。然而,他没有暗示这些动作所能传达的信息种类。在之后的64b3—6中,蒂迈欧详细解释了"情感"如何通过身体到达灵魂:"当自然流动的东西被哪怕是轻微的情感侵入时,它就会向四周扩散,一个粒子把同样的效果传给另一个粒子,直到它们到达心灵(to phronimon)并传达作用者的力量"。被心灵记录到的感觉是"作用者的力量",接下来有两个例子解释了蒂迈欧用这个短语表达的意思。在60a

中,蒂迈欧说蜜能够放松口腔周围的通道,并通过这力量(dunamis)产生甜味。在66b中,蒂迈欧提及物质"进入口中吸收了热而变软,进而转化为火,刺激那提供热的部位。它们由于轻而往上冲击头部的感官,劈开所遇到的一切",正是由于这些力量,它们才被称为"辛辣"。在这里"力量"似乎是产生物理影响的能力(例如放松口腔),并和某些感官感受相联系(例如甜味)。64b3—6的含义因此似乎是,当生理的感受通过身体传递到心灵时,产生这种影响的作用者的能力就被心灵记录下来了。然而,这种说法也存在歧义。因为当蒂迈欧说这是被心灵记录到的作用者的力量时,我感受到的肯定是蜂蜜的甜,而不会是蜂蜜放松我口腔的力量。[1]换句话说,感受力量的方式似乎是由力量引起的生理性感受相关的可感程度,而不是力量本身。[2]

从区分感觉内容的角度来看,蒂迈欧把他的论述限制在对可感物性质的感觉上,或正如我们所看到的,与可感物性质有关的力量上。不算愉悦和痛苦的话,除了我们通常认为的五种感官对象,蒂迈欧并没有试图解释更广泛的感觉内容。就视觉而言,只说明了我们如何感觉不同种类的光和颜色,而没有说明例如数学概念等如何在视觉中得到体现。在我们所看到的关于感官的描述中,没有任何内容表明感觉本身可以提供任何数学内容。由此推断感觉不能提供数学内容,当然只是诉诸沉默[3]。然而,如果蒂迈欧认为作为感觉目的论一部分,感觉至少为我们提供了一些基本的数学概念,那么他没有在感觉机制中说明信息如何在

---

[1] 这可能是为什么康福德曾把力量译为"属性",又在64b把它译为"质"。在他的注释中他说"感受是关于对象积极力量'报告'给意识:我们看到颜色,听到声音,等等"。

[2] 如果是这样,感觉似乎隐含着一种延伸的看法。即当你看到红色时,你可能会说是在一定的波长下看到的折射光。

[3] [译注]诉诸沉默是指由于论点的主张者没有论证该论点从而推论该论点为假的逻辑谬误。在此指没有论证感觉可以提供数学内容,不代表感觉不能提供。

感觉上表现出来,就成了一个重要的疏漏。

在这一点上,解释(A)可能通过 doxa(信念、意见)的角色来回应。感觉并没有足够丰富的概念去解释数学知识的内容。但关键是,我们要考虑信念的角色,带有信念的感觉足以提供数学内容。我们需要理性来分析和计算这些内容,就像蒂迈欧所说的天文学家那样。但每个人都有时间和数的概念,因为每个人都有关于他们所感觉到的东西的信念(doxai)。

蒂迈欧说法中的信念的本性通常很难确定。它是一种独特的心理功能还是某种认识论的状态? 当他把信念和感觉相提并论,并认为它们处理了感觉问题时,他是否认为灵魂的两个部分在一起工作? 一个部分是亚里士多德造词法会命名为信念(doxastikon)的,一个部分是感知(aisthētikon)。而且,信念影响下的(doxastic)灵魂将能提供超出感觉的信息,但理性(无论是"nous""dianoia"还是其他的理性能力)在我们开始天文研究之前,不会参与进来吗?

蒂迈欧是否把信念视为一种灵魂官能,这值得怀疑。在 51d7 中信念的对象被简单地称为"我们通过身体感觉到的全部事物"。当然,这可能只是一种固定信念对象范围的方法,而不是表示信念所处理的关于可感对象的信息只限于通过身体的那些。解释(A)也可以从以下事实中得到启发,即信念虽然关注可感对象,但仍然由说服产生。因为说服的前提是大量的信息传递,这超出了我们在机制段落中考虑的感受(pathē)。然而,信念和努斯之间的对比,无论是从它们的论证地位(一个是非逻各斯的"alogos",另一个是真正逻各斯的"logos"),还是从它们在人类中的不同分布来看,都表明信念在这里是一个认识论概念,而不是灵魂学概念。有人怀疑,即使信念是由说服产生的,这一事实也是为了指出它的不稳定性,而不是为了评断信念所代表的一系列信息。

至少就世界灵魂而言，信念被描述为整个灵魂把握可感对象的结果（37b6—c2），而努斯和知识（epistēmē）则是世界灵魂把握可理知对象（logistikon）的结果。可以肯定的是，正如我们在第七章所看到的，蒂迈欧在灵魂中区分了"同"和"异"。他让异的圆负责把可感之物传达给整个灵魂，而传达可理知对象则由同的圆负责。但是，这里的圆有向整个灵魂宣布对象的特性的作用，而整个灵魂（pasan tēn psuchēn, 37b7）似乎作为理性的统一体而一起工作。换句话说，信念似乎更应该被描述为本质上是理性的灵魂处理可感事物的结果，即作为认识论的状态，而不是一种独特的灵魂官能。那么，解释（B）可以反驳说，虽然信念预设了比单纯的感觉更高层次的概念化，但这种信息的来源仍然是理性的灵魂。就我们所知，在《蒂迈欧》中，没有明确的信念式能力。

这些仍然是沉默的论证。但是，解释（B）的另一个论点表明，既不需要感觉也不需要信念来解释我们数学概念的起源。这一论点基于蒂迈欧对进入我们身体之前的灵魂构成的描述。我们的灵魂最初是由与世界灵魂相同的成分（如果纯度稍低的话）构成的，并按照与世界灵魂相同的数学比例进行构造。我们现在试图通过天文掌握的正是这些比例。因此，在天文中试图理解的比例根本上与我们自己的灵魂结构所依据的比例相同。当然，与此同时，进入身体使这些比例陷入混乱。蒂迈欧把研究天文的结果描绘成灵魂回到它的原初状态和原初本性。因此，解释（B）可能指出，既然同样的数学信息是灵魂自身结构的一部分，那么用于解释我们在这个世界上如何获得这种信息的感觉理论就多余了。因此，对感觉的描述所需要的不是说明感觉如何给我们提供数学信息，而是说明感觉如何让灵魂获得自己潜在的数学知识，或者至少它如何不妨碍灵魂的此类努力。这就是为什么蒂迈欧把学习的效果表现为回顾（即倒退）而不是进步（即前进）。

鉴于我所说的数学学习的倒退性,有人可能会进一步推进,将某些版本的回忆理论归给蒂迈欧,例如吕克·布里松就是这么做的。[1]当然,如何看待这样的建议在很大程度上取决于我们认为柏拉图的回忆理论首先是什么,而这一点也非常不明确。有些人坚持柏拉图所写的文本,认为灵魂预先了解理念的这段时间确实存在,对于这个理论至关重要。其他人(例如 Vlastos[1994]97)认为,回忆说背后的关键思想是认为某些真理、概念或逻辑原则在一定程度上是灵魂内在的潜能,并降低预先存在和实际出生前的知识的解释力。

蒂迈欧告诉我们,我们的灵魂不仅与世界灵魂的组成方式相同,而且我们的灵魂在我们出生之前就实际了解了行星运动。当我们的灵魂被制造时,他们被分配到一个行星上,然后被展示了宇宙的本质和规律(41e2)。由于灵魂在今生对这些运动的理解被描述为(正如我们所看到的)恢复到它们的原初状态(42c4—44b7),所以似乎今生对行星的感知只是帮助我们回忆起在我们出生前获得的实际宇宙知识的状态。

然而,蒂迈欧从来没有说过,正是因为在出生前已经实际拥有了知识,我们现在才能够获得天文知识。在今生学习时间的数学可能会使我们回到出生前的状态,但这并不意味着只因为我们曾经处于这种状态,所以现在才能够处于这种状态。我们不应该将事后(post hoc)混淆为事中(propter hoc)。蒂迈欧没有说出生前的知识在今生的天文学研究中发挥任何积极作用。所以,严格意义上的"回忆"是一个错误说法。重要的是,灵魂的原初构造现在赋予了它学习天文知识的潜力,天文学是灵魂的理性潜能的完成。蒂迈欧的说法(44b—c)是,天文学实现了我们灵

---

[1] 针对《蒂迈欧》64b3—6,Brisson(1974)认为感受的作用是在它们到达心灵(phronimon)时激起对理念的回忆。心灵通过把感觉与理念联系起来将感觉概念化。

魂的理性本性的目的。忽视天文学的人是残缺的,而且回到哈迪斯时也不完整。在这种情况下,灵魂在进入身体前就被展示了行星运动,这并不重要。事实上,德穆革向灵魂展示宇宙的本质和命定规律的背景,并不是为了说明灵魂后来如何通过天文规范自己。相反,这一背景是为了解释是灵魂本身,而不是德穆革如何该对他们自己带来的遭遇负责。关键是:你已经知道规则了,所以不要怪我(德穆革)。解释(B)很可能与弗拉斯托斯等人对回忆理论的弱化解读相一致。然而,没有证据显示当蒂迈欧说明我们在天文学中使用感觉能力时,对灵魂在出生前拥有的宇宙知识赋予了任何解释价值。

解释(A)也许还有最后一击。因为如果解释(B)是正确的,并且感觉只是激发有关数学的理解,其自身并不提供数学信息,那为什么实现我们潜在的天文知识,需要非常具体的感觉体验(观看太阳、月球、各类星星)?换句话说,如果感觉对于天文并不重要,那么为何认为观看太阳比观看坠落的石块或蜜蜂的舞蹈更有用。解释(B)或许能够对该反对意见做出回应:当我们看到昼夜、光暗的变化模式时,发生的事情是在灵魂中也建立了变化的模式,该模式能够在数学上概念化。比较一下听钟声的情况。滴答、滴答的听觉输入本身并没有告诉我时间。然而,这些变化的频率和规律性可能使我认为一分钟或一个小时已经过去了。在这里,重要的是我受声音影响的频率和规律性,而不是输入本身提供的信息。我同样可以通过感觉手腕上的脉搏或看到灯塔的光线来判断时间,只要这些影响我的频率是有规律的。同样,蒂迈欧的观点可能是,太阳和其他行星的视觉经验提供了正确的因果刺激模式,使我能够识别行星运动的数。并不是因为看见日出日落本身教给了我们时间,而是因为在我们对时间的数潜在理解中,它会让我们认识到灵魂受到影响的特定模式。事实上,蒂迈欧要求我们用听觉去听和谐的音乐,这表明声音和节奏可能对灵魂有同样的影响(47c6—e2)。

我在选择解释时,提供了感觉与天文理解之间关系的证据。对解释(B)的解读最多,我认为总的来说,它比解释(A)更能说明文本的问题。解释(A)的吸引力在很大程度上归功于蒂迈欧对感觉大量的目的论描述,但是当我们看到感觉本身的内容方面时,它就令人失望了,没有令人信服的理由从认识论的角度来解释感觉对知识的贡献。

总而言之,我们已经看到,在自然哲学中,感觉与思维的关系比康福德所说的"闭上眼睛并思考"更复杂。就其本身而言,感觉似乎为我们提供了天文研究的刺激,但仅此而已。观天的人观察到行星向其呈现的光明和黑暗的景象,并试图用理性来计算它们所符合的数学规律。这种思考可能会得到教育的帮助,但最终还是要依靠灵魂本身的理性结构。在天文学方面,蒂迈欧可能因此被描述为理性主义者。理智利用自身的资源来处理输入的感觉,通过数学对其进行分析和解释。但这并不是要削弱感觉在激发这一过程中的关键因果作用,蒂迈欧的目的论用语不断提醒这一点。与康福德相反,当涉及天文时,蒂迈欧所传达的信息最好被描述为"要找到真实,你最好睁开眼睛,然后思考"[1]。

---

[1] 我很感谢剑桥 B 俱乐部(Cambridge B Club)的观众,本章最初是向他们宣读的,也感谢多米尼克·斯科特(Dominic Scott)和弗里斯庇·谢菲尔德的建设意见。

第九章

对话和辩证法

《蒂迈欧—克里提阿》与柏拉图的其他作品一样，通常被称为对话录。然而，从29d6到结尾，也就是说，《蒂迈欧》文本的六分之五采取了独白的形式，《克里提阿》也大致如此。还有其他一些柏拉图对话录包含有长篇的、不间断的演讲，例如《申辩》和《法义》。然而，除了《墨涅克塞努斯》以外，没有其他作品在如此大的程度上由独白所主导[1]。那么《蒂迈欧—克里提阿》中的对话形式怎么了？如果我们还可以称其为"对话录"的话，是在什么意义上说？而如果说柏拉图在《蒂迈欧—克里提阿》里放弃了对话形式，这又对蒂迈欧和克里提阿在其中进行的探寻意味着什么？我们倾向于认为柏拉图的哲学方法是辩证法，至少在涉及问题和答案的狭义上是这样。那么，柏拉图在这部作品中是否改变了他的哲学观念，如果是的话，为什么会是这部作品？

对　话

可以说柏拉图作品中的对话至少能分为四种，而且显然可以更多。一种是作品中人物之间的对话，例如苏格拉底在《斐多》中与西米阿斯和

[1]　其对话部分在《申辩》中得到了实质整合。

刻贝斯讨论灵魂不朽问题。一种是对话的叙述者和他的听众之间的对话。譬如《斐多》里，斐多和埃克格拉底（Echecrates）讨论了苏格拉底与西米阿斯和刻贝斯的对话。这种框架对话可以在多个环节使用，最著名的就是《会饮》里的用法，苏格拉底和第俄提玛之间的对话居然经过了五六个人的转述。还有一种是柏拉图用自己笔下的人物构建的对话，柏拉图利用这些角色来代表他自己的声音。[1] 因此苏格拉底在其中展示了柏拉图认为重要的论点，无论苏格拉底自身是否相信。与前三种不同而又有关的对话类型是柏拉图与他的读者间的对话。柏拉图通过对话中人物的反应给我们提供了线索，告诉我们可能如何对这些论点和思想进行回应（或不回应）。

《蒂迈欧》至少符合这里的三种类型。首先它是柏拉图与读者间的对话。以开头为例，柏拉图让苏格拉底先总结他前一天的谈话，这个谈话中描述了一种政治制度，听起来与《理想国》里苏格拉底提出的制度惊人地相似。但苏格拉底显然说的是另一场不同于《理想国》的对话。因为对话的人物不一样，而且两部对话的戏剧日期也不允许《理想国》发生在《蒂迈欧》的前一天。[2] 显然，柏拉图这样安排是希望我们这些读者时刻牢记并思考《理想国》与《蒂迈欧》中论点的关系。

关于柏拉图与自己人物对话的问题，选择蒂迈欧和克里提阿而不是苏格拉底作为主要的讲述者，这显然意味着什么。苏格拉底声称自己不足以胜任合适地赞美战争中正义公民的任务[3]。部分原因可能是因为苏格拉底像《申辩》和《理想国》表现得那样，缺乏此类的实际政治经验，

---

[1] 参见 Sedley(1995)4—5。

[2] 参见 Cornford(1937)4—5。

[3] 他对克里提阿和赫莫克拉底而不是蒂迈欧说的这些，似乎就在暗示苏格拉底认为蒂迈欧对"演说的盛宴"做出不同于此的贡献。

想要代表好公民行动和发声,这样的经验必不可少。到了蒂迈欧关于宇宙论的演说时,可能是因为苏格拉底宣布过自己没兴趣研究"天空中的事物"(《申辩》19b—e),也没有能力去研究(《斐多》99c—d),所以将《蒂迈欧》中的苏格拉底呈现为专业的天文学家未免过于牵强了[1]。由此可以看出,柏拉图在《蒂迈欧》中与苏格拉底角色互动时,也受到了其他情形下对苏格拉底描述的限制。

就架构而言,这两篇演说还有一个重大的不同之处。克里提阿的演讲,即古亚特兰蒂斯的故事,是他从祖父那里听到故事的复述,而他的祖父又是从梭伦那里听到的,梭伦又是从埃及人那里得到的,埃及人把他们曾听说的故事保存在文献里。这样一来,我们所看到的克里提阿、苏格拉底、蒂迈欧和赫莫克拉底之间的对话框架,就被限制在克里提阿在孩童时期与他祖父的对话中。另一方面,蒂迈欧的演讲与之相比就焕然一新了。[2] 蒂迈欧说的不是他从别人那里听来的事,而是他作为专业的天文学家就宇宙进行的解说。他的叙述开始就说"根据我的看法"。他表示他的演讲是对特定观众的教育,针对的是目前缺少视觉帮助的现实。蒂迈欧的演讲中有一种直接性,与克里提阿演讲的复杂来源截然不同。如果说克里提阿的演讲如此符合其场合的要求近乎一种奇迹(苏格拉底称之为 agathē tuchē, 26e6),那么蒂迈欧就是靠自己让其演讲变得适当。

那么,《蒂迈欧》至少可以说是三层对话,它是作者与读者间的对话(而且又有哪个文本不是这样呢?),也是作者和人物间的对话,还是一种框架对话,至少在苏格拉底总结前一天的对话时是这样。然而,我在这

---

[1] 另一方面的意见参见我在导论中对此的评论。
[2] 关于相反的看法,可参见 Osborne(1996)185—7。

一章中想要关注的是作品中人物之间的对话。现在，如果说《蒂迈欧》中的人物没有相互交谈，那显然是错误的。苏格拉底、蒂迈欧、克里提阿和赫莫克拉底在对话开头就有过交谈，讨论了当天演讲的计划。他们在发言之前寻求互相之间的同意，苏格拉底就对蒂迈欧开始其前奏表示同意。在蒂迈欧演讲结束时，苏格拉底又宣布了听众们对其感到满意。然而，也可以说从前奏到结束，蒂迈欧的听众们一直保持着沉默，苏格拉底也在一开始就宣布打算保持沉默。整个剧场，或者按苏格拉底和克里提阿的叫法，"房子里"没有人打断蒂迈欧，都在静静地听着。

安静的听众在柏拉图对话录里并不罕见，譬如《普罗泰戈拉》和《欧绪德谟》里，对话者身边的一群听众在整个对话过程中没说过一句话。而在《智者》和《治邦者》里，即使是苏格拉底也在埃利亚的异乡人、泰阿泰德和小苏格拉底的对话中保持着沉默。然而，这些例子中的观众听到的至少是多个人在互相对话，而不像《蒂迈欧》里那样只是听一个人在那讲。

如果我们回想一下苏格拉底在柏拉图其他作品中对演讲的反对意见，《蒂迈欧》中的独白或许格外令人惊讶。在《普罗泰戈拉》里，苏格拉底说他自己是"健忘的家伙"，无法听懂长篇大论的演说。只有在普罗塔戈拉愿在辩证的讨论（dialegesthai，335b—c）中作简短回答时，苏格拉底才会与他交流。然后在《高尔吉亚》中，苏格拉底又责备了波鲁斯的长篇大论，并坚持要求高尔吉亚采用简短的问答形式（dialegesthai，449b）。在这些对话中，长篇大论与修辞学联系在一起，和苏格拉底偏爱的哲学对话形成对比。苏格拉底偏爱对话，因为他认为修辞性的演讲不允许我们正确地审视和评估所主张的真理。既然苏格拉底对这些对话中的长篇大论怀有敌意，那么为什么他在《蒂迈欧》中可以接受独白的形式？

让我首先说说解释独白形式的三种方法，虽然其中任一种都不能完美地解释独白,但它们都单独或共同地讲述了一部分。第一种解释是,《蒂迈欧—克里提阿》里的演讲是独白,因为它们是颂词,在希腊的修辞学中被归类为展示性的演讲。在这些演讲中,演讲者通过对其主题的一系列赞美,如高贵的出身、美德、个人事迹和受他人激发的事迹,来展示其修辞技巧。例如高尔吉亚或伊索克拉底对海伦的赞颂。因此,当苏格拉底在《蒂迈欧》中要求对他的理想城邦进行赞颂,而克里提阿和蒂迈欧同意时,我们会想到这意味着演讲将是独白。我认为这答案不够充分,原因在于苏格拉底在《会饮》中的演讲。这演讲也是作为对爱若斯(erōs)的颂词而提出的,然而它首先是苏格拉底和阿伽通之间的直接对话,然后又是苏格拉底和第俄提玛之间的报告性对话。此外,苏格拉底还认为其他的演讲由于采用了颂词形式,都在某种程度上没有充分批判和专注关于爱若斯的真理。既然苏格拉底在赞美爱若斯时可以利用对话形式,那么说苏格拉底要求赞颂所以《蒂迈欧》选择了演讲的说法显然不足以取信[1]。确实,如果苏格拉底想要一个标准的修辞学式的颂词,那么他对演讲者的挑选就显得很奇怪。如果苏格拉底想要一个传统的颂词,那么他为什么不选择一位诗人或智者呢? 蒂迈欧、克里提阿和赫莫克拉底作为哲学家、政治家,既不是诗人也不是智者,反而被选为演讲者。这一点《蒂迈欧》也与《墨涅克塞努斯》形成了鲜明对比,在那一篇中,阿斯帕齐亚的葬礼演说后又紧跟着伯里克利的著名演讲(236a—b),而且符合雅典公民大会的要求(234a—b)。换句话说,不仅没有理由认为苏格拉底希望他的理想公民得到一个常规的颂词,而且还有理由说苏格拉底选择演讲者依据的不只是发表传统颂词的能力。

---

[1] 普罗克洛认为,他们忽略了《墨涅克塞努斯》中的长演说和《斐德若》里苏格拉底的豪言壮语。参见普罗克洛《〈蒂迈欧〉评注》62.5—13。

另一种可能的解释是,蒂迈欧的叙述是独白,因为它是一个神话。每当苏格拉底或柏拉图的其他人物讲述神话时,就会出现从对话到独白的变化。例如,想想普罗塔戈拉在同名对话中的神话,或者苏格拉底在《高尔吉亚》《斐多》和《理想国》结尾处的神话。现在,正如我们所看到的,蒂迈欧偶尔会把他的叙述称为神话,而克里提阿说他的叙述将是描述而不是神话。然而,《蒂迈欧》27a2—b6 表明,所有的演讲都被计划为独白,不仅仅是蒂迈欧的演讲,还有克里提阿和赫莫克拉底的。因此,对话中的演讲之所以是独白,似乎至少有一个原因与个别演讲者是否将其演讲作为神话或描述呈现无关。

第三种解释来自人们对所谓柏拉图“晚期”对话文学形式的观察。在《智者》和《治邦者》等对话中,回答者的出场比所谓的苏格拉底的对话或中期作品要少。正如约翰·库珀所说,“在晚期的对话中……其他发言者很少提出反对意见,他们的评论也很少引入其他对话中那种丰富的细微差别,以至于在很长一段时间内,几乎没有其他东西可以引起读者的注意”[1]。我们可以把《蒂迈欧—克里提阿》看作这种现象的一个极端案例。回答者的顺从程度被带到了一个新高,他们完全不再说话。正如库珀所言:“事实上,《蒂迈欧》和《克里提阿》的内容包含在不间断的话语中,由主要说话者向在场的其他人讲述,甚至在结尾处也没有说明那些人是如何接受的:没有再回到最初引入对话的场景中。”说没有迹象表明其他人是如何接受演讲的,这可能是一种夸张。因为,如前所述,苏格拉底在《克里提阿》108b 处表达了他对蒂迈欧演讲的认可,他在《蒂迈欧》26e 处根据相当长的提要对克里提阿的演讲竖起了大拇指。然而,库珀显然是对的,因为没有迹象表明听众如何参与蒂迈欧和克里提阿演

[1] Cooper(1997) xxi.

讲的具体内容。没有质疑、没有要求澄清、没有批评也没有重新表述发言者的任何观点。这种反应的缺失标志着一个重大的区别。柏拉图的其他后期对话在一个重要意义上似乎仍然是对话。因为无论主讲人如何武断,如何滔滔不绝,在回答者理解并同意他的陈述之前,对话不会往下继续[1]。在《蒂迈欧—克里提阿》中没有与此相当的内容。在蒂迈欧叙述时,他从未寻求他的听众的同意,也从未得到同意。因此可以说,《蒂迈欧—克里提阿》的文学形式表达了后期作品中的一种倾向,即更多地采用说教式的交流方式,而我们从"早期"作品中了解到的对话所起的作用有所减少。但这种趋势仍不能完全解释对话形式在《蒂迈欧—克里提阿》中的消失。

因此,对我们问题的完整回答既不在于这些演讲是颂词,也不在于它们是神话,更不在于模糊了对话和独白的区别。相反,我将论证是《蒂迈欧—克里提阿》的主题使独白形式变得合适。

让我们先注意一下演讲者是如何介绍自己的。他们说,他们就像主人在招待苏格拉底。昨天苏格拉底是主人并招待了其他人,今天他则是其他三人的客人。人们可能会认为,做客与演说是相通的。在柏拉图和色诺芬的《会饮》里,客人们轮流发言。因此,在这些宴会上,主人的职责并不等同于说出所有的话,而客人坐在那里沉默。事实上,可以说会饮的公共性依赖于每个人的发言。然而,在《蒂迈欧》中,"言语盛宴"这一隐喻似乎与其说是指客人们用演讲来互相招待的做法,不如说是指主人为客人提供食物、饮料和其他奢侈品的想法。至少在那些更有声望的宴会上[2],这种招待完全由主人提供。在以后的场合提供同样的款待,这将

---

[1] 关于柏拉图后期对话的形式,参见 M. Frede(1996)和 Rowe(1996)。
[2] 还有证据表明,从 3 世纪初就有自带酒瓶的聚会;参见 Davidson(1998)68。

是好客者(xenia)互惠义务的一部分。在昨天提供了一场语言盛宴之后，苏格拉底现在已经穿戴整齐地出现在这里(kekosmenos, 20c2)，准备接受同样的招待。这就是开篇对话中充满强调互惠的言语的意义（antaphestian, 17b4; antapodōsein, 20c1; antakouein, 27a1; antapolēpsesthai, 27b7）。

对话是互惠的一种模式。通过轮流提问和回答，参与者参与到一种有规则管理的交流形式中，双方都履行了对对方的责任。然而，这并不是柏拉图在《蒂迈欧》中选择的模式。在这里，演讲者按照一个计划演讲，一个演讲的结论为下一个演讲提供了前提。因此，从主题上讲，这些演讲是衔接而不是重叠的。苏格拉底要求在他自己的演讲(logos)之后有另一个。事实上，他在昨天开始演讲之前就已经预料到，他的听众将发表"下一个演讲"(ton hexēs logon, 20b3)。今天的演讲将按照计划(diathesis, 27a2)进行。蒂迈欧将首先讲述宇宙的制作，并一直讲到人的本性。然后，克里提阿将接管(dedegmenon, 27a7)按照蒂迈欧的说法所创造、又按照苏格拉底的说法所教育的人，并将他们投入军事行动。在《克里提阿》的开头，蒂迈欧相应地将"下一个演讲"(106b7)交给了克里提阿。苏格拉底和蒂迈欧之间的开场白就已经暗示了这个计划。

苏："一、二、三，但第四个人呢，我的朋友蒂迈欧，这个人昨天是客人，今天得招待客人。"蒂："他身体不适，苏格拉底。不然他不会愿意缺席这次聚会。"苏："那么，你和在场的其他人也要履行缺席者的职责吗?"蒂："当然，如果有能力，我们肯定不愿遗漏任何东西。"（17a1—b2）

所以，苏格拉底和蒂迈欧已经假设今天的主人们有着一个计划。就好像昨天四个人已把准备饭菜的工作分成了四个部分,蒂迈欧准备开胃菜,克里提阿准备前菜、赫莫克拉底准备主菜、未知的第四个人准备布丁。但现在三个人发现他们必须自己做布丁了[1]。每位发言者都对程序的一个单独部分负责。因此,一旦一个演讲者讲完话,他就会坐下来静静地听。因此,在昨天招待了他的听众之后,苏格拉底宣布今天他将静静地听下去[2]。我们离对话的你说我答有很长一段距离,在《蒂迈欧》中,对话的互惠性已经由连续的独白替代。

这种分工与每个演讲者的独特专长相匹配。苏格拉底在介绍了他对理想城邦公民的描述后,宣布自己没有能力恰当描述他们在战斗中的行动。然而,他的三个朋友正是仅有的能够这样做的活人。事实证明,克里提阿能够完成这项任务,因为他完全掌握了雅典与亚特兰蒂斯战争的故事。正如苏格拉底所说,如果你不考虑亚特兰蒂斯的故事,你还能在哪里找到一个可以适合这项任务的说法(26e5—6)?苏格拉底称蒂迈欧达到了所有哲学的顶点。这种赞美在《理想国》对哲学训练的严格要求之后,具有特别的力量。与其他演讲者比,蒂迈欧在天文学方面的知识特别丰富,因此他被赋予了解释宇宙创生的工作。关于赫莫克拉底的演讲和专长,我们一无所知。将出现在对话中的他与历史上他的角色联系起来是合理的,他是在伯罗奔尼撒战争期间挫败雅典远征西西里计划的将军,这次远征与亚特兰蒂斯对古雅典的进攻类似(参见第一章)。所以他可能是因其独特的军事成就而被选中的。所以,每个演讲者似乎都有特殊的资格来谈论他的主题。

---

[1] 请注意,前一天的演讲似乎也是如此,尽管那些演讲都是由苏格拉底以"我们说"的口吻讲述的。见17c1—2 和20b1—2。

[2] 在演讲的最后,蒂迈欧谈到了一条路或一段旅程,他为完成这段旅程而感到欣慰(106a1—3)。这表明,一旦演讲者完成了自己的工作,就不会再有什么贡献了。

演讲者的专家身份加强了《蒂迈欧—克里提阿》的演讲是说教的印象。蒂迈欧祈求"我可以用你们尽可能容易学习（mathoit'）的方式，用最能体现我的想法的方式来演示（an...endeixaimēn）主题事项"。在53c1—3处，蒂迈欧再次保证他的听众能够跟上他要展示（dēloun）的内容，因为他们知道演示（endeiknusthai）所讲的内容需要经过哪些途径。希腊语中表示"展示""演示"或"显示"的动词多次出现，用来描述蒂迈欧正在做的事情，[1] 而表示"听""跟随""理解"或"接受"[2] 的动词则用来描述听众的角色[3]。

但是，说教的风格与问答形式其实并非不相容。譬如亚里士多德在其《论题篇》表示[4]，说教式的辩证法在 4 世纪的哲学中被认为是演示教学的一种形式。在《智者》的开头（217c—d），柏拉图也将说教式辩证法作为演讲的替代方案，苏格拉底在其中给了埃利亚的异乡人以下选择：

> 当你想向别人解释（endeixasthai）某件事情时，你更喜欢用自己的长篇大论来解释，还是用提问引导的方式来解释？巴门尼德有一次就是这样做的，当时他很老，我很年轻。他用提问题来解释一些非常精细的论点（diexionti logous pankalous）。（White 英译，有改动）

---

[1] 47e4，61c4，48e4，62c4 以及《克里提阿》107a7。
[2] 见 20c3，27a7，50b5，29d2，4，5 和 30a1。
[3] 演讲的说教性质并不意味着观众是被动的或不重要的。因为他们被描述为法官，正如我们所看到的，他们被比作古代雅典的剧院观众，会投票选出最好的戏剧家。它的意思是，在演讲结束之前，观众不会发表他们的意见。
[4] 另参见亚里士多德《辩谬篇》2。

异乡人选择了问答形式,部分原因是这显得更礼貌和友好:

> 只要我还是第一次跟你在一块,我若不采用你来我往式的对话,而一个人在这长篇大论的话,该是多么尴尬。即使我针对的是另一个人,这也会像是我在做示范性教学(epideixis)一样。(White英译,有改动)

据推测,异乡人在这里的意思是,在还没有被听者认为是友好者时,互相交流比自说自话更礼貌。也就是说,除非被视为对先前提议的回应,否则发表独白是不友好的(axenon, 217e6)。在这一点上,埃利亚异乡人和苏格拉底的关系与苏格拉底和作为宴席主人的蒂迈欧的关系形成了鲜明对比。因为在后者处,主人已被视为友好者了,蒂迈欧和其他人正在回应苏格拉底前一天的讲话。但是,"异乡人"给出了另一个喜欢对话形式的理由。他说,当回答者愿意(回应)时,发起对话比进行独白要简单。如果我们把这一点应用到《蒂迈欧》中,演讲者没有选择对话的形式是令人困惑的。因为没有迹象表明,如果蒂迈欧选择通过问答来证明宇宙的本质,听众会进行反驳。事实上,苏格拉底对他的前奏和之后的演讲都大加赞赏。那么,为什么蒂迈欧不选择更容易的对话形式而选择更难的独白呢?

186 在试图回答这个问题之前,让我对蒂迈欧的演讲结构做一些考察。正如这四篇演讲作为一个整体是经过精心策划的,蒂迈欧个人的演讲也是如此。蒂迈欧的演讲和克里提阿的演讲一样,都是事先准备好的。蒂迈欧一开始就知道他要走的路,这将是一条漫长的路。他在旅行前向诸神祈祷,警告我们任务的艰巨性。任何有理智的人在承担任何大小任务之前都会向神灵祈祷,而我们这些要对宇宙大全(to pan)进行说明的人更是必须这样做[1](27c1—7)。这段旅程将把我们从宇宙的创生引到人的本性,这个故事的起点和终点(teleutan,27a6),即人的本性从一开始就已经确定。但是,蒂迈欧从起点到终点所要经历的阶段似乎也早已确定。首先是苏格拉底所说的前奏,其形式是介绍一系列基本的区分(prōton diaireteon tode,27d5)。然后,苏格拉底要求他按顺序(ephexēs)完成主曲(nomos,这是在运用音乐来类比)。

蒂迈欧顺应了这一要求,将叙述分为以下主要部分和次要部分。29d7—31b3 描述了神圣工匠的目标,即构造可理知范型生命的单个的、完整的、可见的相似之物。31b4—34b9 解释了世界身体的构成、形状和运动。34b10—40d5 说明了世界灵魂和它在行星中引起的运动,这些行星是不朽的可见神。40d6—41a6 介绍了所谓不可见的神(宙斯、赫拉等)。41a7—d3 介绍了可朽生命体的制作,即人和借由他制作的其他动物。41d4—47e2 展示了人类灵魂和身体的构造。47e3 标志着一个突破:引入第三个解释原则,即空间,以解释形体的组成和运动。对空间的说明把我们带到了 53c4,之后我们首先得到了对简单形体的数学构成及其运动的说明(53c5—58c3),以及简单形体的种类和组合物(58c4—61c2)。61c3—65b3 带我们了解这些形体的属性(pathēmata),因为它们影响整个人体。这些触摸的对象依次是:热和冷、硬和软、重和轻、光滑和粗糙、愉悦和痛苦。接下来(65b4—68d7)是对影响人体特定部位的属性的叙述:首先是影响舌头的属性,有膻味、苦味、辛味、酸味、甜味(65b4—66c7);其次是鼻子(66d1—67a6);第三是耳朵,有高音、粗砺、响亮、柔和(67a7—c3);第四是眼睛,有透明、白色、黑色、明亮、光彩,以及

187

---

[1] 希腊语用 pan 来代指 epi pantos hormē(各处的使动),pan 有"任何东西"的意思,而 tous peri tou pantos poieisthai 的意思是"所有",即一切、宇宙。

不同的混合颜色(67c4—68d7)。在解释了所谓的构造材料之后,蒂迈欧现在开始(68d8—81e5)说明人体的各个部分和它们与灵魂有关的功能。这使我们依次了解了心、肺、胃、肝、脾、肉、骨及其关节、皮肤、消化系统和呼吸系统以及血液。这些反过来使蒂迈欧能够解释死亡和疾病(81e6—87b9)。首先是身体的疾病,分为三类,还有更多的子类(81e6—86a8),其次是灵魂的疾病(86b1—87b9),分为两类。接下来是讨论了身体和灵魂疾病的正确治疗和预防(87c1—90d7)。最后(90e1—92c9),蒂迈欧通过(在灵魂疾病的背景下)解释女人和其他动物的形成,完成了他的叙述。

其整体结构是:(a)身体和灵魂的区别以及(b)不朽的和有朽的动物的区别,然后是进一步的细分。特别是在对人类本性的描述中,蒂迈欧似乎是按照分类法来工作的。灵魂的各个部分被划分后,他系统地浏览了身体的各个部分和功能,又提及了疾病的分类法和相应的治疗方法。正如我们将看到,这种系统化的做法并非没有问题。但最值得注意的是,蒂迈欧试图按照他的计划来铺排他的材料。

苏格拉底要求蒂迈欧按顺序完成他的叙述,而顺序是蒂迈欧呈现其材料的方式的关键词。他通过一些短语来标明从一个章节到另一个章节的转变,比如"既然如此,就有必要按顺序说接下来的事情"(30c2);"让我们把关于……的事情说到这里吧"(40d3—5);"现在以这种方式阐述之后,让我们来讨论一下"(40d3—5);"现在,以这种方式阐述之后(meta touto),让我们以下面的方式探讨接下来(ta hexēs eikota)的可能性"(59d2—3);"有必要以同样的方式追究接下来的事情"(72e1)。[1]这些"连接处"强调了蒂迈欧是按顺序进行演讲的,就像他在待办清单上

---

[1] 另见61d4—5。

——打钩一样。

为什么蒂迈欧如此关注他演讲的顺序？我认为，因为他想使其演讲尽可能与主题，即有序的宇宙相类似。蒂迈欧想让他的叙述与它的主题相类似。我们首先在 29b4—c2 的关键方法论段落中看到了这一点：

> 对于稳定持久、可以被理性把握的事物的描述，本身也持久而不可改变。只要这一点可能，且描述的本性是没有争议、不可辩驳的，那么就必须让它们是这样。而当一种描述是有关依照它物的形象所制作之物，有关仅仅是相似之物时，这一描述本身也处在仿佛之间。

根据这段话，亲缘关系（亲属般的相似）是我们对任何事物进行解释时应该努力的目标。如果我们在解释永恒的存在，我们的目标应该是持久而不可改变的解释，就像这些存在本身。当我们对宇宙的描述，也就是对永恒生命的相似之物进行描述时，我们应该努力使它达到似真的。

描述应该与所描述之物同步的这一想法，也对描述所选择的文字形式产生了影响。我将通过对蒂迈欧的结论段落进行一些观察来说明这一点。这些观察将使我们能够发现蒂迈欧叙述的文字形式与其主题——"宇宙"——之间的密切联系。

这是《蒂迈欧》的结束处：

> 因此我们现在可以说，我们对宇宙的叙述已经到达了它的终点（telos）。这个宇宙已接受并填满了（sumplērotheis）有朽和不朽的生命，宇宙就像一个可见的生命包含着可见的种种，宇宙作为一个可感的神，是可理知的生命的相似之物。这时，最伟大、最好、最美、最

完整的宇宙生成了，独一无二。（92c4—9）

这一结束语以环状结构[1]回应了蒂迈欧的叙述开头时的一段话（30c2—3163）：

> 当我们的创造者创作我们的世界时，他让它类似于什么生物？我们不要认为它是那些其本性为部分的东西，因为任何不完整（atelei）之物的相似物都不可能变得美。相反，让我们放下心来，宇宙比其他任何东西都更像"那个生命"，所有其他生命都是它的一部分，无论作为个体还是种群。因为"那个生命"本身包含了所有可知生物，就像我们的世界是由我们和所有其他可见生物组成的。由于神只想让世界像最美好的可知事物一样，在各方面都是完整的（teleōi），所以他让世界成为一个单一的可见事物，其中包含了所有本性与它同类的生命，……为了使这个生命在唯一性方面与完整的（pantelei）"那个生命"一样，创造者既没有创造两个，也没有创造无限多的世界。相反，我们的宇宙是作为唯一的同类事物（heis hode monogenēs ouranos）而出现的，现在是这样，将来也会继续是这样。（Zeyl 英译）

在前面这段话中，蒂迈欧阐述了德穆革创造宇宙的目的。神圣工匠最基本的目标是使宇宙尽可能好、尽可能美（30a）。这就是为什么他首先着手使宇宙完整，"因为不完整的东西是不美的"。现在，我们在结束处被

---

[1] 正如 Archer-Hind(1888)345 指出的："柏拉图这样呼应他以前的语言，无疑是为了向我们保证，起初的承诺已经实现……"

告知,宇宙已经被创造为最完整了(teleōtatos)。所以任务已完成了。然而,我们也被告知,该叙述已经走到了它的终点。这个关于叙述完成的说法与关于宇宙完整性的说法之间的联系似乎很直接:对宇宙的描述是完整的,因为它已经证明了宇宙的完整性。由于德穆革已经完成了他的制作,蒂迈欧的创作也因此达到了它的终点。

第二,注意"充满"这个词。宇宙之所以完整,是因为它充满了神圣工匠的模型中所包含的所有不同形式的生命。宇宙已经被证明包含了理念范型所包含的所有种类。因此,我们已经实现了蒂迈欧在他的论述开始时为工匠神定义的目标:

> ……由于神只想让世界像最美好的可知事物一样,在各方面都是完整的,所以他让世界成为一个单一的可见事物,它本身包含了所有本性与它相同的生命。(30d1—31a1)

无论是在提出一个包含所有必要生命体的宇宙的意义上,还是在关于宇宙的演讲已经限定了所有需要包括的必要项目的意义上,我们都已走完整个历程。因此,"充满"这一术语应在确立宇宙的完整性和蒂迈欧关于宇宙的描述的两个背景下看待。在作品的开头,苏格拉底问道:"你们和这里的这些人的工作不就是要填补(anaplēroun)缺席者的部分吗?"苏格拉底想要的完整性在蒂迈欧的叙述中得到了实现。其他发言者是否也会履行他们的职责,还有待观察。

第三,注意该段的最后一句话。"这个宇宙已经生成,独一无二"。重复"一个"(heis)和"独一"(monogenēs)是为了强调被造世界的统一性。在这一点上,结论再次与31a—b的段落相呼应:"所以为了使这种生命在唯一性方面与完整(panteles)的生命一样,创造者既没有制作两个,也

190

没有制作无限多的世界（kosmoi），而是制作了这个已经出现的单一宇宙，并且它将继续是一（heis）"。这种言语上的对应关系很强，再次表明工匠神和蒂迈欧的任务已经完成。还请注意，最后一个词与整个作品的第一个词 heis 相呼应。最后一个词，就像第一个词一样，在柏拉图中往往是很重要的。[1]这里重复强调"一"，宣告了作品的完成。蒂迈欧的叙述已经完成了，而且正如我们可以说的，呼应苏格拉底的第一句话，"一、二、三"。

宇宙已被证明是完整和唯一的。因为使宇宙完整和唯一是使它变得善和美的一种方式，所以正如蒂迈欧所说，宇宙也被证明是"最善和最美"的（aristos kallistos te，92c8）。然而，正如我们看到，这个结论也证明了蒂迈欧叙述的完整性。蒂迈欧以一种反映宇宙本性的方式构造了他的叙述。事实上，蒂迈欧在他自己作为言语上的宇宙的创作者和作为实际宇宙的创作者的工匠神的行为之间作了明确的平行设计（《克里提阿》106a3—4）[2]。蒂迈欧的论述是文字中的宇宙，它代表着实际的宇宙。文字中的宇宙是完整的，因为它代表的实际宇宙是完整的。蒂迈欧在文字中做了德穆革在现实中创作世界时所做的事，他在言辞中描绘制作了一个尽可能符合德穆革曾经在现实中塑造的相似之物。

这一点可以用"目的论"这一关键概念的不同方式来表述。我们看到的是，目的论在蒂迈欧的叙述中有两种不同形式。首先，它是一个原理，我们根据这个原理来解释神圣工匠如何制作世界。他制作宇宙的目的是让它尽可能美。但对蒂迈欧来说，目的论也是指导他演讲的原理。蒂迈欧创作了他对宇宙的描述，使它具有与宇宙相同的完整和美的品

191

［1］ 参见 Burnyeat（1997a）17—19。

［2］ 也请注意蒂迈欧把自己比作逻各斯的建造者（69a6—7），其中同源的动词"建造"被反复用于德穆革（如 28c6，33b1，36e1，70e3，91a2）。

质。通过这样做,他的叙述适合且匹配了其主题[1]。

我认为,蒂迈欧的结论既代表了德穆革实际制作行为的完成,也代表了蒂迈欧文字创作的完成。也许,如果我们引入"世界是一种生命"的观点,目的论作为文学创作的原则就会体现得淋漓尽致。正如我们所看到的,蒂迈欧在他的结论中说,宇宙作为一种可见的生命而存在,它本身包含了所有不同种类的生命。然而,蒂迈欧表示,他所做的关于这种生命的演讲在某种程度上也像是一种生命。在《斐德若》中,我们熟悉这样的观点,即言辞应该像生命一样,有头、有躯干、有腿:"每个言论(logos)必须像生命(zōion)一样构造,有自己的身体,所以它既不是没有头,也不是没有腿,而是有中间和四肢,互相配合(preponta),和整体相配"。在《蒂迈欧》中,这一思想被应用得特别贴切,因为蒂迈欧演讲的主题本身就是一种生命。通过像生命一样,演讲显示自身是对宇宙的适当描述。但是,如果演讲要像一个合适的生命,它就必须有一定的形式。一个恰当的言说不能像恩培多克勒的牛头人身形象那样,是各部分的随意集合。[2]因此,蒂迈欧试图在他演讲的不同部分保持秩序和比例。最明确的例子是在69a—b:

> 让我们快速地(dia bracheōn)回顾从开头到现在所抵达的地方,然后给我们的故事最后加个首和尾(teleutēn kephalēntē),一个与到目前为止我们所说的所有相符的首和尾。

"首和尾"的形象很好地把重点放在了语言作为生命的一般形象中的完

---

[1]《蒂迈欧》中大量的"目的"用词有助于加强这种联系。

[2] 参见亚里士多德《物理学》198b32。

整性上。这个头也应该与前面的叙述相协调（harmottousan）的要求，强调了对演讲的比例性的关注，这也与生命合比例的形象一致。现在，比例对蒂迈欧很重要，因为它是美的主要表现。神圣工匠通过对世界施加规则的几何形状和比例，使其变得美。蒂迈欧说："美的东西不是不成比例的"（to de kalon ouk ametron, 87c5）[1]。因此，蒂迈欧对宇宙生命的整体和其中的生命的比例都给予了极大的重视。鉴于蒂迈欧在言辞中的宇宙和实际中的宇宙之间的平行关系，因此，合比例性作为他的演讲结构的指导就不足为奇了。

演讲的合比例性既表现在演讲各部分的相对大小上，也表现在它们的顺序上。因此，在以世界身体的构成开始他的叙述后，蒂迈欧在34b10—35a1处检讨自己：由于灵魂是在身体之前被制作的，并且是身体的统治者，我们应该从灵魂而不是身体开始叙述。在87c1，蒂迈欧又告诉我们，好的东西比坏的东西更有资格成为我们谈论的主题，因此我们应该从讨论疾病转向对健康的适当维护。在这两个例子中，蒂迈欧表明他关心的是如何使其叙述与主题的重要性和价值相称。对宇宙本身按比例的叙述体现了宇宙各部分的秩序和相对重要性。

但在69a—b，以及整个叙述过程中，蒂迈欧也在关注保持适当的论述长度。所以他在90e1—6规定：

我们应该继续简要地（dia bracheōn）提出其他生命产生的方式，没有必要延长时间（mēkuein）。因为这样一来，在关于这些主题

---

[1] 将这一原则应用于生命，他说："因此我们必须说，要成为美的生命必须有良好的比例。"（87c）对生命来说，最重要的比例是它的灵魂和它的身体之间的比例："想象一下，一个身体由于腿太长或其他东西太大，与自己比例不合。它不仅丑陋，还会给自己带来无穷的麻烦……"这就是我们应该如何看待灵魂和身体的结合，即我们称之为生命的。

的演讲中,有些事物会显得与其自身更合比例(emmetroteros)。[1]

正是这种对其叙述的合比例性的关注,导致蒂迈欧压制或沉默了其他叙述和反对意见。下面是蒂迈欧处理长时间讨论的可能性的另外四个例子。在51c—d,他对关于理念存在的讨论的长度进行了如下的控制:

> 现在,如果我们不考虑这个问题,让它处于未决定和未裁决的状态,而只是坚持认为这种东西存在,那么我们当然不会对我们面前的问题进行公正的处理,但我们也不必在一个已经相当长(mēkei)的论述中再附加冗长的离题话(mēkos)。然而,如果出现一个伟大(megas)的定义(或极限[horos])的简要定义,这正是时机(egkairiōtaton)。

之前,在38d6—e2,他缩短了对行星位置的讨论,他说:

> 如果有人要解释所有这些东西,那么,尽管其与主要议题(ōn parergos)相关,但这一叙述将是比其所能达到的目的要更多付出的任务(pleon ergon)。也许在我们的闲暇之余,这些事情可以得到应有的处理。

在54a5—b2,蒂迈欧正在讨论的问题是,我们应该把哪些三角形作为构造简单形体的最基本的三角形:

---

[1] 参见 dia brachutatōn, 89e6。

就我们自己而言，我们认为在这些众多的三角形中，有一种三角形是最好的，而其他的都不重要。这个理由说来话长；但如果有人反驳，表明不是这样的，那么他的奖品就是所有人的善意。[1]

然后在 57d7—e1，蒂迈欧提到，如果有人不同意运动和静止的性质，那么他的后续论述（tōi katopisthen logōi）就会出现严重问题。蒂迈欧的评论强调了辩证法的对手可能会，就像这一论述一样，挖空心思，挑起一场漫长的讨论。

我认为蒂迈欧对其演讲部分的适当顺序和大小的关注，体现了我所说的作为文字创作原理的目的论。蒂迈欧按顺序讲述了宇宙的各个部分，试图通过他的演讲来表现宇宙的秩序。正是从这一原理的角度出发，我想解释他的演讲以及克里提阿的演讲是作为独白而不是对话的事实。通过独白的方式讲述，蒂迈欧确保了其言论的合比例性和完整性，从而确保了其言论的美感。当蒂迈欧排除其他人声音时，至少部分原因是他无法在保持其叙述的合比例性的同时为他们提供答案。回答反对意见或提供理由有可能延长他的讲话（mēkunein），使他的讲话部分冗长。用生命的比喻来说，就是使腿对躯干来说太长，这将使动物变得丑陋。

为什么美、比例和完整性在这部作品中如此重要？我相信答案就在于其主题。如果不能以合比例的方式完成这一叙述，就意味着在某种意义上，这一叙述根本不是对宇宙的叙述。任何空白或不相称的地方都将意味着，作为一个对宇宙的描述，它并不代表德穆革所要制作的有序、整体的宇宙。在所有的主题中，宇宙需要完整和合比例的描述。不合比例

---

[1] 参见 Hermann 和 Cornford 对 μη 的理解。

和空白将代表描述和主题之间严重缺乏契合,描述将不再与它的主题相似(suggenēs)。正是由于这个原因,蒂迈欧的叙述需要可以进行最高水平的控制,因此它是独白[1]。

我认为,蒂迈欧中独白形式的使用应该结合目的论的构造原理来理解,根据这一原理,美、比例和完整性应该在叙述中得到最大程度的体现。现在,如果美是蒂迈欧讲辞构造的目标,那么在一个重要的意义上,也就意味着该描述只能作为一个整体来评估。因为美需要就是整体性。你不会根据生命的腿长来判断它的美,而是根据它的腿长与身体其他部分的大小关系。同样,只有当我们完整地听完了蒂迈欧的叙述,才能正确地评估其美感。正如我们所看到的,中断、反对和澄清的要求不仅有可能破坏叙述的合比例性。在一个重要的意义上,它们也是不恰当的,因为只有作为一个文字的宇宙,才能对该叙述进行整体的判断。作为一种持续评估、审查或澄清的方式,问答形式对于只能作为一个完整的整体来评估的描述是不合适的。例如,当我们还没有看到这些三角形的用途时,就质疑为什么简单形体应该由蒂迈欧选择的这些三角形组成,而不是由其他三角形组成,这就忽略了蒂迈欧的叙述提出了一个整体性的思路,一个作品的美在于它的整体秩序、设计和配合。作为蒂迈欧叙述的听众,我们需要对整部作品做出判断。只有当我们考虑到整个叙述时,我们才可以问,其中的任何部分是否可以从整体上来说做得更好。

这一点让我回到了苏格拉底在19b的要求,即我在第一章开始讨论的:

---

[1] 在保持构造的控制方面,蒂迈欧的独白再次成为德穆革行为的镜像。德穆革不与小神讨论他的创作,小神只是在他的命令下模仿他的行为。注意蒂迈欧在27d的祈祷和德穆革对小神的讲话之间的相似性。

例如，假设一个人看到美的生命，无论是绘画作品还是实际活着但处于静止状态的生命，都会被触动，希望看到它们运动起来，从事一些似乎适合它们身体的活动；那么，这正是我对我们描述的城邦的感受。

苏格拉底把自己放在旁观美丽生命的角色中。但是，正如我们从蒂迈欧的演讲中得知的那样，生命的美是由整体的比例来判断的。那么，蒂迈欧的演讲，就像它所描述的生命一样，只有在它完成后才能被评判。在表述他的要求时，苏格拉底用过去时（theasasthai, akousaim' an）提到了他想看到生命的运动和听到关于这些运动的叙述。过去时表示一个完整的看或听的行为，我猜测，它们表明苏格拉底打算把这个叙述作为一个完整整体来判断，而不是在它发展的过程中就判断它。与此相一致的是，苏格拉底在蒂迈欧完成了他的叙述后才做出裁决。就像戏剧的观众（to theatron）一样，直到最后一幕结束，他才对这出戏的美感做出判断。

蒂迈欧完成了他的讲述，但并非没有困难。圆并没有画得很整齐。在关键时刻，蒂迈欧不得不重新开始他的叙述，或纠正先前的不准确之处。在第一个场合（34b10—35a1），正如我们所看到的，蒂迈欧暗示，在身体之前解释世界的灵魂是恰当的，因为灵魂先于和高于身体。他对为什么先讨论身体的解释是："在很大程度上参与进了偶然和随机，就像我们说话的方式一样。"[1]（34c2—4）蒂迈欧未能遵守适当的言语秩序的那些转折，似乎说明了他在演讲中提出的观点，即良好的秩序绝不

---

[1] 在第二个场合（48e），蒂迈欧告诉我们，他认为两个本原就够了，但现在讨论（logos）迫使他引入第三个。未来时的"有"（hexein）表明蒂迈欧在纠正自己：他之前对讨论的预期并不正确。

是毫无例外统治着宇宙。事实上，正如我们在第七章中所看到的，消除我们灵魂置入身体带来的无序是摆在我们人类面前的任务。蒂迈欧话语中良好秩序的缺失是对这项任务难度的重要提醒。德穆革试图在宇宙中建立良好的秩序，只要它可能，但宇宙中体现的目的论是有限度的。同样，由于我们人性的局限性，蒂迈欧的言论中的良好秩序也有局限。这些限制表现在蒂迈欧需要修改他的叙述才能完成。

这让克里提阿的说法何去何从？我在一开始就说过，对蒂迈欧演讲的独白形式的任何描述，原则上也必须适用于其他演讲。克里提阿的论述与蒂迈欧的论述是同一总体计划的一部分：展示活动起来的善好人类、即苏格拉底的美好生命。构造、完整性和合比例性的目的论标准也与他的叙述有关，因为善好公民在战争中的行动应该典型地显示这些品质。在他持续近两页的请求宽恕（suggnōme）之后，克里提阿说，只要他完全记起梭伦的故事，他就会以一种有分寸或合比例的方式完成他的简述（doxomen ta prosēkonta metriōs apotetelekenai，108d6—7）。这种用语似乎呼应了蒂迈欧试图为自己的演讲画上一个和谐的句号（69a—b）。克里提阿对古代亚特兰蒂斯和雅典的地理和制度的描述，可以被解读为与蒂迈欧对宇宙的描述类似，都表现出几何秩序和简单性的关注。[1]因此我认为，我所说的用目的论的构成标准来解释独白的格式，原则上也适用于克里提阿的叙述。

然而，如果克里提阿与蒂迈欧一样有雄心壮志，要提出一个完整而合比例的叙述，那么他未能完成的叙述就更加引人注目。我们可以从这种不完整中推断出什么？它是否像威利弗（Welliver）所说的那样，对克

[1]　关于两种描述的主题联系，参见第一章。

里提阿的记忆或其性格产生了负面的影响[1]？克里提阿冗长的宽容请求表明他有表演焦虑，这可能是他不能胜任这项工作的一个信号。克里提阿在宙斯准备向其他神明讲话以惩罚日益堕落的亚特兰蒂斯人时停止了演讲，这也有一定的讽刺意味。因为在开场白（《克里提阿》107a7—e3）中，克里提阿将他描述人类行为的任务与蒂迈欧描述神的行为的任务进行了对比，说他自己的任务比蒂迈欧的要困难得多。此外，如果克里提阿与僭主克里提阿有关联，甚至被认为是同一个人，那么要求他谈论苏格拉底的理想公民的行为就更有讽刺意味。也许我们根本就不应该期望克里提阿能做到。让克里提阿成为未能回报苏格拉底的款待的人，似乎恰如其分地表达了柏拉图认为克里提阿在其政治生活中如何侮辱了苏格拉底对话的遗产。另外，克里提阿讲话的不完整性可能更普遍地反映出，对于我们中任何一个像克里提阿一样在一个有缺陷的社会中成长起来的人，描述理想公民的行为是很困难的。对于像蒂迈欧这样的哲学超人（Übermensch）来说，也许是有可能的，他是管理良好的洛克里的公民首领，也是超凡的哲学家，可以展示众神制作的宇宙，尽管正如我们所看到的，即使他去做也有困难。但克里提阿和赫莫克拉底是在多事的雅典和享乐主义盛行的叙拉古长大的小人物，他们被要求描述理想公民的行为。第四位发言者的缺席也许是一种预兆，苏格拉底昨天给他们布置的任务对这些在混乱的城邦中长大的人来说毕竟太过艰巨。

《蒂迈欧—克里提阿》中对独白形式的偏爱，使我们对柏拉图使用对话的总体看法有什么影响？《蒂迈欧—克里提阿》本身并不意味着柏拉

---

[1] Welliver(1977)44：我们现在可以看到克里提阿在描述亚特兰蒂斯的惩罚时陷入沉默的全部讽刺，他自己就是一个真正的亚特兰蒂斯人。

图式对话的消亡。传统上认为比《蒂迈欧》晚的其他作品，如《法义》，又恢复了对话的形式。相反，《蒂迈欧》显示的是柏拉图在根据主题调整写作形式方面的灵活性。一个单一的、合比例的、完整的宇宙最好由一个单一的、合比例的、完整的言论来再现。宇宙构成的目的论已经被文字构成的目的论复制。《蒂迈欧—克里提阿》本身就已经是一个良好秩序的例子[1]。

---

[1] 本章最初是在布里斯托古典学研究研讨会上宣读的。我特别感谢詹姆斯·道尔（James Doyle）、阿莱卡·利亚内里（Aleka Lianeri）、米里亚姆·伦纳德（Miriam Leonard）和伊莫金·史密斯（Imogen Smith）的建设性批评。

后　记

　　在《蒂迈欧—克里提阿》的开头,苏格拉底把自己比作一个希望观察运动中美好生命的观众。在这部作品的结尾,世界及其居民已经被证明就是这样。宇宙本身就是一个在时间和空间中运动的美好生命,它由动物、行星、人类和其他东西组成,其设计显示出最大可能的理性。即使是城邦和它的行为也可以通过它在更大的宇宙秩序中的位置来理解。作为读者,我们被置于宇宙观察者的位置,就像《伊利亚特》第 18 章中阿基里斯盾牌上著名的预示,以及本书封面上的图案,邀请我们理解我们作为人类和公民在世界秩序中的角色[1]。如果这就是我们生活的世界,如果这就是自然界的运作方式,那么我们就应该按照这个方式安排我们的生活。《蒂迈欧—克里提阿》诱导我们过上一种有秩序的生活,不是通过压倒式的论证,而是通过展示我们在一幅画中的位置。正是这幅画的细节和完整性吸引了我们。宇宙论在这里发挥了重要作用,特别是对于我们这些不是在秩序良好的城邦中长大,因此缺乏对良好秩序范式的第一手经验的人。对于这些人,柏拉图在《蒂迈欧》中指着宇宙说,看看行星的有序运动,看看简单形体的几何构成,甚至考虑一下你自己身体的

---

[1]　参见 Taplin(2001)357:"盾牌上的城邦将《伊利亚特》本身纳入视野:它将战争和英勇纳入整个世界的视野……就好像荷马允许我们暂时从诗中退后,在更大的景观中看到它的位置,像一幅画的复制品中的'细节'一样……"

构成:在任何地方你都会发现合理的秩序是最好的。因此,如果你想把你的生活安排得最好,你也应该按照合理的秩序来进行你的生活。

目的论在这种证明中发挥了关键作用。正是目的论解释在宇宙及其各部分的普遍适用性,使我们相信善是一种我们可以信赖的力量,它也会在人类事务中获胜。因此,目的论一直是本研究的关键主题。我们看到目的论在蒂迈欧和克里提阿的叙述之间提供了一种联系,因为它们分别说明了善是自然界和政治的组织原则(第二章和第三章)。宇宙目的论被证明是由神圣工匠支撑的(第四章),他的目的不仅在天的形成中发挥了关键作用,而且在说服必然(第五章)和组织载体中的简单形体(第六章)中也发挥了关键作用。目的论被认为是解释人类灵魂三分及其与身体关系的基本原理(第七章)。视觉在刺激天文学研究方面的关键作用从目的论的角度得到解释(第八章)。最后,蒂迈欧的论述本身就体现了宇宙目的论所提倡的美丽和合比例的相同价值(第九章)。

对一些人来说,这样的世界观可能意味着一个舒适的华兹华斯式的天堂:

> 这是我诚挚的祈求,我也诚挚地相信:
> 自然绝不会亏负爱她的心灵;
> 她有独具的权能,总是不倦地
> 引导我们,在悠悠一生岁月里,
> 从欢乐走向欢乐。她能够激发
> 我们内在的灵智,让安恬与美
> 沁入我们的心脾,用崇高信念
> 把我们哺育滋养;惟其如此,
> 世人的飞短流长,无稽的指责,

自私之徒的嘲讽，伪善的寒暄，

无聊的交往，都不能使我们就范，

也不能干扰我们怡然的信念——

宇宙万物，无一不仰慕天恩。[1]

（华兹华斯《抒情诗》之《廷腾寺上游几英里处的诗行——记重游怀河河岸》）

　　然而，柏拉图的自然观是一种深刻的非人格化的自然观。有人可能会反对说，如果柏拉图没有把人类的价值观投射到自然，他就不会在自然中发现善。然而，自然界所体现的这种善是一种数学秩序，我们许多人都会发现它没有任何具体的人的特征。正如我们在第一章和第七章中所看到的，人类的情感，如爱、愤怒、恐惧和勇敢，对本质上的理性灵魂来说是附属的。当我们生活在一个人的身体里时，这样的情感可能有一定好处。但最终的既定目标是舍弃这些情感，通过天文学，与天体的理性运动相一致，从而回到纯粹理性的星星一般的生活。如果大自然在这里为我们提供指导，它不是以情感安慰的形式，而是以严格数学的形式。对柏拉图来说，模仿自然就是把自己变成一个比人多得多也少得多的东西。

---

[1]［译注］此处采用了杨德豫先生的译文。

参考文献

柏拉图作品的原本、译本和评注

Archer-Hind, R. D. (ed.) 1888, *The Timaeus of Plato*, London.

Barnes, J. (ed.) 1984, *The Complete Works of Aristotle. The Revised Oxford Translation*. Princeton. (In two volumes.)

Brisson, L. (transl.) 1999, *Timée suivi du Critias*, Flammarion, Paris.

　1974, *Le même et l'autre dans la structure ontologique du Timée de Platon; un commentaire systématique du Timée de Platon*, Paris.

Burnet, J. (ed.) 1911, *Plato's Phaedo*, Oxford.

Bury, R. G. (transl.) 1960, *Plato: Timaeus, Critias, Cleitophon, Menexenus, Epistles*, Loeb Classical Library, Cambridge, Mass.

　(transl.) 1981, *Plato: Laws II (Books 7 - 12)*, Loeb Classical Library, Cambridge, Mass.

Cherniss, H. (transl.) 1989, *Plutarch. Moralia: Part 1*, Loeb Classical Library, Cambridge, Mass.

Cooper, J. (ed.) 1997, *Plato. Complete Works*, Indianapolis/Cambridge.

Cornford, F. M. 1937, *Plato's Cosmology*, London.

Diehl, E. (ed.) 1903 - 6, *Procli Diadochi: In Platonis Timaeum Commentaria*, Leipzig. (In three volumes.)

Dover, K. (ed.) 1980, *Plato Symposium*, Cambridge.

Frede, D. (transl.) 1993, *Plato Philebus*, Indianapolis/Cambridge.

Gagarin, M. (ed.) 1997, *Antiphon: The Speeches*, Cambridge.

Grube, G. M. A. revised Reeve, C. D. C. (transl.) 1997, *Republic*, in Cooper (1997) 971 - 1223.

Hackforth, R. (transl.) 1945, *Plato's Examination of Pleasure. A Translation of the Philebus*, Cambridge.

Hankinson, R. J. (transl.) 2002, *Simplicius, On Aristotle's 'On the Heavens 1. 1 −4 '*, Ithaca, NY.

Hardie, R. P. and R. K. Gaye (transl.), *Physics*, in Barnes (1984)316 − 446.

Hussey, E. (transl.) 1983, *Aristotle. Physics. Books 3 −4*, Oxford.

Jacoby, F. (ed.) 1923, *Fragmente der griechischen Historiker*, Berlin.

Kock, T. (ed.) 1880, *Comicorum Atticorum Fragmenta*, Leipzig.

Kovacs, D. (transl.) 1994, *Euripides. Cyclops, Alcestis, Medea*, Loeb Classical Library, Cambridge, Mass.

Lloyd, A. B. (ed.) 1976, *Herodotus Book II. Commentary 1 −98*, Leiden.

Popkin, R. H. (ed.) 1980, *David Hume: Dialogues Concerning Natural Religion and the Posthumous Essays Of the Immortality of the Soul and Of Suicide*, Indianapolis.

Rivaud, A. (transl.) 1925, *Platon. Timée Critias*, (Budé), Paris.

Ross, W. D. (ed.) 1950, *Aristotelis Physica*, Oxford.

　(ed.) 1961, *Aristotle, De Anima*, Oxford.

Seaford, R. (ed.) 1984, *Euripides. Cyclops*, Oxford.

Shorey, P. (ed.) 1937, *Plato. The Republic*, in two volumes, Loeb Classical Library, Cambridge, Mass. (revised edition).

Sodano, A. R. (ed.) 1964, *Porphyry. In Platonis Timaeum Commentariorum Fragmenta*, Naples.

Taylor, A. E. 1928, *A Commentary on Plato's Timaeus*, Oxford.

Taylor, T. (transl.) 1944, *Plato, The Timaeus and the Critias or Atlanticus*, Washington DC.

Warner, R. 1954, *Thucydides. History of the Peloponnesian War* (Penguin Classics), London.

Wrobel. I. (ed.) 1876, *Platonis Timaeus interprete Chalcidio cum eiusdem commentario*, Leipzig.

Zeyl, D. (transl.) 1997, *Timaeus*, in Cooper (1997)1224 − 91.

　(transl.) 1997, *Gorgias*, in Cooper (1997)791 − 869.

其他文献

Algra, K. 1994, *Concepts of Space in Greek Thought*, Leiden.

Annas, J. 1999, *Platonic Ethics, Old and New*, Ithaca and London.

Anton, J. (ed.) 1980, *Science and the Sciences in Plato*, New York.

Baltes, M. 1976 – 8, *Die Weltentstehung des Platonischen Timaios nach den antiken Interpreten*, Leiden. (In two volumes.)

Bodnar, I. 1997, 'Movers and Elemental Motions in Aristotle', *Oxford Studies in Ancient Philosophy* 15:81 – 118.

Broadie, S. 1990, 'Nature and Craft in Aristotelian Teleology', in D. Devereux and P. Pellegrin (eds.), *Biologie, Logique et Métaphysique chez Aristote*, Paris.

　　2001, 'Theodicy and Pseudo-History in the *Timaeus*', *Oxford Studies in Ancient Philosophy* 21:1 – 28.

Burnyeat, M. F. 1997a, 'First Words: A Valedictory Lecture', *Proceedings of the Cambridge Philological Society* 43:1 – 20.

　　1997b, *Culture and Society in Plato's Republic. The Tanner Lectures on Human Values*, http://www.tannerlectures.utah.edu/library.html 1997.

　　2000a, 'Utopia and Fantasy: The Practicability of Plato's Ideally Just City', in Fine (2000) 779 – 90. First published in J. Hopkins and A. Savile (eds.), *Psychoanalysis, Mind and Art*, Oxford 1992, 175 – 87.

　　2000b, 'Plato on Why Mathematics is Good for You', in T. Smiley (ed.), *Mathematics and Necessity. Essays in the History of Philosophy*, Oxford 2000.

　　n. d., Εἰκὼς Μῦθος, unpublished manuscript.

Buxton, R. (ed.) 1999, *From Myth to Reason? Studies in the Development of Greek Thought*, Oxford.

Calvo, T. and Brisson, L. (eds.) 1997, *Interpreting the Timaeus-Critias*, St Augustin.

Charles, D. 1991, 'Teleological Causation in the *Physics*', in L. Judson (ed.), *Aristotle's Physics: A Collection of Essays*, Oxford, 101 – 28.

Cherniss, H. 1944, *Aristotle's Criticism of Plato and the Academy*, vol. i, Baltimore.

　　1954, 'A Much Misread Passage in the *Timaeus* (*Timaeus* 49c7 – 50b5)', *American Journal of Philology* 75:113 – 30.

Clay, D. 1997, 'The Plan of Plato's *Critias*', in Calvo and Brisson (1997), 49 – 54.

Cooper, J. M. 1982, 'Aristotle on Natural Teleology', in M. Schofield and M. C. Nussbaum (eds.), *Language and Logos. Studies in Ancient Greek Philosophy presented to G. E. L. Owen*, Cambridge, 197 – 223.

    1984, 'Plato's Theory of Human Motivation', *History of Philosophy Quarterly* 1:3 – 21. Reprinted in J. M. Cooper, *Reason and Emotion. Essays on Ancient Moral Psychology and Ethical Theory*, Princeton 1999, 118 – 37.

Davidson, J. 1998, *Fishcakes and Courtesans*, London.

Denniston, J. D. 1959, *Greek Particles*, Oxford.

Depew, D. 1997, 'Etiological Approaches to Biological Aptness in Aristotle and Darwin', in W. Kulmann and S. Föllinger (eds.), *Aristotelische Biologie*, Stuttgart, 209 – 27.

Ferrari, F. 1999, 'Platone, Tim. 35A1 – 6 in Plutarco, An. Procr. 101B – C: Citazione ed esegesi', *Rheinisches Museum für Philologie*, 142:326 – 39.

Fine, G. (ed.) 2000, *Plato*. Oxford Readings in Philosophy, Oxford. (In one volume.)

Finley, J. H. 1942, *Thucydides*, Cambridge, Mass.

François, G. 1957, *Le Polythéisme et l'emploi au singulier des mots Theos, Daimon*, Paris.

Frede, D. 1996, 'The Philosophical Economy of Plato's Psychology: Rationality and Common Concepts in the *Timaeus*', in M. Frede and G. Striker (eds.), *Rationality in Greek Thought*, Oxford, 29 – 58.

Frede, M. 1987, 'The Original Notion of Cause', in *Essays in Ancient Philosophy*, Oxford, 125 – 50.

    1988, 'Being and Becoming in Plato', *Oxford Studies in Ancient Philosophy* 6:37 – 52.

    1996, 'The Literary Form of the *Sophist*', in Gill and McCabe (1996)135 – 52.

Frisk, H. 1970, *Griechisches Etymologisches Wörterbuch*, Lieferung 22, Heidelberg.

Furley, D. 1996, 'What kind of Cause is Aristotle's Final Cause?', in M. Frede and G. Striker (eds.), *Rationality in Greek Thought*, Oxford, 59 – 79.

Gerson, L. 1990, *God and Greek Philosophy. Studies in the Early History of Natural Theology*, London and New York.

Gill, C. 1977, 'The Genre of the Atlantis Story', *Classical Philology* 72:287 – 304.

    1993, 'Plato on Falsehood — not Fiction', in C. Gill and T. P. Wiseman (eds.), *Lies and Fiction in the Ancient World*, Exeter, 38 – 87.

    (forthcoming), *The Structured Self in Hellenistic and Roman Thought*, Oxford.

Gill, C. and McCabe, M. M. (eds.) 1996, *Form and Argument in Late Plato*,

Oxford.

Gill, M. L. 1987, 'Matter and Flux in Plato's *Timaeus*', *Phronesis* 32:34 – 53.

Graham, D. 1991, 'Socrates, the Craft-Analogy and Science', *Apeiron* 24:1 – 24.

Gregory, A. 2000, *Plato's Philosophy of Science*, London 2000.

Grene, D. 1965, *Greek Political History: The Image of Man in Thucydides and Plato*, Chicago.

Grote, G. 1875, *Plato, and the Other Companions of Sokrates*. London. (In three volumes.)

Grube, G. M. A. 1932, 'The Composition of the World-Soul in *Timaeus* 35A – B', *Classical Philology* 27:80 – 2.

Halliwell, S. 2000, 'The Subjection of Muthos to Logos: Plato's Citations of the Poets', *Classical Quarterly* 50:94 – 112.

Hankinson, R. 1998, *Cause and Explanation in Greek Thought*, Oxford.

Hawtrey, R. S. W. 1983, '*PAN*-Compounds in Plato', *Classical Quarterly* 33:56 – 65.

Hershbell, J. P. 1974, 'Empedoclean Influences on the *Timaeus*', *Phoenix* 28: 145 – 66.

Hornblower, S. 1987, *Thucydides*, London.

1991, *A Commentary on Thucydides*, vol. i, Oxford.

Johansen, T. K. 1998a, *Aristotle on the Sense-Organs*, Cambridge.

1998b, 'Truth, Lies and History in Plato's *Timaeus-Critias*', in *HISTOS* @ www. dur. ac. uk/Classics/histos/1998/johansen. html.

2000, 'Body, Soul, and Tripartition in Plato's *Timaeus*, *Oxford Studies in Ancient Philosophy* 19:87 – 111.

(forthcoming), 'From Plato's *Timaeus* to Aristotle's *De Caelo*: The Case of the Missing World Soul', in C. Wildberg and A. C. Bowen (eds.), *A Companion to Aristotle's Cosmology: Collected Papers on the De Caelo*, Princeton.

Josephson, J. R. and Josephson, S. G. (eds.) 1994, *Abductive Inference Computation, Philosophy, Technology*, Cambridge.

Kennedy, G. 1963, *The Art of Persuasion in Greece*, Princeton.

Laks, A. 1983, *Diogène d'Apollonie*, Lille.

Lee, E. N. 1976, 'Reason and Rotation: Circular Movement as the Model of Mind (*Nous*) in Later Plato', in W. H. Werkmeister (ed.), *Facets of Plato's Thought*, Assen, 70 – 102.

Lennox, J. 1985, 'Plato's Unnatural Teleology' in D. J. O'Meara (ed.), *Platonic*

Investigations, Washington, 195 – 218.

Liddell, H. G. , Scott, R. , and Jones, H. S. (eds.) 1996, *A Greek-English Lexicon*, 9th revised edition, Oxford. (=LSJ)

Lloyd, G. E. R. 1991, 'Plato on Mathematics and Nature, Myth and Science', in G. E. R. Lloyd, *Methods and Problems in Greek Science*, Cambridge. First published in *Humanities — Internal Christian University Publication* Iv-B (Mitaka, Tokyo) 18,1983, 11 – 30.

   1996, *Aristotelian Explorations*, Cambridge.

Loraux, N. 1986, *The Invention of Athens*, Cambridge, Mass.

Marincola, J. 1997, *Authority and Tradition in Ancient Historiography*, Cambridge.

Meijer, F. and van Nijf, O. 1992, *Trade, Transport and Society in the Ancient World*, London.

Menn, S. 1995, *Plato on God as Nous*, in The Journal of the History of Philosophy Monograph Series, Carbondale and Edwardsville.

Miller, D. 2003, *The Third Genus in Plato's Timaeus*, Göttingen.

Moles, J. 'A False Dilemma: Thucydides' History and Historicism' (forthcoming).

Monod, J. 1971, *Chance and Necessity. An Essay on the Natural Philosophy of Modern Biology*, New York. (Transl. A. Wainhouse.)

Moreau, J. 1965, *L'Âme du Monde de Platon aux Stoïciens*, Hildesheim.

Morgan, K. A. 1998, 'Designer History: Plato's Atlantis Story and Fourth-Century Ideology', *Journal of Hellenic Studies* 118:101 – 18.

Morrow, G. 1965, 'Necessity and Persuasion in Plato's *Timaeus*', in R. Allen (ed.), *Studies in Plato's Metaphysics*, London, 421 – 37.

Mourelatos, A. 1980, 'Plato's "Real Astronomy": *Republic* 527d – 531d', in Anton (1980)33 – 73.

Muller, I. 1980, 'Ascending to Problems: Astronomy and Harmonics in *Republic* VII', in Anton (1980)103 – 21.

   1998, 'Platonism and the Study of Nature', in J. Gentzler (ed.), *Method in Ancient Philosophy*, Oxford, 67 – 90.

Murray, O. 1986, *Oxford History of the Classical World*, Oxford.

Murray, P. 1999, 'What is Muthos for Plato?' in Buxton (1999)251 – 62.

Nabokov, V. 1991, *Laughter in the Dark*, New York. (First published 1938.)

Naddaf, G. , 'Plato and the *Peri Phuseōs* Tradition', in Calvo and Brisson (1997)27 – 37.

Osborne, C. 1996, 'Space, Time, Shape, and Direction: Creative Discourse in the *Timaeus*', in Gill and McCabe (1996)179 - 212.

Otto, I. D. 1997, 'Der *Kritias* vor dem Hintergrund des *Menexenos*', in Calvo and Brisson (1997)65 - 82.

Pradeau, J. F. 1995, *Le Monde de La Politique*, Skt. Augustin.

Reydams-Schils, G. 1999, *Demiurge and Providence*, Turnhout.

Robinson, T. M. 1970, *Plato's Psychology*, Toronto.

Rowe, C. J. 1996, 'The *Politicus*' Structure and Form', in Gill and McCabe (1996) 153 - 78.

1998, 'On Plato, Homer and Archaeology', *Arion*.

1999, 'Myth, History and Dialectic in Plato's *Republic* and *Timaeus-Critias*', in Buxton (1999).

Ryle, G. 1990, *The Concept of Mind*, London. (First published London 1949.)

Sambursky, S. 1963, *The Physical World of the Greeks*, London.

Sedley, D. 1982, 'Two Conceptions of Vacuum', *Phronesis* 27:175 - 93.

1989, 'Teleology and Myth in the *Phaedo*', *Proceedings of the Boston Area Colloquium in Ancient Philosophy* 5:359 - 83.

1995, 'The Dramatis Personae of Plato's *Phaedo*', in T. Smiley (ed.), *Philosophical Dialogues, Proceedings of the British Academy* 85, Oxford, 3 - 28.

1997, '"Becoming like god" in the *Timaeus* and Aristotle', in Calvo and Brisson (1997)327 - 39. Reprinted in revised form as 'The Ideal of Godlikeness' in Fine (2000)791 - 810.

1998a, *Lucretius and The Transformation of Greek Wisdom*, Cambridge.

1998b, 'Platonic Causes', *Phronesis* 43:114 - 32.

Silverman, A. 1992, 'Timaean Particulars', *Classical Quarterly* 42:87 - 113.

Solmsen, F. 1960, *Aristotle's System of the Physical World. A Comparison with his Predecessors*, Ithaca, NY.

1968, 'Nature as Craftsman in Greek Thought', in F. Solmsen, *Kleine Schriften*, Hildesheim, 332 - 51.

Sorabji, R. 1980, *Necessity, Cause, and Blame. Perspectives on Aristotle's Theory*, London.

1988, *Matter, Space and Motion: Theories in Antiquity and their Sequel*, London.

Stanton, G. R. 1990, *Athenian Politics c. 800 - 500 BC*, London and New York.

Strange, S. K. 2000, 'The Double Explanation in the *Timaeus*', in Fine (2000)399 – 417. First published in *Ancient Philosophy* 5(1985)25 – 39.

Suavé Meyer, S. 1992, 'Aristotle, Teleology and Reduction', *Philosophical Review* 101:791 – 825.

Taplin, O. 2001, 'The Shield of Achilles within the *Iliad*', in D. Cairns (ed.), *Oxford Readings in Homer's Iliad*, Oxford, 342 – 64.

Vidal-Naquet, P. 1981, 'Athènes et l'Atlantide', in *Le Chasseur Noir: formes de pensée et formes de société dans le monde grec*, Paris, 335 – 60.

Vlastos, G. 1973, 'Reasons and Causes in the *Phaedo*', in G. Vlastos (ed.), *Platonic Studies*, Princeton, 76 – 100.

1975, *Plato's Universe*, Seattle.

1980, 'The Role of Observation in Plato's Conception of Astronomy', in Anton (1980)1 – 32.

1994, 'Anamnesis in the *Meno*' in J. Day (ed.), *Plato's Meno in Focus*, London, 88 – 111.

1995, 'Disorderly Motion in the *Timaeus*', in G. Vlastos, *Studies in Greek Philosophy*, vol. II. *Socrates, Plato, and their Tradition*, edited by D. Graham, Princeton.

Wardy, R. 1996, *The Birth of Rhetoric: Gorgias, Plato, and their Successors*, New York and London.

Welliver, W. 1977, *Character, Plot and Thought in Plato's Timaeus-Critias*, Leiden.

Woodfield, A. 1976, *Teleology*, Cambridge.

Wright, M. R. 1995, *Cosmology in Antiquity*, New York and London 1995.

2000 (ed.), *Reason and Necessity: essays on Plato's Timaeus*, London and Swansea.

一般索引 [1]

Achilles, Shield of 198

Algra, K. 118

Anaxagoras 2

Annas, J. 59

Apology

  on natural philosophy 3 – 4, 178

Archer-Hind, R. D. 88, 151

Aristophanes 113

Aristotle

  active/passive reason 102

  craftsmanship (*technē*) 83 – 4

  debt to *Timaeus* 5 – 6

  eye-colour 100 – 101

  hypothetical necessity 115

  kinds of change 133

  nature as inner cause 76 – 9

  soul in *Timaeus* 139

  space (*chōra*) 117, 132 – 5

  teleology 5 – 6

  virtuous deeds 25 – 6

Atlantis story

  as encomium 25 – 6

  as ' history', 24, 35 – 8, *see also* story-telling

  incompleteness 23, 196 – 7

  origin 39 – 40, 178

  relationship to cosmology 9, 22 – 3, 67

  topography 21 – 2

Athens 21 – 2

Baltes, M. 5

bodies, heavenly

  motions 58, 112, 139 – 40

bodies, simple

  geometrical composition 98, 125 – 6

  inter-transformation 119 – 20

  motions 96 – 7, 99 – 100, 122 – 7, 129 – 32, 146

  traces (*ikhnē*), 96, *see also* ' pre-cosmos'

  see also necessity

Bodnar, I. 131

body, human

  as prison for soul 137

  bone 104 – 5

  composition 149 – 52

  contribution to good life 156 – 8

  head 140, 149

  heart 149

  liver 149

[1] [译注]索引使用的页码为原书页码,即本书页边码。

marrow 104 – 5, 150

motions 142 – 3, 156 – 7

spleen 150

tripartition 149 – 52

Brisson, L. 5, 85, 173

Broadie, S. 24, 46

Burnet, J. 5

Burnyeat, M. F. 4, 5, 31, 45, 90, 140

Bury, R. G. 107

Calvo, T. 5

cause

contributory (*sunaítion*) 95, 103 – 6

'descriptive dependency' 110 – 14

'final' 109 – 10

goodness 107 – 9

intelligent (*aitía*) 93 – 5, 104 – 10

'wandering' 92 – 5

chance *see* necessity

Charles, D. 69

Cherniss, H. 120

Cooper, J. 2, 154, 181 – 2

Cornford, F. M. 5, 11, 79 – 80, 88, 93,
101, 108, 112 – 13, 138, 147, 151, 160,
161 – 3, 171, 175

cosmology/cosmological account

analogous reasoning 60

anthropocentrism 3

as cosmos in words 190

as ' likely account/story ' (*eikōs
logos/muthos*) 48, 53 – 67

as proportionate animal 191 – 3, 194
– 5

beauty 194 – 5

completeness 189

disorder 195

cosmology/cosmological (*cont.*)

inference to best explanation 76

kinship with subject matter 188 – 91,
193 – 4

mathematics 124, 162 – 4, 199 – 200

order 187

Presocratics 5

relationship to Divided Line 161, 163

relationship to ethics 2 – 4, 14 – 15,
16, 198, 199 – 200

see also monologue

cosmos

as animal 198

as 'likeness' 50, 53 – 9

as order (*kosmos*) 94, 198

completeness 57, 145, 189

intelligibility 162 – 4

perceptibility 161

uniqueness 190

craftsmanship 83 – 6

cause of order 69 – 75

preparation of materials 96

psychology 85 – 6

see also god

Cratylus

craft 73

likeness 53

Creation

literal vs. metaphorical interpretation
79 – 83, 87 – 91

time 87 – 91

see also cosmology *and* god

Critias, character

  expertise 33,184,196

Critias, the tyrant 33,196

Davidson, J. 182

demiurge *see* god/gods

Denniston, J.D. 24,46

dialogue/dialogue form

  dialectic 177,180

  didactic 185

  inappropriate to cosmology 194

  kinds of dialogue 177 - 9

  'late' dialogues 181 - 2

  reciprocity 182 - 4,185

  silent audiences 179

  see also monologue

Diogenes of Apollonia 5

disease 19 - 22

dualism, Cartesian 141 - 2,151

Egypt 39 - 40

  eikōs logos/muthos see cosmology

elements *see* bodies

Empedocles 5,112,191

Ephorus 42

Epicurus 128

Euripides 114

eyes (vision) 106 - 9

  mechanism of vision 110,170

  teleology 112 - 14,116,165 - 6

  the Sun 112 - 14,116,165 - 6

forethought (*pronoia*) *see* cause,

intelligent

forms (paradigm)

  knowledge 167

  likened to father 81 - 2

  relationship to god 81 - 3

Frede, M. 62,70,83

Frisk, H. 128

Furley, D. 2,5

Gagarin, M. 52

Gill, C. 4,29,63,141,155

Gill, M.L. 120

god/gods

  as craftsman/demiurge 69 - 75,83 - 6

  as separate from the cosmos 79 - 80

  goodness 28 - 9,109

  intelligibles 80

  'lesser' 80,147

    relationship   to   persuasion

    see necessity

  relationship to reason (*nous*) 74,109

  see also creation

Gorgias 180

Gorgias

  cosmos 3

  craft 84

  dialectic 180

  'might is right' 13 - 15

Graham, D. 4,22

greed (*pleonexia*) 20 - 3

Gregory, A. 5

Grote, G. 93

Grube, G.M.A. 138

guardians 9 - 11

Vidal-Naquet, P. 11
Vlastos, G. 5, 22, 62, 67 - 8, 103, 173, 174

war 7 - 8
  guardians, *see* guardians
  human nature 11 - 16
  Peloponnesian 184, *see also* Thucydides
Welliver, W. 196

Woodfield, A. 2
Wordsworth, W. 199
Wright, M. R. 5

Xenocrates 87
Xenophon 3, 182

Zeno (Stoic) 128 - 32
Zeyl, D. 108

古代文献索引

21c2	33	27b1 – 6	37
22a – b	36	27b7	183
22b1	36	27c1 – 7	186
22c – d	36	27d	194
22d	40	27d2 – 4	184
22e – 23b	39	27d5	179,186
23a2	43	27d5 – c3	120
23a5 – b1	39	27d5 – 28a4	162
23d	42	27d6	48
23e	43	27d6 – 28a1	49
23e6	42	28a1 – 2	74
23e6 – 24a2	43	28a1 – 4	49
24a2	43	28a2	72
24b1	43	28a3	160
24b7	43	28a3 – 4	120
24c7 – d1	38	28a4 – 5	70
25e2 – 5	8	28a4 – 29a5	70
25e5 – 26a1	42	28a6	70
26c7 – d5	37	28a6 – b1	54
26d2 – 3	27	28a6 – b2	71,72
26e	182	28b2	161
26e2 – 5	24	28b6 – 7	72
26e3	38	28b8 – 9	140
26e4 – 5	45	28b9 – c1	50
26e5	46	28c1	120
26e5 – 6	46,184	28c2 – 3	70
26e6	179	28c3	70,81
27a1	179,183	28c4	79
27a2	183	28c6	51
27a2 – b6	7,181	29a1	72
27a3 – b1	9	29a2 – 6	54,70
27a6	6,17,186	29a5	72
27a7	183	29a5 – 6	70
27a9 – b1	36	29a6	49

37d6 – 7	58	42b – c	145
37e5	58	42c4 – d2	174
38b6 – c7	58	41d1 – 2	173
38c3 – 39b2	165	42d2	157
38c7 – 8	139	43a2 – 44b2	110
38d6 – e2	193	43a4 – e4	143
38e – 39e	144	43a6	143, 145
39b – c	3	43a7	146
39b2 – c2	112	43c5 – 7	166
39c1 – 2	113, 166	43c7	144
39c5 – d2	168	43d1	145
40a7 – b2	140	43d3	144
40c – d	168	43d – 44a	139
40d	166	43e2 – 3	144
40d2 – 3	179	43e3 – 4	143
40d3 – 5	187	44a4	144
40d6 – 41a6	186	44b4 – 7	174
41a7 – b6	80, 145	44b – c	174
41a7 – d3	80, 186	44c4 – d1	109
41b6 – 7	194	44c7	94
41b7 – d3	145	44d – 45b	17
41c2 – 3	85	44e – 45b	2
41d3 – 6	110	44b4 – 6	110
41d4 – 7	142	45b2ff.	113
41d4 – 47e2	186	45b3 – 4	106, 165
41e2	174	45b4 – 6	112
41e3 – 4	145	45c4	111
42a	147	45c5	152
42a – b	146	45c7 – d3	170
42a2 – b4	110	45d1 – 3	111
42a3 – b1	145	46c – d	103
42a5	146	46c7 – e6	106
42b2	19	46d4 – 6	106
42b4	157	46d – e	94

51a7	129,133	53b7 - c3	163,179
51a7 - b1	133	53b9 - c3	124
51b4 - 5	131	53c1 - 3	184
51c - d	192	53c2	34
51d5 - 7	51	53c4	186
51d6	50	53c4 - 6	140
51d7	172	53c5 - 58c3	186
51d - e	74,167	53d6 - 7	61
51e5 - 6	55	53e1 - 6	95
51e6 - 52a3	80	53e3	50
52a2 - 3	118	54a5 - b2	193
52a2 - b1	121	54d2	119
52a4	80	54d3	119
52a4 - 7	163	55d4 - 6	61
52a6	118	55e2	98
52a9	121	55e7	98
52b1	118	55e - 56c	98
52b3 - 5	118	56a7	98
52c4	121	56c	95,99
52d2 - 3	86 - 8	56c9 - 57b7	125
52d2 - 53b5	82,87,90,123	56d1	52
52d3 - 4	82	57b7 - c6	126
52d4	82	57dff.	139
52d - 53c	111	57d7 - e1	193
52e3	131	58a7	128
53a2	128	58a1 - c4	126
53a4 - 6	131	59c5 - d3	64
53a7	89	59c6	64
53a9	88,89,124	59c7 - d2	56
53b	95	59d2 - 3	187
53b1 - 2	124	60a	170
53b2	96	61c3 - 65b3	186
53b3	90,91	61d4 - 5	187
53b5 - 6	95	62c - 63e	131

图书在版编目（CIP）数据

柏拉图的自然哲学：《蒂迈欧—克里提阿》研究 /
（挪威）T．K．约翰森著；陈威译. -- 上海：东方出版中
心，2024．7． -- ISBN 978-7-5473-2446-2

Ⅰ．B502.232

中国国家版本馆CIP数据核字第2024C7R163号

上海市版权局著作权合同登记：图字09-2024-0481

柏拉图的自然哲学：《蒂迈欧—克里提阿》研究

著　　者　[挪威]T．K．约翰森
译　　者　陈　威
责任编辑　陈哲泓
装帧设计　陈绿竞

出 版 人　陈义望
出版发行　东方出版中心
地　　址　上海市仙霞路345号
邮政编码　200336
电　　话　021-62417400
印 刷 者　上海万卷印刷股份有限公司

开　　本　890mm×1240mm　1/32
印　　张　8.625
字　　数　196千字
版　　次　2024年8月第1版
印　　次　2024年8月第1次印刷
定　　价　69.80元